◇ 2020年度国家级一流本科专业建设成果
◇ 2020年湖北省高等学校省级教学研究项目（编号：2020295）最终成果
◇ 中南民族大学公共管理专业学位硕士（MPA）案例库建设项目

新时代公共管理实践与创新案例解析

李红玲　主编

方堃　胡新丽　刘利　副主编

XIN SHI DAI GONG GONG GUAN LI SHI JIAN
YU CHUANG XIN AN LI JIE XI

华中科技大学出版社
http://press.hust.edu.cn
中国·武汉

内容简介

新时代背景下公共管理实践快速发展,涌现出各种新问题、新现象、新策略。公共管理专业学生是未来公共管理的从业人员,如何帮助他们提高专业素养、适应公共部门任职需求,这给公共管理教学提出了挑战。案例教学法是一种以案例为基础的教学法,其基本假设前提是学员能够通过对这些过程的研究与发现来进行学习,并能在必要的时候回忆并应用这些知识与技能;教学中往往提出一种教育的两难情境,鼓励学生积极参与讨论,因此是促进学生运用专业知识独立思考、提升判断力和解决问题能力的有效方式。本书以新时代特征为出发点,以二十大精神为指导,以 17 个原创性案例为切入点,引导学生关注并思考当前突出的若干重大公共问题及其治理策略,内容涉及社区治理、电子政务、乡村振兴、文化管理、危机管理等五个方面。

本书适合公共管理类专业教师和本科生作为教材使用,也可供公共管理部门从业人员阅读和参考。

图书在版编目(CIP)数据

新时代公共管理实践与创新案例解析/李红玲主编. —武汉:华中科技大学出版社,2023.7
ISBN 978-7-5680-9774-1

Ⅰ.①新… Ⅱ.①李… Ⅲ.①公共管理-研究-中国 Ⅳ.①D63

中国国家版本馆 CIP 数据核字(2023)第 131523 号

新时代公共管理实践与创新案例解析 李红玲 主编
Xinshidai Gonggong Guanli Shijian yu Chuangxin Anli Jiexi

策划编辑:周晓方 宋 焱	
责任编辑:刘 凯	
装帧设计:廖亚萍	
责任校对:张汇娟	
责任监印:周治超	
出版发行:华中科技大学出版社(中国•武汉)	电话:(027)81321913
武汉市东湖新技术开发区华工科技园	邮编:430223
录　　排:华中科技大学出版社美编室	
印　　刷:武汉科源印刷设计有限公司	
开　　本:787mm×1092mm 1/16	
印　　张:15.75	
字　　数:345 千字	
版　　次:2023 年 7 月第 1 版第 1 次印刷	
定　　价:59.90 元	

本书若有印装质量问题,请向出版社营销中心调换
全国免费服务热线:400-6679-118　竭诚为您服务
版权所有　侵权必究

普通高等学校"十四五"规划行政管理专业新形态精品教材
中南民族大学行政管理国家级一流专业建设点示范教材

编 委 会

顾 问
苏祖勤

主任委员
吴开松

副主任委员
彭庆军　李红玲

委 员 （以姓氏拼音为序）
方付建　方 堃　胡新丽　刘 利

主编简介

李红玲

女，管理学博士，中南民族大学公共管理学院教授、硕士生导师，美国James Madison University访问学者，老挝人民民主共和国内政部交流学者。主要研究方向为科技政策与创新管理、知识型员工管理，主要讲授课程包括：公共管理学、微观经济学、公共组织绩效管理、科技创新管理等。先后主持国家社会科学基金项目2项、教育部人文社会科学基金项目1项和湖北省教学研究项目2项；在《科研管理》《科学学与科学技术管理》《科学学研究》等专业期刊发表学术论文30多篇；专著《中国民族地区科技资源配置与开发》获国家民委民族问题研究优秀成果三等奖；先后主编《公共人力资源管理案例评析》《管理学》等教材。多次获得"湖北省优秀学士论文奖"指导教师、中国国际"互联网+"大学生创新创业大赛指导教师称号。

序

问题是时代的声音。习近平总书记在党的二十大报告中强调:"我们要增强问题意识,聚焦实践遇到的新问题、改革发展稳定存在的深层次问题、人民群众急难愁盼问题、国际变局中的重大问题、党的建设面临的突出问题,不断提出真正解决问题的新理念新思路新办法。"习近平总书记的重要论述,为我们坚持问题导向,科学认识、准确把握、正确解决我们所面临的重大问题提供了根本遵循。

公共管理是致力于推进国家治理体系和治理能力现代化的学科,面对中国式现代化进程中遇到的各种新问题新情况新挑战,面对世界之变、时代之变和历史之变,需要以中国为观照、以时代为观照,不断推进知识创新、理论创新、方法创新,努力建构中国特色公共管理学科体系、学术体系、话语体系;需要坚持马克思主义基本理论同中国具体实际相结合,同中华优秀传统文化相结合,在研究解决事关党和国家治理的全局性、根本性、关键性的重大问题上拿出真本事、取得好成果;需要坚持以习近平新时代中国特色社会主义思想为指导,立足中国实际,解决中国问题,自觉回答中国之问、世界之问、人民之问、时代之问。

公共管理案例就是以问题为导向,对公共事务情境中的事件加以客观描述,或基于现实事件和情景进行加工创作后形成的故事,其具有将实践问题理论化、系统化,将高水平的教学、科研与学习有机连接的优势,是提升理论联系实际能力的重要途径。因此,开发植根中国本土的、蕴含时代性和实践性的经典案例,深描新时代中国大地上翻天覆地的历史性变革,梳理各项改革的历程及得失,用中国概念讲述好中国故事,不仅有助于促进凝练中国式现代化建设的经验,而且有助于传播中国治国理政理念,彰显中国特色社会主义制度的显著优势。从这个意义上说,高水平的案例开发、案例研究,正当其时!

此次中南民族大学公共管理学院李红玲老师组织编写的《新时代公共管理实践与创新案例解析》一书,不仅是其在此前出版的《公共人力资源管理案例评析》基础上进行的新探索,也是该团队围绕新时代十年来中国改革发展的新观察、新思考;

不仅是国家级一流本科专业建设成果，也作为案例教学用书，被纳入中南民族大学公共管理硕士（MPA）案例库建设项目。

全书共包括 17 个精选案例，从内容上有两个突出特点。一是时效性强，内容涉及电子政务、乡村振兴、基层治理、危机管理、社区治理、社会组织管理、传统文化保护等主题，全面涵盖了新时代背景下公共管理涌现出的新现象、新问题和新思路。很多案例就发生在我们身边，读起来富有代入感。二是具有案例写作的规范性。在"案例主体"部分，每一个案例都首先交代案例的经济社会背景，突出其典型代表性，以强化其学术价值和借鉴意义；然后，按照起承转合的篇章结构，交代案例的发生和发展，让读者看到案例中的人物或事件在各种困难、冲突下或艰难前行，或豁然开朗；在"教学手册"部分，编者坚持初心，以人为本、以教学为己任，依据公共管理的专业知识，运用公共管理理论，对案例进行深刻剖析，指导读者通过沉浸式阅读公共管理故事并掌握背后的理论要义，从而提高其发现问题、分析问题和解决问题的能力。总之，本书内容不仅体现了编写团队的专业素养，也渗透出人文关怀。

振兴中国特色公共管理学科和学术需要一批具有家国情怀、甘于无私奉献、能够担当作为的人。本书是中南民族大学公共管理学院师生集体合作的结晶，编写团队中的多位教师克服疫情困难，组织学生开展案例调研并撰写案例，为此投入了大量时间和精力。即便如此，由于篇幅有限，在以中国式现代化全面推进中华民族伟大复兴的宏伟目标下，相对于全国各地涌现出的众多公共部门管理创新实践来说，本书还有进一步完善和提升的空间。相信在未来的日子里，他们会坚持精益求精，将更多更有价值的公共管理案例和独到的案例解析呈现在读者面前！

陈世香

2023 年 3 月 20 日于珞珈山

目录 contents

第一部分　社区治理

第一讲　小积分，大能量
　　——积分制推动社区治理升级的 L 村创新实践　　… 3

第二讲　难办的街道办
　　——基层治理能力现代化视角下的"诉"与"办"之困　　… 15

第三讲　从"千千结"到"千千解"
　　——以老旧社区矛盾纠纷调解为例　　… 29

第四讲　平安社区如何保平安？
　　——基于事前预防分析的视角　　… 43

第二部分　电子政务

第五讲　新生娃何以让父母"跑细腿"
　　——Y 县"出生一件事"一站式集成办创新研究　　… 59

第六讲　技术赋能改善基层干部"疲态治理"
　　——基于 L 市民情日志的内容分析　　… 72

第七讲　数字治理"卯"足干劲，移民社区未来可期
　　——基于卯家湾雨露社区案例分析　　… 87

第八讲　城乡融合，从数字融合出发
　　——X 县数字乡村建设案例分析　　… 103

第三部分　乡村振兴

第九讲　"新农人"如何成为"兴农人"？
　　　　——C县农村创新创业的案例调查　　　…117

第十讲　"村、企、民"共治理，乡村发展可持续
　　　　——以L村乡村旅游产业发展为例　　　…130

第十一讲　资源拼凑促进破旧渔村产业化嬗变
　　　　——基于福州市同心村的案例解析　　　…143

第四部分　文化管理

第十二讲　"别丢掉"
　　　　——浙江景宁畲语保护措施研究　　　…159

第十三讲　公共艺术"搭台"　民族团结"唱戏"
　　　　——以公共艺术推动民族乡村团结发展为例　　　…170

第十四讲　义务教育岂容乱象丛生？
　　　　——W市校外培训机构治理案例分析　　　…182

第五部分　危机管理

第十五讲　协同治理如何为大学校园保驾护航？
　　　　——基于一起校园运动性猝死事件的分析　　　…203

第十六讲　危机管理如何确保"健康跑"健康发展？　　　…214

第十七讲　危机管理如何转"危"为"机"
　　　　——以Y社区应对新冠疫情为例　　　…227

参考文献　　　…237

后记　　　…241

第一部分

社区治理

第一讲 小积分，大能量[①]

——积分制推动社区治理升级的L村创新实践

 学习目标

- 掌握"三治融合"的理论内涵，加深对公共管理主体多元化的理解；
- 认识积分制，能理解其如何与"三治融合"理念相契合，并把握其推行中的关键要点；
- 能对如何提高积分制在农村社会治理中的有效作用提出自己的观点和思路。

一 案例主体

（一）引例

L村位于浙江省义乌市，辖区面积 3.7 平方公里，其中，林地面积 273.96 公顷。2010 年之前，L村贫穷落后，现在，L村从一个负债 30 多万元的穷山沟变成了拥有上亿集体资产的先进典型，如此成就离不开L村的独特治理工具——"道德银行"。

L村的"道德银行"始于 2008 年，其兴起的最初目的是针对乡情冷漠、村风退化的问题，重塑乡里乡亲之间浓郁的乡情乡谊。"道德银行"给每位村民设置一个账户，通过自报、他人举荐和事后补录等途径，将村民的善言和善行记录在册，按照相关标准进行积分，一季度一公布，积分情况作为银行贷款、宅基地分配的重要依据，同时所得积分可在积分商城进行兑换。L村实施的"道德银行"充分发挥了道德的教化作用，促进了德治与自治、法治的结合，有助于打造乡村共建共治共享治理格局。L村于 2019 年开辟了"道德银行"云平台，用信息化方式开启乡村智治模式，村民通过微信公众号便可轻松查询积分情况。

---

① 案例采集人：方付建、李俊茹、杨舒婷。

通过"道德银行",L村构建了"三治融合"的体系,提升了基层治理的效能。当前,L村已开发出便捷的管理软件,形成了成熟的运作模式,并被诸多地方参考借鉴,成为新时代乡村善治的创新典型。

(二)案例描述

1. 弃商回村当干部,一心只为建家乡

2008年初L村刚刚脱贫,村民年均收入4587元,村子又地处山区,交通不便、信息闭塞,是个贫困落后的山区村。村庄道路坑坑洼洼,房屋凌乱无序,人居环境堪忧。

在看到家乡的落后情况后,当时在外经商的H经过慎重考虑,义无反顾地返乡,竞选L村村委会主任一职。竞选时H承诺,要让村民都过上好日子,后来H顺利当选,现为L村党支部书记。

除了经济等物质匮乏,H在建设L村的过程中,面对过更大的困难。"这一路走来蛮艰难的,村民的思想意识很难改变,因为大家都觉得钱比什么都重要,至于你能否把村庄干好跟我关系不大。"对H来说,比经济匮乏更难改变的是村民的思想观念。

2. 村风乡情较冷漠,助推德治建"银行"

2008年汶川发生地震后,新上任的H动员村民为灾区捐款。虽然H积极动员,但是村里没有多少人愿意捐款。为调动村民积极性,H将自己准备捐献的17000元分发给村里代表,希望代表们都去捐款,结果发现分发下去的17000元最后真正捐出来的只有13200元,还有3800元"不见"了。面对这样情景,H很无奈,心中也有了一个想法——建立"道德银行"。

"道德银行"的建立基于乡村熟人社会的特征和德治的概念,是H学习其他地方"时间银行"打造的L村独一无二的德治体系。"时间银行"是助人者在提供无偿服务后,其所服务的时间存入"时间银行"账户,当助人者有需要时可从"时间银行"支取他人的帮助时间,而L村则鼓励村民将道德存入"银行",在全村倡导奉献和互助的风气,培养良好的道德风尚。

"道德银行"是在2008年10月份左右村"两委"扩大会议上真正开展的。其具体实施由村里几位德高望重的乡贤负责,主要靠自报、他人举荐和事后补录来收集资料。"道德银行"为每位村民设置一个账户,通过自报、他人举荐和事后补录等途径,将村民的善言和善行记录在册。通过这样的记录方式,嘉奖做好事的村民,并通过村民之间的相互带动形成良性循环,从而改善L村的村风(见图1-1)。在"道德银行"成立后,H依靠德治动员村民积极参与村事村务的计划也正式开始,然而事情却没有想象的那样顺利。

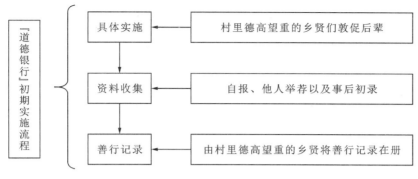

图 1-1 "道德银行"初期实施流程

3. 德治计划遭反对，书记带头现转机

"道德银行"刚建立时有许多村民表示不理解，村民不愿参加，有人觉得没必要，有人根本不在乎村里的事务。为了让村民都能加入，H 便动员村干部们向村民宣传推广"道德银行"。

对于这一创新性计划，有村民向 H 抱怨："我这人就是经常做好事，但我是向雷锋同志学习，我从来不跟别人讲，你还要我参加什么'道德银行'记录一下我做的好人好事？自己做好事就做去，哪有做点好事还要逢人就讲，还要记下来？"可见，建"道德银行"容易，但要让它真正实施，让村民愿意"存储"好人好事还是很困难。实际上，自这个"道德银行"设立时起，反对的声音就一直存在，一般都是不喜欢做好事的人反对。但不管村民怎么说，L 村村"两委"都坚持要把"道德银行"落实落地。

面对困难，H 呼吁党员干部积极做好事，希望通过榜样的力量带动村民共同参与其中。在 H 看来，党员不应该只是为这个"道德银行"而去做好事，而是在日常生活中就应时刻为人民着想，当困难来临的时候，应走在群众的前头，而有利益来的时候，应走在群众的后头。

德治计划实施过程中，H 秉持对自己高要求、以身作则的原则。在 H 的影响下，越来越多的人加入做好事行列。2013 年年关，L 村一位身患残疾且生活无法自理的村民无人照料，H 得知后第一时间到村民家中探望，并坚持天天送饭送菜。在 H 的感召下，这位村民的邻居也为他送来棉被，一些不熟悉的人主动到家中帮他生暖炉……在众人帮助下，这位村民度过了一个温暖的冬天。此后，村民们逐渐接受了这一新型治理模式，也逐渐愿意参与其中，事情正在往好的方向发展。

4. 德治成效渐显著，升级"银行"引积分

随着"道德银行"的开展，一些小问题也逐渐暴露，比如单纯记录好人好事并不能很好地展示村民们做好事的质与量。于是 H 又开始新的改革——引入积分量化。相比最初"道德银行"仅将好人好事记录在册，新制度升级为以好事的数量作

为评定标准。引入积分量化后就有了更明确的评分标准——评分的标准主要分为三个大类：家事、村事与国事。三大类下面又细分各种小事，每件小事都对应一个分值。村民每做一件好事，小到为游客指路，捡起村道上的垃圾，大到获得荣誉，为村里争光，都会相应地获得1~5分，并记录到"道德银行"账本上（见表1-1）。"道德银行"积分事项由专人负责，评议由村党支部委员会、村民委员会、村务监督委员会成员和村义工代表共同参与，所有事项均可到村委会查找，将年度得分最高者视为做出了突出贡献的人，号召村民向其学习。

表1-1 L村"道德银行"具体积分细则

一级指标	二级指标	具体事项	分值
家事		个人卫生、庭院卫生、积极参与学习活动、坚持运动、注重健康定期体检、阅读图书报刊、养护花草、垃圾分类、语言文明、及时还款	1分
		拾金不昧、进入高校学习	2分
村事	帮助他人	陪伴孤寡老人、为游客指路	2分
		分享劳动果实、传授技能、捐款捐物、维护和谐、红白事帮忙、帮助打捞垃圾、帮邻里搬运货物、维护村内设施、清理广告、热心出借物资、帮助外来人员（游客）、顺载邻里、帮助修建房屋、送邻里及时就医、照顾邻里老人、辅导村里孩子功课、帮助维修家电	3分
	积极参与村内活动	参加图书馆活动、参加体育活动、参加歌舞比赛、参加酿酒比赛、参加文化礼堂活动、参加老年大学、参与晨读、参加村民议事、捐赠图书、参与夏令营、参加节日活动、参与修族谱、其他活动	3分
	为社会做出贡献	创新获得专利、出庭做证、在报刊媒体发表文章、积极献血、见义勇为、抗震救灾	4分
国事		参与重大科研项目、参加国家会议、当国际会议志愿者、参加国际赛事获奖、戍守边疆、义务服兵役、参与五水共治等、面对国家灾害勇于贡献	5分

资料来源：L村积分制细则。

彼时记在"道德银行"账本上的分数并不能兑现成钱物，但是通过大力宣扬好人好事，L村已形成乐于做好事的氛围。"我们的'道德银行'，一户人家一个账号，全村377户，日常的善言和善行全部存储在'银行'里，比如孝顺父母、为村里做义工、捡烟头、把家中多余的蔬菜分给别人、灾难捐款等。事情无论大小，只要你去做了，都可以在'道德银行'存下积分。"这是当初H说的话，L村通过引入积分量化的方式，以积分为推手提升了村民参与度，在德治下积分的运用帮助L村实现了自治的加强，村风逐渐好转，村民之间也不再冷漠，村民渐渐愿意参与村里的事务。不光如此，引入积分量化、提出积分细则在某种意义上也提供了一个"制度"的保障，积分细则在一定程度上可以对村民的行为进行规范，让村民做好事有一个依据来判定，由此也推动了村民法治观念的强化。可见，积分这一步棋下对了！

引入积分让 L 村得以更好地进行乡村治理。随着德治的进一步发展，除了引入积分，L 村也逐渐形成了一套完善的奖励体系——村民的善行按照相关标准积分记录在册，实行累计积分的制度，一年为一个积分阶段，积分情况每个季度公布一次，积分作为银行贷款、宅基地分配的重要依据。通过这种特殊的德治方式，L 村逐渐形成了乡村文明建设的品牌文化，如今，这个品牌已经得到村民的广泛认可。L 村 18 岁到 60 岁的村民，可以不用任何担保获得银行贷款，最高 60 万元。L 村的村民之所以能拥有这样的"特权"，靠的是 L 村村民的良好道德品行，而这都要归功于以积分为抓手的德治治理模式。

积分的引入让村民能够更好地参与"道德银行"，一个人或许不是金钱方面的大户，但是他助人为乐，经常做好事，那么他将成为"积分大户"。有了积分这一概念，哪怕你不是物质上最富有的，你也是精神上最富有的。"当我们把好事存进银行，把积分当成创造人生另外一种财富的目标去追求并养成习惯的时候，德治便已经深入人心，乡村治理就达成了。"在积分的帮助下，L 村传统的动员式管理模式渐渐发生转变，村民慢慢由被动走向主动，H 起初的设想也在积分制的助力下渐渐得以实现。

5. 系统升级大步走，完成积分信息化

早期的"道德银行"靠纯手写记录，费时费力，并且很难直观化，数据难以整合，信息化水平低。随着信息技术以及互联网技术的发展，"道德银行"也越来越需要高效地处理信息。2015 年，"道德银行"进入了信息化管理阶段，2018 年又进行升级，尝试设计手机应用程序让每个村民在自己的手机上都可以查看"道德银行"的分值以及村民为村里做了哪些事情，使其打开手机应用程序时，信息一目了然。到了 2019 年，L 村运用互联网信息技术，构建"道德银行"云平台。该平台加载阿里云服务器，以微信公众平台为入口，用户通过关注特定的微信公众号，点击链接进入系统，输入自己的账户名称和密码便可使用。"道德银行"云平台主要分为用户端和系统后台两部分。用户端为微信，村民可以通过微信登录使用。系统后台则方便管理人员进行审核验证、管理维护。

开启微信公众平台之后，村民查看个人积分、公示就更加方便，只要有微信，随时随地都能查看。虽然信息化对一部分村民来说操作上有难度，但是村民对这一"改革"并没有排斥，大家都紧跟积分的新发展。微信公众平台除了便利村民申请积分，还开辟了"积分商城"这一新的板块，村民的积分可在"积分商城"中兑换实物，商城中的大部分商品均为日常用品（见表 1-2），"接地气"的产品让村民更愿意参与，"积分商城"的设立也大大激发了村民参与积分制的热情。与商城配套的是

商品的配送，村民可在"积分商城"下单需要的商品，预约好配送时间，在家等待送货上门。"积分商城"里的商品由村里集中提供。不仅如此，L村打算进一步开发"积分商城"，开设自由交易平台，打算通过自由交易进一步提升村民参与度。

表 1-2　L 村积分商城部分商品及所需积分

物品	所需积分
大米	30 积分
醋	20 积分
卷纸	200 积分
橘子	200 积分
肥皂	20 积分

资料来源：L 村积分商城。

L 村已实现了全面的积分信息化，由于系统由 L 村自主开发，L 村可通过这一信息平台，调整数字平台的积分内容，根据本村基本情况及发展规划开发新的内容，从而完善并升级积分制。L 村通过积分线上平台开启了乡村治理的"智治"模式，信息化不仅符合当前社会发展，还更好地便利了村民。通过对积分制进行数字化升级，积分制的实施、分值的统计以及积分的兑换都能在数字平台开展，便利村民操作的同时确保积分制实施的精确性，并减少了人力消耗。目前将旅游业作为主要收入的 L 村正在进一步开发积分数字平台中的"积分商城"模块，通过开发"积分商城"的积分自由交易模式来激励更多村民积极参与积分制，并且开启村与村之间的"积分商城"交易通道，将本村的特色产品向外输出，发展经济的同时推广本村的旅游业。

系统的升级、积分的信息化让 L 村在实行积分制的道路上走得越来越稳、越来越好，积分制为 L 村带来的好处也愈发明显。

6. "三治"助力建"三共"，打造治理共同体

近 10 年来，在德治模式的帮助下，L 村没有发生过一起刑事案件，甚至大的矛盾纠纷也没有。"道德银行"的建立推动村民自觉维护村内一景一物，整个村庄就像是一个温馨的大家庭。目前，"道德银行"已经在全国多地推广运用，有一年来 L 村参观取经的团队多达 160 批次。

2020 年武汉突发疫情，L 村是发起捐款较早的村庄之一，为武汉抗疫捐款十万多元。疫情时期，H 在微信群里发出了给武汉捐款的倡议，没有强制要求，但村民们很踊跃，尽己所能为武汉传递力量。对比当初汶川地震后的捐款号召，可以看出如今的村民思想道德水平有了很大提升。

L 村历经十余年的乡村建设，从昔日一个贫困落后的小山村蜕变成一个宜居、宜业、宜人的幸福乡村，并获得国家级"最美乡村示范村""最美田园村"等多项荣誉。

回忆起当初为什么想到要设立"道德银行"，H 说道："当时我是这样想的，如果你把人家坏的东西记下来，别人要找你吵架，心中还不服气。那我只记好的东西，把好人好事记下来，每个季度公布一次。要知道，熟人社会的治理原则就是爱脸面，这样一公开，对那些没有做好事的人就会有促进作用。邻里关系好了，大家愿意相互帮助。对村里的游客也特别热情，村民懂得分享，收到的成效特别好。"当初一个小小的想法在探索乡村治理模式的过程中渐渐成熟，最终形成了一套完善的积分制模式。

回顾 L 村的整个历程，L 村能有今天的成就离不开独特的德治模式以及积分的帮助。在积分制助力下，L 村德治、自治与法治得到了有效发展，而在"三治"助力下，L 村得以形成共建共治共享的"三共"格局。首先，有积分的激励，村民更加愿意参与村里事务，提高了参与度，达到共建目标；其次，积分公示平台的设置为村民提供了一个协商平台，有问题能够反映，有疑惑能够解答，通过这一平台，村"两委"与村民可以就积分问题进行协商，村民能够反映意见、村"两委"能够有效反馈，这样的形式能够实现共治目标；最后，积分商城以及各种积分奖励的设置让村民能够享受到积分制带来的成果，实现了共享目标。L 村将积分融入自治、德治与法治中，同时以积分为推手通过"三治"来构建"三共"格局，"三共"格局的实现又能够反过来促使积分制更好地实施，最终形成一个良性循环。

7. 结束语

通过 L 村的转变发现，L 村从原来的村民不愿参与，到在积分制的助力下，村民主动参与村事，实现了从动员式管理到共同治理的发展。如今，L 村已经开发出"道德银行"的管理软件，形成了成熟的运作模式，并被诸多地方学习借鉴，成为新时代乡村善治的创新典范。未来，L 村将进一步完善积分制，更好地进行乡村治理。

（三）思考题

1. L 村在德治、自治与法治实践中有哪些创新？
2. 如何运用积分制推动社区治理共同体建设？
3. 如何提高积分制在农村社会治理中的效用？

1-1　L 村简介

1-2　主要相关人员的访谈实录

1-3　运用积分制赋能乡村治理

1-4　关于在乡村治理中推广运用积分制有关工作的通知

二 教学手册

(一) 课前准备

1. 教师准备

整理实地调查报告和多方访谈资料,并以多媒体形式呈现出来。对学生进行分组,案例介绍后分发访谈记录文件。

2. 学生准备

学生在课前应阅读与基层治理相关的资料,并对社区治理有初步的理解。

(二) 适用对象

行政管理专业学生、政治学与行政学专业学生等。

(三) 教学目标

1. 知识目标

通过案例使学生理解社区治理的难点和积分制在社区治理中的应用。

2. 技能目标

在学生理解当前社区治理难点的基础上,进一步引导学生思考社区治理积分制的作用和优化对策,锻炼学生的概括总结能力和对问题的分析与解决能力。

3. 态度及价值观目标

让学生就案例进行小组讨论,并在交流的过程中了解"三治""三共"是城乡社区治理的重要目标,是价值导向。

(四) 要点分析

如何实现从动员式管理到共同治理的转变已经成为破解城乡社区治理困境的重

要内容。同时,"三治"的理念要求居民积极参与社会、经济、文化和公共事务,这就对共建共治共享的社区治理提出了新要求。当前我国城乡社区大部分仍沿用传统的社区治理模式,全国各地都在积极探索社区治理改革模式,社区治理不断走向成熟,但与实现治理体系和治理能力现代化的总体要求相比还有一定差距,表现为以下方面。

1. 社区居民公共意识淡薄,参与治理活动有限

首先,社区居民大多被动参与公共事务,并没有调动起主观能动性,自主性不高,社区归属感弱。随着时代的变迁以及社会结构的演变,居民的个体意识逐渐增强,对社区的认同感降低,大多数情况下,居民可能只考虑私人利益,对社区公共事务持"事不关己,高高挂起"的态度。因此,现有的居民参与多为社区工作人员和居民骨干动员式的呼吁,或是短期响应任务式的参与,并不能形成主动的社区治理参与机制。社区居民参与冷漠、虚假参与等情况日趋明显。

其次,居民参与主体具有明显的单一性,能参与的治理内容有限,且缺乏延续性。参与社区公共事务治理的骨干居民多为老年人,青壮年居民和各类社会组织在社区治理中实际发挥的作用并不大,参与程度普遍较低。同时,现有的居民参与主要停留在休闲文化活动层面,政治性参与和经济性参与较少。具体来说,居民参与投票、选举、意见反馈、决策等的方式较少,投入社区经济建设的方式也较少。

2. 硬件和软件的发展不均衡,道德文化水平有待加强

一方面,社区缺乏多样化的公共互动空间,居民对社区的认同感、归属感不强,凝聚力也较弱。受各种因素影响,现阶段社区建设更多着眼于硬件设施的完善,加上互联网技术的应用,人们倾向于选择居家休闲娱乐活动,邻里之间的沟通减少,难以形成鲜明的社区文化。与此同时,农村公共活动形式十分单调,即使部分乡村在村委会驻地修建篮球场、小广场以丰富村民文化生活,现有活动形式仍不足以吸引居民参与其中,影响了公共精神的培育。

另一方面,社区居民道德素质参差,遵纪守法、友善互助、团结和谐、热心公益的氛围尚未真正形成。在传统管理中,社会资源所带来的福利大多是平均分配,只起到了提高居民生活水平的作用,没有起到培育积极性和道德教化的作用,加之受学历水平、职业收入、业余生活等因素影响,群众整体道德文明素质参差。如何引导居民养成积极履行公民社会责任,努力提高自身道德素养,尽己所能奉献爱心的公共道德理念成为社区管理的方向。

3. 社区治理缺乏制度保障,政策推行阻力大

第一,居民参与社区公共事务的平台和机制不够完善。根据居民参与社区治理的形式可知,居民议事会、业主代表大会和业主委员会都是实现共治的重要载体,

这些平台的建设在一定程度上满足了居民的需求，但与真正意义上的基层治理法治化和多元共治仍存在一定差距。居民议事会参与人员覆盖面窄，议事程序不够规范，作用未有效发挥，相当一部分居民由于时间、精力有限，对社区事务参与较少，社区总体参与率较低、参与水平不高。

第二，社区公共服务缺乏规范化的标准和明确的操作指南。随着人民生活水平的提升和精神文明需求的增加，社区服务也在不断拓展和完善。对于大多数居民而言，公共服务的内容不够丰富，社会力量参与提供服务的力度不足，服务的效果也有待提升。

第三，多元共治主体权责划分不明晰，评估和考核机制欠缺。关于城乡社区、社会组织、企业和居民等多元主体有效参与社区管理的方式等问题还存在制度空白或缝隙。在实际工作中，由于人员交叉和行政压力，分工、职责边界不够清晰，社区各治理主体之间的互动未能充分形成。

4. 政策启示

针对当前城乡社区治理中普遍存在的问题，义乌市L村顺应中央农办、农业农村部部署全国乡村治理时推广积分制的潮流，运用村民自治、积分管理、德法兼治、智慧治理等模式，实现基层治理的计量化、信息化、高效化。L村破解乡村治理困境的实践是社区治理创新的一个典范，也体现了积分制在社区治理共同体建设中发挥的作用。

一是积分制激发公众参与度，引入多元主体，实现"自治"。"道德银行"作为积分制的一种表现形式，即给每位村民设置一个账户，通过自报、他人举荐和事后补录等途径，将村民的善言和善行记录在册，并按照相关标准积分，一季度一公布。L村除了将年度得分最高者视为为L村做出突出贡献的人，对其进行嘉奖，并号召村民向其学习以外，村民还能用积分在"道德银行"微信公众平台的积分商城换购商品，积分也是银行贷款、宅基地分配的重要依据。运用物质奖励这一结果激发更多村民的参与热情，在积分的过程中给予村民精神鼓励，他们的积极性不断上涨，参与感得到提升，吸引其他村民也加入其中，积分制发挥着凝聚人心、协调群众、回馈社区的多重作用。对于城乡社区居民而言，积分制带来的不仅是奖励，还有一种参与"家园"建设的荣誉感。实行积分制管理之前，L村居民对村庄的事情漠不关心，活动也很难有序开展，而推行积分制以来，村民们主动参与村里开展的各种活动，还积极为村里的建设出谋划策，融入大家庭，老百姓的关系变得更加紧密。

二是积分制提升社区文化软实力，改善精神文明风貌，实现"德治"。L村"道德银行"兴起的最初目的是针对乡情冷漠、村风退化的问题，重塑乡里乡亲之间浓郁的乡情乡谊，通过德治形式让村风好转。运用现代化的积分制管理模式，用积分为居民建立"道德银行"，对每位居民的综合表现，尤其是好人好事、志愿服务等正能量的行为，用积分进行认可，并用软件记录，同时对积分榜排名靠前的居民进行物质奖励和精神表彰，形成人人挣积分的良好氛围，邻里关系更友善和睦。由此可见，积分制不仅是一种管理模式，更是一种社区文化理念，"积分文化"使得人们拧成一股绳，在群众之间兴起一股比、学、帮、超的潮流，社区的凝聚力明显增强，居民对社区的关注度、认可度和信任度也不断提升。积分制对居民个体的举止行为也有约束作用，群众整体道德素养明显提高。积分制管理旨在引导村民"积极履行公民社会责任，努力提高公民道德素养"，"尽己所能、奉献爱心"。积分制管理实施以来，村民由旁观者向参与者转变，村民更主动地关心集体、团结村邻、友善互助，道德素养明显提高，遵纪守法观念也明显加强。

三是积分制构建规范化体系，保证机制平稳运行，实现"法治"。L村将积分划分为家事、村事、国事三大类别，并制定相应标准化的积分细则表，规定村民的具体积分条目，对善言善行、公共事务参与等建立了明确的分值体系以及可以量化和操作的指标考核体系，形成一套完整、具体、可操作的机制，有效提升了社区治理的规范化水平。此外，L村拥有积分制数字平台，该平台由L村自行设计与开发，对比其他靠外部力量实现信息化的社区来说，L村拥有更高的自由度。积分制的实施、分值的统计以及积分的兑换都能在数字平台开展，便利村民操作的同时确保了积分制实施的精确性，使得积分制更加规范。

积分制作为乡村治理的重要手段，从自治、德治、法治三个维度入手提升社区治理水平，提高公众参与度，增强共同体意识。在三治融合的框架下，积分制可帮助实现共建共治共享。

（五）课堂安排

1. 介绍案例发生的背景

案例村是位于义乌市的L村，L村从一个负债30多万元的穷山沟变成了拥有上亿集体资产的先进典型，从一个乡风冷漠的村庄变成如今美丽宜居的示范村。拥有如此转变，靠的是积分制的运用，以及通过德治推动村民参与乡村治理。揭示课题：小积分，大能量——以积分制推动城乡社区治理升级。

2. 介绍L村积分制的建立过程

按照时间顺序，通过PPT将积分制建立的过程呈现在学生面前。首先，介绍L村学习"时间银行"而建立的"道德银行"，描述具体实施时面临的困难。其次，介绍引入积分制后的具体阶段，这一阶段是H最终实现社区治理共同体转变的过程，需要着重介绍。最后，介绍L村积分制的信息化、网络化路径。

3. 介绍积分制运作体系

通过PPT、文献资料、补充案例等方式向学生介绍积分制运作体系。重点分析

L村积分制运作体系，分析其实施主体与积分对象、运用领域与积分事项、积分标准与具体细则，以及账户设置与奖惩制度，总结其特色。

4. 小组讨论

在小组讨论之前，教师应提出思考题：L村在德治、自治和法治实践中有哪些创新？如何推动社区治理共同体建设？如何提高积分制在农村社会治理中的效用？通过思考题和学生手中的案例资料以及访谈记录、文献资料等，促使学生与小组内其他成员交流和讨论。教师在适当的时机引导学生由浅入深思考当前社区治理共同体的建设路径，分别从社区治理困境、积分制在自治、德治、法治层面发挥的作用来进行阐释。

5. 布置作业

将小组讨论的结果以报告形式上交。报告中除学生讨论的成果，还需要学生搜集与社区治理共同体建设相关的文献资料以及国家出台的关于社区治理的政策。理解当前社区治理的困境，撰写以社区治理为主题的课程论文。

（六）其他教学手段

计算机PPT展示、小组讨论、报告模板。

本讲小结

本讲展示了L村在新时代背景下治理手段的演化。案例首先暴露了长期以来传统村民自治中存在的诸多问题，如居民公共意识淡薄、公共事务参与度低、基础设施建设和各项公共服务不充分、不均衡等；然后讲述了该村如何以干部更换为契机，一步步从探索建立"道德银行"到正式创立积分制的过程；最后在信息化手段下，该村的积分制走向规范化和科学化，村民在积分的激励下积极投身公共事务，村域经济社会发展也相应取得良好成效。

案例表明，村级治理受客观资源限制和村民主观因素影响，存在各种难题。但是，推进"三治融合"、充分发挥村民在村级治理中的自主性和能动性，是解决村级治理的关键。L村的实践具有突出创新意义，在乡村振兴背景下，对于其他地区的村域治理也有借鉴意义。

第二讲　难办的街道办[①]
——基层治理能力现代化视角下的"诉"与"办"之困

 学习目标

- 厘清基层治理部门之间的权责关系，认识街道办在社会治理中的重要作用；
- 分析街道办治理困境成因，加强对街道办治理能力现代化建设的理解；
- 能够提出解决基层治理困境的方法，对基层治理体系和治理能力现代化建设提出自己的想法。

一　案例主体

（一）引例

B 小区是武汉市 A 街道下辖小区中的第二大小区，户数 7200 户，人口超过 3 万。小区业主于 2013 年入住，因开发商修建下沉式配电房的承诺未兑现，小区发生了大规模的过激维权事件。在区政府的多方协调下，开发商以小区业主免交 13 个月物业费作为赔偿，此事才得以平息。这次维权过后，街道办建议 B 小区成立业委会，希望业主能借助业委会平台依法维权。

从 2013 年 7 月起，部分业主发起了 20％业主联名，筹备成立业委会的事项。因 B 小区规模极大且业主参与度低，收集业主联名的过程异常艰辛，直到一年后才凑齐联名。2014 年 9 月，B 小区在社区的指导下成立了业主大会筹备组，但三个月内未达到法定投票率，筹备组又向街道办申请延期继续收集选票，最终于 2015 年 5 月成立业委会，6 月完成备案。2018 年，小区业委会首次换届，此时小区第四期业主还未入住，此次换届较为平稳，业委会成员也无太大变化。2021 年 6 月，第二

---

① 案例采集人：彭庆军、朱厘。

届业委会任期届满，换届过程中正逢第四期业主入住，因路权争议，多方冲突爆发。街道办难以有效协调，被各方群体多次投诉，陷入了投诉困局之中。

街道办事处是基层的政府部门，是社会治理至关重要的主体，同时，基层政府治理还是国家治理的重要部分。作为直接联系人民群众的治理主体，街道办事处是社区联系上级党委、政府的枢纽，对社区治理起到指导作用。

B小区是典型的现代城市社区，人口密度大、结构复杂是城市社区的普遍特点，如果规划不当，社区治理主体效能又低，就极易造成多方矛盾，甚至诱发社会问题。因此，加强街道治理体系和治理能力的现代化建设是解决社区矛盾、缓解社会压力的重要路径。

（二）案例描述

1. 筹备之难：被投诉的"乱作为"

2021年5月，B小区第二届业委会任期将至，按规定由换届筹备组开展换届工作。经社区推荐，街道办审核的某高校三名教师进入七人筹备组，其中社区书记担任组长。在候选人的推荐阶段，因筹备组有三名成员同属一个单位而在投票中掌握了一定的话语权，他们与社区书记一起投票将业主推荐的部分第二届业委会委员候选人淘汰，而推举了开发商某员工与一名居委会工作者。这一行为引起业主和上一届业委会委员的不满，他们认为，上一届业委会在任期间为小区做过大量贡献，而在换届选举时，社区却与开发商"合谋"要将他们换下去，实属过河拆桥，因此多次致电街道办投诉社区"乱作为"。但街道办认为，社区要服从上级安排，需提高业委会中党员的比例，候选人要能代表不同分期开发楼盘业主的利益，且社区曾表示，第二届业委会委员想连任实际是想垄断小区自治，或有利益输送，故街道办并未撤销筹备组的决议。在此之后，业主认为街道办为维持辖区稳定而与社区"合谋"将上一届业委会委员淘汰。为此，某业主激动地表示："街道办和社区一样都是想找听他们话的人进业委会。"因此，B小区业主对街道办"乱作为"的投诉络绎不绝，街道办陷入投诉困局之中。

在业主多次投诉无果后，第二届业委会直接撤销了由社区组建的换届筹备组，由业委会组建新的换届筹备组，自行开展换届工作，将社区排除在小区换届选举之外，导致社区被边缘化。社区书记甚至抱怨道："其他的业委会都听得进话，我们这个业委会，你怎么说他们都不听，疫情期间他们确实做得好，那段时间我逢人都说他们好。出问题就是在这次换届的时候，站在我们的角度是要稳定和谐，更多的是为居民服务，而不是一个问题出来了，两边对立，很多时候他们就是把所有的问题都抛出来，让社区去搞，自己不管，还认为社区是'乱作为'。"

在社区居委会与业主冲突加剧后，A街道办开始介入协调。小区第二届业委会自行成立的筹备组之中有第三届业委会候选人，街道办对业委会筹备组"既当裁判又当运动员"的举措表示担忧,街道办前业委会工作负责人 Y 科长曾在换届工作初期出具了一份责令整改函。但是,业委会筹备组认为,该责令整改函没有行政文号,且在先前由业主共同拟定的《小区议事规则》中明确指出业委会有权自行组建换届筹备组,业委会因此拒绝遵循街道办的指示,并称街道办没有严格遵循行政程序,是进一步的"乱作为"。随后,筹备组继续推进换届工作,并在换届工作的重要节点上"灵活地"通过 EMS 邮寄的方式向街道办传达会议通知,因业委会并未遵循街道办指导,并投诉街道办"乱作为",故在其后的换届程序中,街道办未再介入其中。

2. 备案之难:被投诉的"慢作为"

因辖区内业主投诉过多,街道办 Y 科长调任其他岗位,街道办 W 科长接手业委会工作。当筹备组完成业委会候选人选举、前往街道办备案时,W 科长认为,业委会换届工作并未依据相关程序,若现在备案将会遭到其他业主质疑,需延迟备案,报上级领导批准后再行答复。此时,已有业主通过城市留言板投诉街道办故意拖延业委会备案时间。2021 年 7 月 23 日,W 科长等街道办工作人员前往 B 小区召开现场沟通会,街道办希望 B 小区换届工作另选筹备组重新来过,未备案的第三届业委会部分委员对相关法律条款极为熟悉,当即反问道:"法律中有明确规定候选人不能当选筹备组成员吗?"他们认为,法无禁止即可为,征集民意所选出的新业委会是众望所归,耗时一个月才得以完成,尚且业主投票通过的《业主大会议事规则》中规定,"在街道办事处……指导下,由现业委会委员组成换届选举组(也可另行成立换届选举筹备组)",街道办若不予备案,就是有意拖延时间,损害业主利益。W 科长等未立即做出答复,希望再用一周的时间商讨备案事宜。因小区没有业委会正常履职,众多急需解决的公共问题被搁置,业主集体开始通过市长热线对街道办的"慢作为"进行投诉。

某业主愤愤地表示:"小区第二届业委会已于 6 月 8 日届满,换届导致小区一期楼栋的广告处于空白状态,到目前一期楼栋没有广告收益,现在二期三期与 FZ 公司的广告合同 7 月底即将到期,如果新的业委会没有产生,我们小区就无合法组织代表业主跟广告公司签订合同,广告公共收益损失约 90 多万元,这个损失将由谁来承担?必须投诉他们。"

此时,W 科长考虑的最主要问题是备案与否会对街道办产生怎样的影响,如何两害相权取其轻。W 科长表示:"备案了有反对的人投诉,不备案另一帮人又投诉,现在想的就是怎么让投诉少一点。"时逢 B 小区第四期楼盘交付,四期业主开始入住,四期与三期业主因路权争议,矛盾激化。四期业主认为业委会将四期唯一通道视为小区公共道路,损害了四期业主集体利益,业委会处事并不公正,不能代表全体业主利益。故四期业主代表 P 先生前往街道办反映第三届业委会的换届流程有误,并邀法律学者对第三届业委会的备案材料进行审查,并一一指出《业主大会议事规则》中有违法的条款。P 先生称,若街道办同意第三届业委会的备案则属于"乱作为",四期业主将采取多方手段投诉维权。

此时，街道办若备案将招致四期业主"乱作为"的投诉，不备案则有其他业主故意拖延"慢作为"的投诉。街道办 W 科长刚接手业委会工作，对纠纷问题的处理经验不足，身处两方矛盾中间，实属左右为难，街道办 W 科长时常抱怨道："业委会的换届确实存在问题，但你不给人家一个明确的答复，这么一直拖着也不是个事。"故 W 科长在咨询街道办律师与其他相关工作人员后，决定借四期业主对换届流程的质疑来核查选票继续拖延备案一周，形成了实质上的"慢作为"。B 小区业主已无耐心继续等待，多次通过市长热线对街道办"慢作为"进行投诉。A 街道办拖延业委会备案的行为，招致 B 小区业主前后四次大规模的集体投诉，这些问题使 A 街道办自身完全陷入投诉困局之中，其他正常行政工作亦无法正常开展。直至 2021 年 8 月 2 日，街道办核票结果无误后，才艰难完成对 B 小区第三届业委会的备案。

街道办分管业委会 W 科长表示："业委会的筹建和换届的流程已经有一个完全固定的模式，你就按照固定模式来，选出来的是什么样就是什么样，街道办都会给你备案。不符合这个程序那没办法，我们是行政单位，你说让我们忽略瑕疵，我一旦忽略，给你备个案，来一帮居民投诉为什么要忽略，我没办法跟别人解释。作为街道办事处，既然负责监管这个程序，程序不到位，我们肯定要承担责任的。"

3. 调解之难：被投诉的"不作为"

1）路权纠纷之"不作为"

第三届业委会完成备案后，又引起了四期业主对街道办"不作为"的投诉。起因是 B 小区是分四期开发的楼盘，前三期于 2018 年已基本入住完成，在 2021 年临近第二届业委会换届之际，小区四期业主才陆续入住，筹备组未将四期业主纳入换届选举之中，且四期业主认为，某位业委会委员擅自改变房屋主体结构，不符合当选条件，但街道办不经审查仍将此人纳入候选人之列。四期业主多次拨打市长热线，投诉街道办"不作为"，对业委会的换届监管不力。街道办经多方求证后表示，四期业主因未取得房产证不具备投票资格，某业委会委员的外窗加固属于合法改造，此时，业主对街道办的投诉才暂时平息。然而，又因三期业主无专门的通勤道路，其日常出行必须借用一期或四期通道，致使四期业主日常通勤困难且饱受噪音侵扰。他们多次向业委会反映，但业委会并未采取相应行动。其后他们又向街道办求助，街道办因不具备路权归属的确权资格，无法解决四期业主与三期业主之间的道路争议，再次被四期业主冠上"不作为"的帽子。随后，四期业主集体决定独立物业区，"不与一二三期业主为伍"。

在此背景下，四期业主集体决议在其主要通道处人工拦路设卡，致使三期业主无法通行，最终在三期某业主开车冲卡致使四期某业主受伤后，双方冲突爆发。由于四期业主购房时开发商曾承诺四期是独立物业区域，故四期业主希望成立独立的业委会，但四期的独立行为遭到前三期业主的强烈反对，前三期业主认为四期业主的行为属于制造分裂，损害业主集体利益。而一二三期业主总户数为 6500 户，四期业主仅有 700 户，若四期业主想通过业主大会进行投票表决独立物业区毫无胜算。因此，四期业主集体多次前往 A 街道办寻求支持，希望政府出面明确四期楼盘的物业区划分，但 A 街道办并不具备房管部门物业区划分的职权，对于四期业主的要求有心无力。在此阶段，街道办 W 科长甚至一天接待 3 次 B 小区业主关于内部纠纷的上门质询工作。在街道办发函联系房管局未果后，四期业主认为街道办没有积极解决他们的问题，甚至称 A 街道办是"不作为政府"的典型。对此，W 科长很无奈地表示："因为他们（四期业主）自己也住在小区，怕'麻烦'，所以他们老想着让政府冲在前面去做这个事情，自己不出面。我街道办是一个行政单位，你与业主或者与物业有矛盾，我可以去帮你调解，但是我不能带有偏向性地去代替你来具体做这个事情。现在很多人不清楚这一点，就觉得他的要求政府没有满足，那就是政府不作为。"

其后，四期业主开始寄希望于网络媒体，并将路权争议与街道办"不作为"事件的影响扩大，希望赢得社会更广泛的关注，B 小区四期与一二三期业主在微博、微信、抖音、今日头条等传媒平台上进行了持久的论战，致使双方之间的矛盾更加尖锐。双方多次拨打市长热线投诉，在控诉对方侵害自身利益的同时，也投诉街道办"不作为"。一二三期业主认为街道办与四期业主存在"利益瓜葛"，不出面制止四期业主用石墩堵路的行为；四期业主也认为街道办与一二三期业主"合谋"，任由他们乱来而不出面阻止，四期业主甚至聚众前往街道办"讨说法"。W 科长面对两方的投诉形象地说道："都说我屁股坐歪了，我有几个屁股啊，能两边都坐歪？"在此背景下，A 街道办平均每天处理关于 B 小区业主的线上平台集体投诉件与信访件高达 60 多条，其间还有不间断的电话投诉和业主集体的上门质询。街道办负责业委会工作的三名工作人员不堪重负，街道办 G 干事甚至抱怨道："每天没别的事情，就是坐在这里等着业主来投诉。"业主的投诉极大地增加了街道办的工作负担，也占用了大量的公共资源，使得街道办无暇顾及辖区内其他小区业委会的工作。

2）物业区划分"不作为"

开发商在 2018 年时曾向区房管局提出申请，要求将四期楼盘划分为独立物业区，但房管局在征求业委会意见时，第二届业委会当即否决了开发商的申请，故房管局并未通过四期独立划分物业区的备案。但开发商为追求高额利润，在 B 小区四期楼盘售卖阶段时仍宣称四期是独立物业区。在四期业主申请独立时曾征求街道办意见，因《湖北省物业管理条例》规定，"调整物业区域的，应当经专有部分占建筑总面积过半数的业主且占总人数过半的业主同意"，故街道办认为四期若要申请独立，仍需小区全体召开业主大会。但四期业主认为，条例中规定的"物业区域"没有指明是调整前还是调整后的物业区域，四期业主认为这里的"物业区域"仅指四期楼盘。但 B 小区其他业主则认为，此"物业区域"理应是指整个小区。在争议激化背景下，街道办向房管局发函希望出具物业区划分意见，房管局没有及时予以回复。而四期业主则表示不理解，甚至投诉街道办"政治路线错误，脱离群众，多次请求仍没有尽快督办他们的事情"。投诉无果后，四期业主以第三届业委会换届程序存在问题，街道办"不作为"或与第三届业委会"合谋"为由，向纪检委举报A街道办W科长。

此时，街道办W科长在处理B小区物业管理纠纷的过程中，不仅面临B小区业主的投诉，还时常面对纪检委对其"不作为"投诉的质询。当纪检干事询问W科长，为何业委会筹备组通过EMS进行会议通知，街道办却没有参与换届工作中的重要会议时，又牵扯到了街道办前业委会工作负责人Y科长的"不作为"。而问及Y科长时，他则表示现已经不负责这方面的工作，应找W科长。W科长既要面对外部多方的投诉，又要面对内部同事工作的推诿，深深地卷入投诉旋涡之中无法抽身。对于W科长的处境，A街道纪检办P干事也为难地表示："有的时候一些业主的投诉都是无理诉求，都是为了他们自己的私利，但是我们也必须得给他一个明确的答复。还有的时候投诉涉及一些法律法规的相关规定，很复杂，我们自己要把这个事情搞清楚都要学习好久的法律。基层工作真的难做。"

实际上，街道办曾两次向房管局发函，甚至W科长邀请街道办主任两次前往房管局进行沟通，希望其出具具体的物业区划文件，但鉴于街道办被投诉的困局，房管局害怕明确物业区划后招致利益受损业主的投诉，将2018年房管局否决开发商独立四期物业区的申请作为依据，迟迟不肯出具相关意见，仅予以口头承诺。在多方压力下，房管局出具一份确权文件称，"B小区权属归开发商××置业公司所有"。W科长则抱怨房管局总是"打太极"，没有就根本问题"四期楼盘权属归于B小区全体业主，还是仅属于四期业主独有"做出明确答复，这让街道办的协调工作难以开展，业主对街道办"不作为"的投诉不减反增。而在房管局出具意见后，开发商也害怕招致四期业主的起诉，出具律师函称，"B小区一二三期与四期被认定为两个不同的物业管理区域，存在合理性，事件中所涉及的争议道路作为B小区四期'物业管理区域'的内部道路，其所有权应为B小区四期业主共有"。此份律师函仅张贴于四期楼栋，一二三期业主并不了解此事，由此，开发商进一步将小区的内部矛盾复杂化，B小区一二三期业主的投诉接踵而来。

半个月之后，街道办W科长等已不堪重负，再次发函希望房管局进一步明确确权文件。房管局在收到函件后经多方讨论，最终于一周后，即2021年9月8日出具相关文件，称四期主干道属于B小区内部道路，使用权归全体业主所有，由于四期业主要求独立划分物业区，若四期业主能与前三期业主在这条内部道路的后期维护等问题上意见达成一致，可根据相关条例组织召开业主大会，待小区业主达成一致意见后，房管局依照规定办理分区备案。故依照房管局的文件，四期若要独立成立物业区，仍需要召开B小区全体业主大会，小区内部冲突告一段落。

4. 尾声：未尽的投诉

第三届业委会成立后，与前期物业终止了劳动合同，业委会要求街道办同意召开业主大会开展新物业的选聘工作，但四期业主并不认可其作为 B 小区的一分子，不愿意参与此次更换物业的工作。若业委会绕开四期独立开展物业选聘工作，则在事实上承认四期楼盘为独立物业区，这并非一二三期业主所愿，鉴于当前的大量投诉，街道办推迟了业委会关于新物业的选聘工作。然而，这又引出了新的问题，前期物业将在 90 天内 "离场"，且其有意提前撤离，若前期物业离场时新物业的选聘工作未完成，则小区环境、安防、门禁系统的整修等工作将无人受理，需要街道办出资代管，也会对小区业主的集体利益产生极大影响。W 科长与物业公司负责人进行多次沟通之后，物业仍有提前 "离场" 之意。业主认为，街道办在四期无法独立划分物业区，且得知物业要提前 "离场" 的情况下，仍不审批业委会关于选聘物业的申请，完全没有考虑业主集体的利益，故 B 小区业主对街道办 "不作为" 的投诉又有激增之势。

街道办担心此时同意业委会选聘物业的申请，又将招致四期业主的投诉，且四期业主目前正在策划聘请单独的物业公司。出于公平公正、程序合法的考虑，街道办建议在业委会更换物业之前，应将四期业主纳入本次业委会的换届选举范畴，需对第三届业委会的人员进行增补，增补完成后再行启动物业选聘工作。但对于第三届业委会委员增补的事情，四期业主态度消极，这可能会进一步影响到后期小区物业的选聘工作。而在之后的物业选聘阶段，超大规模小区可能会因业主异质性程度高，对物业服务的诉求多元，引发更多的纷争，街道办恐将迎来一场新的 "投诉" 风暴。小区的内部冲突仍未得到根本解决，甚至如街道办 W 科长所言，"小区的整体矛盾只是暂时转移了，没有平息，是风暴前的黎明"，背后还隐匿着更大的风波。

（三）思考题

1. 街道办具有何种职能？
2. 小区业主的 "诉" 与街道办的 "办" 之间矛盾的深层次原因为何？
3. 怎样完善街道办治理能力的现代化建设？

2-1　A 街道简介　　2-2　相关对象访谈记录表　　2-3　业主与物业纠纷

二 教学手册

（一）课前准备

1. 教师准备

整理实地调查报告和多方访谈，并以多媒体的形式呈现出来。对学生进行分组，并于案例介绍结束后分发访谈记录文件。

2. 学生准备

学生在课前应阅读与基层政府治理相关的资料并对基层政府治理有初步的理解。

（二）适用对象

MPA专业学生、行政管理专业学生、政治与行政专业学生。

（三）教学目标

1. 知识目标

通过案例使学生理解基层政府的治理难点以及治理困境背后深层次的原因。

2. 技能目标

在学生理解当前基层政府治理困境的基础上，进一步引导学生主动思考摆脱当前困境的方式和方法，锻炼学生对问题的分析和解决能力。

3. 态度及价值观目标

让学生就案例进行小组讨论，在交流的过程中对基层政府的治理形成自己的态度及看法，进一步激发学生的兴趣。

（四）要点分析

在新时代背景下，"民有所呼，我有所应"成为基层政府为民服务的行为准则，表面上看,民众的"呼"与政府的"应"之间是由政府行政效率不足产生的矛盾。但在本案例中,"诉"与"办"之间的矛盾从深层次讲,不仅涉及街道办治理能力现代化的困境,也包含街道办自身职能定位及政策法律等因素的深刻影响。

1. 街道办治理能力现代化困境

首先,政府治理能力现代化滞后于社会发展的现代化。进入新时代,我国基本矛盾已转变为人民日益增长的美好生活需要与不平衡不充分的发展之间的矛盾。在基层社会治理中,则具体表现为人们对自身权利的维护和对政府提供公共服务的要求不断提高,但基层政府治理能力的现代化却有所滞后,人们对政府的预期与政府实际提供的服务之间存在差距,因此造成民众对基层政府的不满和投诉。现阶段,国家大力推进治理体系和治理能力现代化建设,对于街道办等基层政府而言,治理能力现代化的关键在于全方位优化整体治理体系,调整治理结构,完善体制机制建设,继续深化改革,这是一个与社会环境相调适、循序渐进的过程,其速度自然地滞后于经济社会的发展速度。互联网技术的发展,使社会各方对政府的投诉不降反增,即使政府以"最多跑一次"为目标的公共服务,也仍面临民众的投诉。

其次,基层党建能力有待提升。在街道办业委会工作中,当街道办运用政策条款对业委会筹备组的行为进行规制时,业委会成员倾向于借助法律维护自身意志;而他们对街道办进行投诉时,又倾向于借助党的政治性语言给街道办"扣帽子"来达到自身目的。在社区治理中,很多基层事务并无法律明文规定,这时需要通过政治性手段进行规制,但无法律明文规定下的政策强推又将招致社会多方主体的抵制,易引发社会风险。如 B 小区业委会成员反问街道办工作人员:"法律中有明确规定候选人不能当选筹备组成员吗?"在这一背景下,政策与法律之间的间隙,需要基层政府借助党建进行有效链接,宣传政策,动员群众。但在实践中,街道办的党建能力不强,很多小区业委会都未成立党支部,如 A 街道下辖 135 个小区中没有一个业委会成立党支部。因此,在业委会换届这种特殊性工作中,涉及政府、市场、社会等多方主体的利益博弈时,街道办无法通过党建进行有效引领,由此造成所有利益矛盾均聚焦于换届这一点而集中爆发,使街道办陷入进退维谷之境。

最后,规划与治理相脱节。城市物理空间的前期规划由住建局、发改委和财政局等专职部门负责,但后期的管理与服务却由责任属地的街道办提供。城市的前期规划阶段更加注重于土地的经济效应,而较少考虑后期的治理成本。由此造成超大规模小区层出不穷,根据户数的大小,可将商品房社区分为小型社区(500 户以下)、中型社区(500~1000 户)、大型社区(1000~3000 户)、超大型社区(3000 户以上)。A 街道办所辖 135 个小区中,规模在 1000 户以上的大型小区占 63.4%,B 小区规模甚至有 7000 户,人口超过 3 万人。A 街道办分管业委会的工作人员仅 4 名,而其所辖人口有超过 150 万人,如此庞大的人口体量与基层政府的编制管理之间存在明显张力,使基层政府工作人员无暇应对各大小区的业委会组建与换届工作。超大规模小区的人口异质性诉求是街道办招致多方主体投诉的重要影响因素,而超大规模小区产生的根本原因则是前期规划与后期治理的脱节，而这也正是制约街道办治理能力现代化的关键因素。

2. 街道办职能困境

宪法第三十条规定："街道办事处是五万人口以上的市辖区、不设区的市的人民政府按照工作需要设立的派出机关，受市辖区、不设区的市的人民政府或功能区管理委员会的领导，并不是一级政权机关。"街道办更多的是承担基层公共服务职能，宗旨是便民利民。从法理而言，街道办不是一级完整意义上的政府，无法有效协同住建局和社会事务局等同级机构，有其局限性。

其一，责大于权。从业委会工作来看，中央层面的法律法规仅明确了街道办对业委会的备案权，虽指出业主组织的决议违反相关规定时可由街道办责令整改，但是实践中，即使业主组织不遵循街道办的指导，街道办也无法同其他专职部门一样执行行政处罚权对其进行规制，正如住建部指导意见中所言，街道办扮演的角色更多的是同其他基层组织共同行动的"协调者"。地方性条例虽然对街道办的业委会工作进行了明确规定，但街道办的职责多是"调解""协商""指导""代行职责"等，街道办工作实质上是责大于权或是有责无权的。如《湖北省物业管理条例》规定，"业主委员会逾期仍不组织召开的，由街道办事处、乡镇人民政府组织召开"。当法律规定业委会不履行职责时有基层政府为其行为兜底，街道办又无行政处罚权，这会进一步弱化街道办的施政能力。

其二，资源自主性不足。一方面，街道办自主性较弱，上级政府对街道办的资金使用有严格限。如关于业委会工作本身，街道办没有办公经费，关于业委会工作的活动经费往往需要从其他经费如党建经费上分配，但党建经费本身也极为有限，且使用也有较为明确的限制，不能用作硬件设施建设，只能用于宣传动员工作。一些必要的业委会工作经费往往已超出已有的街道办财政预算，预算超额后需要报上级批准另行拨款时，须详细说明，并经过财政部门层层审批，耗时较长，致使街道办行政工作受到极大限制。另一方面，基层政府工作人员配置不足。如 A 街道属于经济开发区下辖街道，各类高校、企业众多，房地产经济发达，街道所辖人口超过 150 万，常住人口超过 60 万。但街道办工作人员仅有 79 名（包括在编人员、合同制及劳务派遣工作人员等），分管业委会的工作人员算上科长也仅 4 人，但他们却要面对辖区内 135 个小区关于业委会工作的所有问题，这种一对多的现实情境，极大地增加了基层政府的工作负荷，这也是导致物业矛盾无法有效解决的重要原因。

其三，街道办工作人员的专业性不强。街道办工作中受理投诉最多的两大事项包括"城管"与"物管"两类工作，街头执法与物业管理工作涉及的法律多、程序复杂，基层政府工作者日常工作多为行政事务性、公共服务类工作，对涉及法律的相关工作接触较少，一般不具备相关专业知识和能力，较难发现基层相关工作中存在的不合理之处。如 A 街道办工作者在与 B 小区业委会委员进行沟通协调的过程中，对相关法律知识的了解甚至不如部分业委会委员，某种程度上形成事实上的

"外行领导内行"。另外，街道办的工作人员选聘机制不合理。虽然在社会治理现代化的背景下，基层政府大量引进顶尖高校人才，但在人事任用上却未能做到人岗匹配。街道办大量工作存在兼任现象，其深层次原因在于街道办编制配备不足。如 A 街道办的党建办兼管业委会工作等，虽然这类兼任有利于缓解资源紧张的压力，但不利于街道办行政的专业化和精细化，无法对民众需求进行精准和高效的回应。

3. 法律法规限度

我国现行相关政策与法律对于街道办对业委会工作的指导意见不甚明晰，使得街道办在无法受理民众诉求时，难以准确依据法规及时处理，制约着街道办行政效率的提高。

首先，部分法律条款制定不明晰。《湖北省物业管理条例》第十一条指出，"调整物业区域的，应当经专有部分占建筑总面积过半数的业主且占总人数过半的业主同意"，此条款中的"物业区域"没有指明是调整前还是调整后的物业区域。如 B 小区四期业主想要独立划分物业区，成立单独的业委会，四期业主认为这里的"物业区域"仅指四期楼盘，而一二三期业主则认为，此"物业区域"包含了小区所有楼盘。又如《武汉市业主大会和业委会指导意见》指出，"业主委员会中的党员比例一般不低于 60%"，这里的"一般"是政府在行政过程中不能对其适用范围做出准确判断的体现。这种模糊性规定无法作为基层政府工作的行为准则，若业主不恰当地使用模糊词语，会导致权利义务无法明确，容易产生纷争。即使诉诸司法程序，也需由制定机构进行司法解释，再由法官进行研判，耗费时力，导致街道办在应对此类法律纠纷中的手段有限，无法借助泛化的政策法律起到"定纷止争"的作用。

其次，相关政策意见更新不同步。有关业委会工作的指导意见众多，包括《民法典》物权编、《物业管理条例》、《住宅专项维修资金管理办法》、《业主委员会指导意见》等。以上法律法规分别从不同角度对物业管理工作提出了相应的指导意见，或是对某些指导意见进行了具体细化，但不同法律条款修订时间并不相同，由此造成涉及不同法律文本对同一物业管理事项的解释前后不一致。如武汉市于 2014 年修订的《业主委员会工作实务手册》是对《湖北省物业管理条例》关于业委会工作的具体细化，《业主委员会指导意见》在关于业主大会会议筹备组的指导意见中指出，"具体以《湖北省物业管理条例》第二十条的相关规定为准"。但于 2018 年修订的《湖北省物业管理条例》第二十条并非关于成立业主大会筹备组的条款，而是召开首次业主大会的指导意见，关于成立筹备组条款在第二十二条。由于相关法律文本的修订时间不同步，此类问题时有发生，长此以往，易对基层政府在行政工作中产生误导，一定程度上降低政府行政效率。

最后，专职部门处理业委会工作的法律规定较少。在物业管理工作中，相关政策法律多要求街道、社区指导业委会工作，承担相应职责，而街道办及社区的资源和权力则较为有限。在实践中，民政局、社会事务局和房管局等专职部门在社会组织的管理方面更具权威性，法定职权更为明晰，部门资源相对丰富，但在法律政策层面，提及民政局、社会事务局和房管局等部门处理业委会工作的法律条款极少。法律并未对专职部门在社区治理工作中的权力运用进行明确界定，导致专职部门权力资源丰富，却无有效解决"物管"纠纷的意愿。街道办无实质性权力进行行政处罚与物权确权，却要处于调解业主纠纷第一线，这造成街道办负荷过重，积极性不高，影响行政效率。

4. 政策启示

党的十九届四中全会提出要"构建基层社会治理新格局""完善群众参与基层社会治理的制度化渠道""加快推进市域社会治理现代化""推动社会治理和服务重心向基层下移，把更多资源下沉到基层，更好提供精准化、精细化服务"，这为基层社会治理指明了方向。业委会作为城市社区治理的重要主体，是业主参与社区治理的重要渠道。但在社区治理实践中，业委会换届是一大难题，往往会引发多方矛盾冲突，负责业委会换届工作的街道办如何解决这一难题，协调多方矛盾？

一是要明确自身职责定位，落实街道办对业委会的管理和指导责任。街道办要明确辖区物业管理的重点和难点问题，制定明确的工作目标，积极履行职责，指导小区业主组织相关工作，依法监督业主委员会和物业服务企业履行职责。街道办要不断推动辖区业委会制度化建设，使业主能够有序参与社区治理，不越位介入小区日常工作之中，在召开业主大会和换届选举时应及时提供物资和资金支持。同时，街道办要深入群众，避免在业委会相关工作中"走过场"，积极参与业委会的筹备与换届工作。对一些直接面向业主、社区或业委会能够承接的日常服务项目依法下放，精简街道办职能，提高行政效率。

二是街道办要融入基层社区治理体系，发挥居民的主体作用，树立整体思维，有效统筹和协调多方主体。一方面，街道办要避免将基层治理矛盾向其他主体和部门转移，"踢皮球"式的推诿不仅无法有效解决矛盾，反而会进一步助长社会各方对涉事相关部门的投诉。另一方面，《中共中央 国务院关于加强基层治理体系和治理能力现代化建设的意见》指出，"加强乡镇（街道）综治中心规范化建设，发挥其整合社会治理资源……健全乡镇（街道）矛盾纠纷一站式、多元化解决机制和心理疏导服务机制"。国家在政策层面已明确基层社会治理中整合治理资源、缓解多方冲突的重要性。街道办必须树立整体思维，统筹社区各主体参与基层社会治理，有效协调各主体间的矛盾纠纷，打造共建共治共享的基层社会治理新格局。如由房管局积极行使行政执法权，街道办负责纠纷调解，公安部门同步跟进，积极进行资源补位，提升基层治理整体纠纷化解水平。

三是提高街道办治理能力，加强街道办治理体系和治理能力的现代化建设。A街道办在B小区业委会换届的指导和服务过程中，其自身的行政执行能力、议事协商能力、法治建设能力、基层官员履职能力还需持续增强。第一，街道办要加强党对多方主体的领导，增强统筹协调能力，通过党建引领，联动基层治理各大主体，共驻共建、互联互动、多元共治；街道办应不断推动红色物业、红色业委会的建设，筑牢党的执政基础。第二，赋予街道办行政执法权，发现社会主体存在违规行为时，依法对其实施行政处罚，第一时间予以纠正，避免因开发商、物业、业委会、业主等主体不履行其职责而让街道办兜底的乱象，增强街道办整体议事协商能力。第三，引入第三方机构，负责辖区内业委会的筹建、换届与业主大会的召开等工作的指导，将街道办干部从行政事务性工作中解放出来，专心处理基层纠纷，增强基层纠纷处理效能。第四，细化政策条款，制定具体可操作的指南，对于一些根本性矛盾，在缺乏明确有效的法律法规依据时，社会化机制无法从根本上解决问题，因此，通过制定具体明确的指导意见才能定纷止争。最后，加强对街道办官员和社区工作者的专业培训，提高社工纠纷协调与化解能力、组织动员能力、法律法规学习能力，促使社区与业委会、物业公司等治理主体之间形成良性互动、和谐有序的协同治理体系。

（五）课堂安排

1. 介绍案例发生的背景

案例小区——B 小区是武汉市 A 街道下辖小区中的第二大小区，户数 7000 户，人口超过 3 万，属于超大型小区。2013 年起，业主陆续入住。其间爆发数次冲突，街道办难以有效协调，被各方群体多次投诉，陷入了投诉困局之中。揭示课题：街道办难办到底难在哪？

2. 介绍距今为止小区发生多次冲突

按照时间顺序，通过 PPT 将矛盾呈现在学生面前。首先介绍业委会换届难题，描述民众心目中街道办的"乱作为"和"慢作为"。再以街道办工作人员视角对事件进行评价，使学生对业委会换届矛盾有一个立体、全面的认识。其次介绍小区的路权冲突，进一步引出小区居民对街道办"不作为"的不满，社区与街道办的矛盾进一步升级。案例中的矛盾冲突在社区居民向纪检委举报 W 科长后迎来高潮。同时以街道办视角来描述解决路权问题过程中房管局的微妙态度，体现出街道办面对小区纠纷的力不从心。这部分的核心在于通过两方视角转换来表现民众眼中的街道办和街道办治理下的社会多方主体在面对矛盾时的差异。

3. 介绍现状

小区的内部冲突仍未得到根本解决，甚至如街道办 W 科长所言，"小区的整体矛盾只是暂时转移了，没有平息，是风暴前的黎明"，背后还隐匿着更大的风波。

4. 小组讨论

在小组讨论之前，教师应提出思考题：小区业主的"诉"与街道办的"办"之间矛盾的深层次原因为何？应怎样完善街道办治理能力现代化的建设？通过思考题和学生手中的访谈记录来促使学生与小组内其他成员的交流和讨论。教师在适当的时机引导学生由浅入深地思考街道办治理困境产生的原因，分别从现代化、职能及法律法规限制等角度来进行阐释。

5. 布置作业

将小组讨论的结果以报告形式上交。报告中除学生讨论的成果，还需要学生去搜集与此相关的政策，理解国家对基层政府治理困境的态度、看法及解决措施。

（六）其他教学手段

计算机 PPT 展示、小组讨论、报告模板。

本讲小结

本讲展示了 A 街道办被小区业主投诉"乱作为""慢作为"和"不作为"这一事件的前因后果。关注该街道办在指导 B 小区第二届业委会换届的不同阶段，在换届程序、备案效率、物业区划分、路权纷争等问题上，街道办自身能力有限、超大规模小区业主利益多元、街道办的协调工作难以让多方满意，导致社区居民普遍不满，基层干部苦不堪言，甚至被动卷入冲突，成为多方主体投诉的对象。目前，小区的内部矛盾仍然没有得到有效解决，街道办仍在不断探索新的治理路径。

案例表明，当前基层治理中的部门间存在权责不明、结构紊乱等共性问题，后续改进策略引起多方反思，基层治理体系和治理能力现代化建设将长期持续。

第三讲 从"千千结"到"千千解"[1]
——以老旧社区矛盾纠纷调解为例

 学习目标

- 掌握社区矛盾纠纷的内涵和表现形式，分析社区矛盾纠纷的危害性；
- 厘清社区矛盾产生的根源，思考现有矛盾调解路径存在的问题；
- 进一步提出完善社区矛盾纠纷调解的新路径。

一 案例主体

（一）引例

老旧社区是社会治理的重要组成部分，也是基层治理的一大难点。随着城市化的不断发展，老旧社区公共空间混乱、基础设施不够完善、居住环境存在危险等问题越发明显，问题不解决，矛盾越突出，制约着社区迈向现代化的步伐。

W小区是武汉市青山区A街道下辖的一个老旧小区，该小区一共有8栋楼，1997年入住，共约545户居民。由于该小区年代久远、设施陈旧、空间拥挤，且人口密度大、居民成分复杂、居民生活习惯迥异，为改善居民生活环境，提升居民生活质量，老旧小区改造势在必行。2020年底，该小区被纳入老旧小区改造项目工程。小区改造必须通过两次征求意见，第一次是民意调查，调查是否同意进行老旧小区改造，第二次则是针对改造方案征求意见。A街道在2020年的11月份进行了一个立项调研，调研入户455户，同意户是450户，超过小区总数的50%。调研结果报到青山区相关部门后，小区改造通过了立项。

---

[1] 案例采集人：李世颉。

在改造过程中，不可避免地会出现一系列矛盾纠纷。社区矛盾纠纷具有较大的社会危害性，故调解工作是社区治理中十分重要的一环，同时也对社区治理主体的能力提出了更高要求。

（二）案例描述

1. 环境整治前期：老旧小区问题凸显

受到疫情的影响，项目改造批复资金有限，前期改造方案征求意见时居民提出的供暖设施、楼道内管线、消防通道等多项改造需求难以满足。

经过仔细考虑，A 街道办党工委书记 Y 科长认为，不能像撒胡椒面一样多点开花，应该将有限的改造资金投入到群众重点关注的项目上。因此，在开展环境综合整治工作之前，Y 科长组织社区工作人员开展了前期调研工作，通过实地走访以及与社区居民的交流，总结出了群众反映强烈的问题。

其一，小区内车辆无序停放与飞线充电问题严重。W 小区整体上建筑较为密集，公共空间较为狭小，而院内有大量的自行车、电动车和小汽车无序停放，甚至个别居民把自己的车辆停放在楼道入口处，占道严重，很大程度上影响居民的日常生活。同时，W 小区并未设置专门的电动车充电桩，小区居民只能从自家楼上拉扯插线板来给电动车充电，以至于出现许多从楼上窗户或阳台扯下来的电线，严重挤占了公共空间，甚至影响居民的生命财产安全。小区业主 L 先生抱怨道："我觉得这种行为（飞线充电）不安全，不是说你一家不安全，牵扯到别人也不安全，要是真着了怎么办，大家都受到损失。这些人的防火意识极差，根本就不应该拉线。"

其二，社区内的违章搭建现象非常普遍。小到空地上的竹篱小院，大到内外装修的砖混房，还有空中伸出的吊脚楼和屋顶搭盖的违建房，各种花样层出不穷。这些违建房使原先整齐划一的居民楼变得混乱不堪，既影响美观，也带来诸多隐患。居民曾就前述问题，向社区和办事处进行反映，城市管理部门也曾对违规建设的业主下达整改通知书或进行处罚，但都不了了之，后续也无任何进展。小区业主 Y 先生愤怒地表示："我们多次反映，也没人负责，我就希望政府相关部门能够真正地牵起头来，秉公办实事，毕竟安全大于天。"

2. 环境整治中期：全新障碍不断涌现

针对前述两个群众重点关注的问题，街道办党工委书记 Y 科长在城市规划院同志的帮助下，提出了一套设计方案。该方案主要分两个步骤，第一步，拆除所有的违章建筑，第二步，在拆除后的违建区域，建设两个电动车停车棚和三个充电桩。针对该方案，社区组织了第二次投票，一共走访了 470 户居民，同意改造的有 370

户，同意率达到 78.7%。据此，A 街道开展了环境整治工作，但随之而来的还有许多意料之外的问题。

1) 工作前期现矛盾

A 街道将小区楼下的违章建筑，统一进行了拆除。当拆除到空中伸出的飘窗时，遇到了极大阻力。违建业主不但阻挠社区组织的拆违工作，甚至有人向法院起诉，反对社区的拆违行为，拆除工作不得不暂停。整个拆除工作没有完成，土地平整、硬化等工作都无法推进，导致已拆除的区域土地裸露，风一刮起来，尘土飞扬，社区环境比原来更差了，这引起社区居民强烈的不满。小区业主 Z 先生愤怒地表示："我们其实非常支持改造，这是一件好事，但是现在已经 4 个月了，土地裸露，风一刮起来，尘土飞扬，环境比原来更差了。你拆可以，但拆了之后应该有一个规划啊，目前什么规划都没有。这是个什么事啊！"同时也给已被拆除违章建筑的业主带来较为恶劣的影响，小区业主 Q 先生生气地表示："拆违章建筑，你不能有偏向性，得拆到底，选择性地拆算怎么回事！"

违章建筑住户强烈反对拆违的理由主要有两方面。一是这类住户认为他们并不违法，他们在建飘窗时，已经向物业报备过了，不属于违建。小区业主 S 先生表示："每户装修的时候，都去备案了，早干吗去了？我们花了几万，现在你又说不合法啦。"二是部分业主认为，按照以前判断违建的标准来说，"不超过 40 厘米算合理，40 厘米以上算违建"。他们的飘窗在 30 厘米以内，不应属于拆违的范围。小区业主 L 先生表示："拆了我们外面搭建的车棚也就拆了，现在呢，居民飘出去这个 30 厘米的飘窗，也要强制拆除。"

2) 以理服人立化解

经过仔细斟酌，Y 科长意识到，要以理服人，群众的心结才能解开。但由于社区工作人员欠缺相关知识，缺乏依法化解纠纷的能力，只有专业律师和相关专家才能为纠纷依法化解提供充足的法律指导和智力支撑，帮助群众纠正错误的观点。于是，社区组织并召开了拆迁协商议事大会，邀请相关的专家学者，对前述观点进行澄清。

某城市规划设计院规划师表示："飘窗是有安全隐患的，它从结构上、安全上都是没有任何安全保障的。像目前这些老旧小区的阳台，原来这个阳台都是外挑的、悬挑的结构，原本结构的荷载是有一个固定值的，现在您做了这个飘窗，会放一些东西，放花盆、晾衣架什么的，会增加这一部分的荷载，那么，这一块的结构安全其实是难以保障的。万一飘窗脱落，业主是要负全责的。"

某律所律师表示："其一，在物业公司报备了，并不代表合法。你的行为本身不具有合法性，所以出了责任需要自己承担。其二，老旧小区改造有门槛，老旧小区改造有规范，飘窗必拆这一点是在清单上的，原来 40 厘米算合理，40 厘米以上算违建。但今天老旧小区改造的门槛和条件上，是有政府文件的。其三，你们小区是通过合法的程序通过老旧小区改造的,而老旧小区改造,让每个人在这个过程中获益。所以,不是说哪一个或哪几个人说我不同意改造就可以的。这就是我们所说的,公共利益与个人利益冲突之间的矛盾。其四,老旧小区改造,对你们来说也是收益的,隔壁小区,同样也是改造了室外环境,相比没改造之前,每平方米价格涨了2000多。你们自己可以算算这笔账。"

在相关专业人士的解说之下,原先几位强烈反对拆违工作的群众一言不发,一副若有所思的样子。街道办负责具体拆迁事宜的 L 干事决定趁热打铁,他表示:"拆违施工时,将采取一户一策,努力将拆违工作对居民的影响降到最低。"

很多居民看到社区干部是真心实意地为他们解答疑惑,也逐渐转变了想法,开始支持社区和城管的拆违工作。自 2021 年 1 月到 2021 年 5 月,W 社区拆除违章建筑 30 处,共 800 余平方米,无一例上访事件发生。

3) 工作后期遇瓶颈

在拆除了社区内违章建筑后,社区在拆除后的违建区域建设电动车停车棚与充电桩,充电桩安装在停车棚内。2021 年 9 月,Y 科长通过例行茶话会,发现社区居民对充电桩、小区环境卫生管理缺失的问题反映强烈。

业主 K 先生表示:"现在已经建成的车棚,已经形成了问题,现在充电的这个地方,不是充电用的,都变成停车的地方了,我的意思是,这里没人负责,如果出现问题向谁反映?"

业主 G 先生表示:"我在咱小区充电桩充过电,我一般晚上下班回来,到家 6 点多,现在这个点天都已经黑了,我都推不进电动车,每次磕我的腿好几回。"

业主 X 先生表示:"W 小区原来属于 W 的单位宿舍,自从单位破产以后,宿舍大院就无人管理,基本上都靠院子里的几个楼道长义务帮忙打扫一下。但一扫完,马上就有人扔东西,见到了制止一下,情况还好点。但通常是过了一会儿,本来干净的过道又被垃圾给堆上了。"

业主 Y 先生表示:"小区里存放生活垃圾的公共垃圾桶本来就很少,居民还爱乱扔垃圾,我家楼下就有好几个垃圾堆。"

4) 对症下药见实效

此时,Y 科长认识到,充电桩、小区环境卫生管理缺失的症结是源于 W 小区物业管理的缺失,当务之急是要尽快引入物业管理公司,帮助小区居民建立行为规范、形成公共秩序。终于在 A 街道办的帮助下,W 小区成立了业委会,在业委会的主持下,W 小区终于在 2021 年 11 月正式迎来了"新管家"——G 物业。G 物业入驻以后,在与业委会充分沟通后,决定采取以下措施,对前述问题进行治理。

其一,请充电桩的安装企业对充电桩进行参数设置,充电四小时,正常收费,每超过一个小时,双倍收费。这样能有效防止一些不自觉的车主充完电后仍然长期占用充电桩。其二,每天安排两位安保人员进行定点巡视,安保人员如果发现电动车或其他车辆有违规占用充电桩、乱停乱放等不文明行为，将对相关业主进行劝阻，督促他们尽快改正。其三，在小区内增设公共垃圾箱，并每天派人清扫小区主干道。

经过 G 物业的多措并举，小区内充电桩、小区环境卫生问题均得到较好的解决，小区居民对社区环境整治的结果也较为满意。

3. 环境整治后期：矛盾纠纷持续升级

社区开展环境整治工作后，各生活小区楼道保洁、管道疏通、楼道照明、车辆管理等方面的服务，有了很大提升，获得成功。但仅过了一年半，小区物业收费又成了新的问题，考虑到老旧小区的实际情况，物业公司在入驻时，制定的收费标准相对于市区正规新小区来说要便宜得多，每月仅 0.5 元/平方米。按常理来说，费用低应该相对好收取一些，但在实际收取过程中，并非那么一帆风顺。由于这里居民成分比较复杂，部分居民会找出各种理由少交或者拒交物业管理费，物业公司付出了很多心血，负责收费的工作人员要挨家挨户地跑，有时一家要跑好几趟，但即便是这样，全年物业费收取率不到 40%，这给 W 社区物业管理公司的财政状况带来了巨大压力。

在物业公司代表 W 经理看来，小区物业收费难的主要原因是，部分小区居民缺乏交费意识和习惯。其中又以老年人和租房客为主，老年人观念难转变，思想工作很难做，如果他们不交物业费，工作人员没有任何办法，而租房客更是流动性大，工作人员难以找到他们，物业费的收取是个非常棘手的难题。此外，老旧小区还有很高的空房率，这部分业主联系起来都很麻烦，更别提交费了。

而一些业主代表认为，物业管理服务跟不上，自己才拒交物业费，表示"看不出物业公司做了哪些物业服务，小区养狗扰民、基础设施老化等问题长期存在，也没见物业公司派人来处理"。另一些业主代表则表示"物业公司收费标准过高，没有考虑到 W 社区的现实情况，社区中有大量的下岗失业、老弱病残人员，每月 30～40 元的物业管理费有可能就是他们一天的生活费"。

针对业主的控诉，物业代表 W 经理则反驳道："相比周边小区，W 小区的物业收费是最低的，随着人员成本等物企运营成本的提升，物业收费已远低于物业各项服务的成本，原有物业费标准已无法覆盖企业运营成本。相关经费已全部用于清运垃圾、清扫小区主干道路，没有更多经费承担其他工作。如果社区居民需要物业提供额外服务，请补交拖欠的物业管理费，并提高收费标准。"此言一出，顿时引起更大的争议。

由于此事涉及业主人数较多，如果处理不当，很容易在社区引发群体性矛盾纠纷。

4. 尾声：新旧问题迎刃而解

面对冲突的愈演愈烈，社区党委书记 Y 科长决定主动出击，为此举办了"W 小区物业问题协商会",邀请业主代表、物业公司、社区代表、专家学者等各界代表就物业问题发表各自的看法。

Y科长请出了法律专家和社区管理专家,为双方进行调解。

律师通过宣传《民法典》,向居民代表澄清了两个误区。一是服务瑕疵并不能成为业主拒绝缴纳物业费的理由。若业主对物业服务不满意,可以向相关部门投诉,通过组建业委会另聘物业服务企业,或向法院提出违约或赔偿诉讼等方式维护权益,而不应该通过拒交物业费来督促物企改进。二是部分业主认为房屋空置,便不需要缴纳物业费。然而小区的物业服务费主要为公共服务收费,其构成主要是物业公用部分、公共设施的日常运行和维护费用,以及清洁卫生费用、绿化养护费用、秩序维护费用等。根据《民法典》,只要物业公司按照合同履行了相应的义务,为业主提供了服务,业主无论是否入住,都应按时缴纳相应的物业费。

社区管理专家也批评了物业公司,指出物业工作不到位的地方,例如未能将物业管理服务的标准进行公示,导致广大业主与物业管理公司对物业服务质量评判不一致,业主认为付出物业费并没有得到相应的服务保障,并建议物业管理公司尽快将相关服务标准进行公示。

同时,在了解到一些下岗失业、老弱病残人员交不起物业费的情况后,Y科长也向大家承诺后续将加大就业指导,依托驻地单位扩大就业渠道,为用工单位和下岗失业人员牵线搭桥,为他们搞好服务,帮助老弱病残人员,向国家申请各项补助。

通过"W小区物业问题协商会",居民代表明白了自己在物业方面的权利和义务,纷纷表示愿意配合物业公司,说服未交物业费的业主尽快补交物业费。至此,W小区物业收费纠纷告一段落,在萌芽期就得到了化解。

Y科长在解决社区矛盾的过程中认识到,情、理、法的兼顾是有效化解社区矛盾纠纷的关键,认识到只有从源头化解矛盾纠纷,及时化解一些原本并不起眼的"心结",才能真正降低社区矛盾纠纷的发生率。W小区仍不时出现一些矛盾纠纷,Y科长决定每个季度举办一次社区书记茶话会,同社区居民联络感情,鼓励居民参与社区治理,增强源头预防化解矛盾的治理实效。社区党委书记Y科长相信,只要掌握了正确的矛盾纠纷调解手段,再难的"心结"也能解。

(三)思考题

1. 社区矛盾纠纷的定义、表现形式及危害是什么?
2. 社区矛盾纠纷调解的实施路径由哪几种构成,它们之间有什么关系?现有的实施路径可能存在哪些问题?
3. 可以从哪些方面进一步完善社区矛盾纠纷的实施路径?

3-1　W 小区简介　　3-2　实地调研访谈表　　3-3　多元调解化解社区矛盾　　3-4　扎实推进老旧小区改造

二　教学手册

（一）课前准备

1. 教师准备

整理实地调查报告和多方访谈，并以多媒体的形式呈现出来。对学生进行分组，并于案例介绍结束后分发访谈记录文件。

2. 学生准备

学生在课前应阅读与城市社区治理相关的资料并对社区治理有初步的理解。

（二）适用对象

MPA 专业学生、行政管理专业学生、政治与行政专业学生。

（三）教学目标

1. 知识目标

通过案例使学生理解社区矛盾纠纷的化解是社区治理工作中的重要一环，优化社区矛盾纠纷实施路径是做好社区矛盾纠纷化解工作的前提和基础。

2. 技能目标

在学生理解构建社区矛盾纠纷调解机制重要性的基础上，进一步引导学生主动思考，构建优化社区矛盾纠纷调解实施路径的逻辑思考框架，锻炼学生结构化、系统化分析和解决问题的能力。

3. 态度及价值观目标

让学生就案例进行小组讨论，在交流的过程中，对城市社区的治理形成自己的态度及看法，进一步激发学生的兴趣。

（四）要点分析

1. 社区矛盾纠纷的定义与危害性

社区矛盾纠纷是社区内的个人或团体为各自的利益和目标而产生的对抗性行为，具有时间性、空间性、复合性和社会性等特点。社区矛盾是社区的产生与发展过程中正常的、不可避免的现象，社区能够在一定程度上对其进行预防和有效化解。

社区矛盾纠纷的具体表现形式为社区居民邻里之间、家庭内部之间的矛盾；城区改造过程中个人利益与集体利益、国家利益的碰撞和磨合，以及居民与房地产开发商的矛盾；公用设施、小型餐饮娱乐场所与周边居民的矛盾；居民与物业公司之间的矛盾；社区居民与其管理者之间的矛盾；社区人员与外来人员之间的矛盾；政府的规划、政策及行政管理引发的矛盾；意外突发事件引发的矛盾等。

如果不能够及时化解社区矛盾纠纷，任其日积月累，小问题会变成大矛盾，小积怨会变成大纠纷，甚至会出现一些违法犯罪行为。如果涉及多个利益群体的纠纷长期得不到解决，就极有可能演变成群体性事件，具体表现为纠缠领导、上访请愿、非法集会、冲击机关、阻碍交通等。此类事件过程隐蔽、组织有序、凝聚力强、问题政治化、危害极大。因此，社区矛盾纠纷调解工作是社区治理中的重要一环。努力把矛盾纠纷解决在萌芽状态，对于提升治理精细化水平和社区群众安全感，具有重要意义。

2. 实施社区矛盾纠纷调解的路径

社区矛盾纠纷调解的实施路径可以从三种手段入手，即社区利益表达、社区纠纷调解、社区议事协商，且这三个手段之间存在着递进关系。首先，社区不同群体通过表达利益诉求，发现群体之间的冲突和矛盾。其次，通过社区纠纷调解和社区议事协商机制化解冲突和矛盾，纠纷调解主要针对涉及利益主体较少的社区非公共性矛盾的协调，如案例中提到的阻碍拆违的少数业主与社区之间的矛盾协调，此类矛盾纠纷解决的关键是对群众诉求的有效回应：针对合理的诉求，在政策范围内予以跟踪落实；对于不合理的诉求，应通过情、理、法的解释，最终实现息诉罢访。最后，议事协商主要针对涉及利益主体较多的社区公共事务或公共矛盾的解决，如案例中社区居民因物业费、小区环境卫生管理而引发的矛盾纠纷。此类矛盾纠纷由于涉及利益主体较多，很难通过社区纠纷调解实现点对点的回应，只能通过议事协商机制的建设，引导不同利益群体参与公约制定，进而建立行为规范、形成公共秩序，最终实现矛盾纠纷的化解。

以下是这三种手段的具体定义。

社区利益表达，是指社区居民能够通过一定的渠道和方式表达自己对社区公共事务的需求和意见，并能得到及时的反馈。它主要由社区利益表达主体、利益表达内容、利益表达渠道组成。社区利益表达主体为全体社区居民。利益表达内容可分为政治性利益诉求和非政治性利益诉求两类，前者主要表现为社区居民参加社区选举和民主评议，后者主要表现为居民对社区服务、社区环境等涉及日常生活的利益进行表达，如案例中关于老旧小区生活环境改造的两次民意调查。利益表达渠道主要包括三种方式：一是向社区组织表达，主要指向社区党组织、社区居民委员会、社区业主委员会反馈意见和需求；二是向社区会议表达，指通过民主评议会、民主听证会、民事恳谈会、业主大会等表达利益诉求；三是通过网上论坛、民意热线等网络媒体渠道表达。

社区纠纷调解，是指当事人双方因利益冲突产生纠纷时，第三方调解人依据纠纷事实和社会规范（如风俗、惯例、道德、法律等）在双方之间沟通信息、排解疏导，使双方互相谅解、互相妥协，最终达成解决纠纷的合意过程。例如，在前述案例中，劝导业主配合拆除违建飘窗时，社区采取的情、理、法相结合的矛盾调解方案。

社区议事协商，是指社区内外的多元主体，通过平等对话、理性商讨、公开审议等途径，就社区公共事务表达诉求、沟通交流、最终达成共识的民主形式。例如，在前述案例中，就物业收费问题，社区组织通过"W小区物业问题协商会"开展的矛盾纠纷调解方案。社区议事协商主要涉及协商内容、协商主体、协商形式和议事协商的程序四个方面。

（1）协商内容。主要是社区中涉及大部分居民利益的社区公共事务或社区居民普遍关注的热点议题。

（2）协商主体。社区议事协商的组织者主要是社区党组织和社区居委会，议事协商的参与者包括待协商的所有利益相关者，如社区居民、物业公司、社区自组织社群等。

（3）协商形式。常见的议事协商形式有社区居民会议、业主协商会、民主听证会等。

（4）议事协商的程序。议事协商的程序一般如下。首先，社区党组织和居委会作为主要组织者，在征求社区居民意见的基础上提出协商议题，确定参与协商的主体、形式、时间、地点。其次，协商组织方通过社区公告栏、微信、社区论坛等多种方式，向参与协商的各类主体，提前通报本次协商的有关信息。再次，开展协商活动，达成协商成果后，应向全体社区居民公示。最后，社区党组织和社区居委会组织实施协商成果，并对协商成果的后续落实情况进行追踪、监督和评估。

3. 社区矛盾纠纷调解路径实施的困境

社区矛盾纠纷调解路径在实施过程中，普遍存在机制不完善、居民参与动力不足、专业人员缺失等问题。

一是工作机制不完善。一方面，社区工作程序并不规范，由于我国尚未出台明确的工作标准和规范来指导社区矛盾纠纷的化解，致使工作过程具有模糊性和随意性，工作效果和工作质量难以保障，很容易流于形式，或敷衍了事。工作程序不规范造成的后果反过来又会损害相关组织的公信力。另一方面，工作机制较为被动，社区矛盾纠纷化解时，尚未形成主动的工作机制进行回应和处理，并非以对社区潜在矛盾或社区居民需求的主动调研、分析和处理为基础，这既不利于及时发现和解决潜在问题，使本可以在萌芽阶段妥善处理的问题或矛盾进一步扩大，导致处理工作成本升高，也在一定程度上对社区内不同利益群体间的关系造成损害。

二是社区居民参与不足与参与失衡。受经济水平、受教育程度、社会地位、社会经历等差异的影响，社区居民的参与意识各有差异，加之传统公权力治理社会的观念影响，社区居民主动参与社区和谐化工作的内在自觉性不足，多为动员式被动参与。即使在参加社区公共事务的居民中，也呈现出主体不均衡的情况，参与主体以老年人、离退休人员以及下岗职工、低保扶助对象等弱势群体为主，社区内中青年工薪阶层等很少参与。此外，缺乏对社区居民权利的法律确认，也是导致社区居民参与不足的重要原因之一。确认社区居民在利益表达、议事协商、纠纷调解等方面的基本权利，既有利于社区居民获得相应的责任感和权利意识，培养参与社区工作的内在自觉性，也有助于切实增强社区居民参与化解社区矛盾纠纷的安全感和信任感。

三是缺失稳定专业的工作者队伍。目前，我国城市社区工作者队伍存在年龄结构偏大、文化程度和相应的政策水平偏低、法律素养和业务知识较为有限等普遍问题。较低的专业能力和工作素养极大地制约了纠纷调解工作的开展。此外，受各种因素的影响，社区工作者队伍的人才流失和人才调整问题比较严重，长期参与纠纷调解工作的人员比例并不高，工作者队伍稳定性的缺失，也使相关工作难以得到切实的保障。

4. 政策启示

1）建立完善的社区利益表达平台

第一，不断完善社区利益表达的平台或渠道。这既包括不断完善已有的社区利益表达平台或渠道，如社区居民会议制度等，也包括探索更多便利性、实施效果更好的利益表达平台或渠道。例如，日本社区居民可以通过地方议会、审议会、听证会和市民会议等方式来反映意见和需求；我国一些社区建有自己的网站，并兴建了社区群，这些渠道成为社区居民自由表达观点、对社区委员会的工作提出意见和建议的重要平台。

第二，保证利益表达平台或渠道的畅通性，确保及时得到反馈并能监督和评估落实情况。社区工作机构应规范工作程序，确保利益表达渠道畅通，还应就利益表达的后续反馈、落实和监督等设立统一的管理标准，确保社区居民能及时得到反馈和进行监督。负责管理社区事务的社区委员会的成员是由社区居民选举产生的，他们必须对社区居民负责，接受社区居民监督，这会使社区委员会天然重视社区居民的利益表达，并提高组织工作的透明度以接受社区居民的监督。

第三，应通过社区教育和精神文明宣传等手段，培养社区居民表达利益诉求的内在自觉性，提高社区参与程度。通过在社区营造居民共同利益，可以有效提高社区居民参与社区事务的积极性。这会带来两方面效果：其一，社区利益表达成为一种常态化机制，社区居民不会再等到问题已对生活造成实质困扰后才予以表达；其二，社区利益表达将从以往多反映居民私人的意见和需求转变为更多地发展社区公共事业，维护社区公共利益而建言献策。

2）建立完善的社区纠纷调解制度

第一，建立独立的社区纠纷调解机构。社区调解计划可以由社区非营利组织负责。非营利组织不隶属于任何行政或司法机构，专门负责开展社区纠纷调解工作。社区纠纷调解机构独立运行的优点是能够保持中立性和公正性，有利于社区纠纷双方形成对社区纠纷调解机构的信任感，从而能够吸引纠纷双方将纠纷提交到社区纠纷调解机构解决。而在建立独立专门的社区纠纷调解机构时，还应注意合理设置组织机构，并注意协调机构内部、机构与外部其他机构之间的工作关系，做到权责清晰，各司其职，配合有力。

第二，建立稳定专业的社区纠纷调整工作者队伍。一方面，要制定适当的激励措施和相关制度，吸引人才参与社区纠纷调整工作，并努力留住人才；另一方面，要加强对社区纠纷调整工作人员的教育和培训，切实提高他们的工作能力和专业素养。参与社区调整工作的人员主要有社区志愿者和社区专职调解员两种。社区志愿者在开展工作之前必须接受一定时长和要求的培训；而社区专职调解员不仅需要接受一定的培训，还需要获得一定的资格认证，如与社区服务有关的学位证书等。

第三，建立便捷高效的社区纠纷调解平台。社区多元主体既可向纠纷调解平台及时反映面临的纠纷困境，寻求帮助，还可与纠纷对象沟通和交流，促成和解。在符合保密性原则的前提下，纠纷调解平台还可披露纠纷调解过程、达成的结果等信息，为之后的纠纷调解工作提供参考。一些地区为了避免社区纠纷进一步升级，通常为纠纷双方提供对话平台，帮助纠纷双方进行充分沟通。

第四，建立便捷高效的社区纠纷调解形式。除人民调解、行政调解和司法调解之外，未来还可以探索其他的社区纠纷调解形式，从不同角度化解社区矛盾，促进社区和谐化。比如，针对发生在特定行业（如社区医疗等）的社区纠纷，可以引入行业调解方式来化解矛盾。在具体的实践过程中，需根据纠纷的内容、性质和特点等，来决定应当采用何种社区纠纷调解形式。

第五，鼓励更多的社区居民参与到社区纠纷调解中来。通过社区教育，唤醒公众对社区调解价值和实践的认识，从而调动更多的居民积极参与到社区纠纷调解中来。

3) 建立完善的社区议事协商制度

第一，建立独立的社区议事协商机构，如社区居民委员会与物业管理委员会。独立运行的议事协商机构在协调公共利益时应当保持中立性和公正性，这有利于提高社区居民对机构的信任度，使居民愿意主动参与社区公共事务决策。建立社区议事协商机构时，应明确机构与社区其他机构之间的权利义务界限，做到机构间权责清晰、协作互补。

第二，建立稳定专业的社区议事协商工作者队伍。除了制定激励政策吸引和留住人才参与社区议事协商工作之外，还应加大社区议事协商的教育和培训力度，通过普及协商知识、定期举办培训班、开办网上讲堂、组织实地学习交流等方式，帮助社区工作者和社区居民掌握并有效运用协商的方法和程序，提高参与主体的协商能力和社区总体协商水平。例如，作为社区主要议事机构的社区委员会拥有稳定的高素质志愿者队伍。这些志愿者能高水平开展议事协商工作，很大程度上归功于社区教育和培训。

第三，建立便捷、高效的社区议事协商平台。通过这个平台，社区居民可以随时提交自己关心的议题；社区议事协商机构在综合考察所有提交的议题的基础上，按照议题的重要程度和缓急程度来决定下期协商议题，并通过议事协商平台公布有关下期协商的信息，如协商内容、协商时间、协商流程等；社区居民可以通过议事协商平台查看下期协商的相关信息，并通过平台参与协商讨论和结果表决；达成协商合意之后，议事协商机构会通过议事协商平台公布本期协商的有关情况，并持续披露协商结果的落实情况，供社区居民进行后续监督和评估。

第四，完善和丰富社区议事协商形式并因需选择。除了要健全居民会议、居民代表会议、民主听证会、民主恳谈会、民主评议会等传统的社区议事协商形式之外，还要探索运用信息网络和移动设备等新媒体传播工具，充分利用QQ群、微信群、腾讯会议等互动交流平台，丰富社区议事协商的网络参与机制。比如，可以通过引入网络、多媒体等技术，打造出能同时涵盖数千人的社区线上协商会议，使得社区协商的参与程度大大提高。此外，在丰富社区议事协商形式的同时，还应根据协商主体和协商事项的具体情况，因需采取不同的协商形式。比如，对于涉及面广、关注度高的事项，可采取居民会议、专题议事会、民主听证会等形式进行协商；而对于涉及面相对较窄的问题，可采取个别走访座谈、单独约请面谈等小范围恳谈协商形式，也可就有关事项以书面协商的形式征求意见。

(五) 课堂安排

1. 介绍案例发生的背景

案例小区是武汉市青山区 A 街道下辖的一个老旧小区，该小区一共有 8 栋楼，1997 年入住，共约 545 户居民，由于人口密度较大，空间拥挤，居民成分复杂，居民生活习惯迥异，且物业管理缺失，造成了小区公共秩序失范，居民缺乏维护小区环境的良好意识。小区内普遍存在不注重维护基础设施、乱堆乱丢和乱停乱放等不文明行为，使老旧小区的治理难度较大，一直未能跳出"整治—反弹—再整治—再反弹"的怪圈。

2. 介绍小区推进老旧小区环境改造时发生的多次矛盾纠纷及 A 街道化解矛盾纠纷的过程

按照时间顺序，通过 PPT 将矛盾呈现在学生面前。首先通过 A 街道办 Y 书记的视角，介绍 A 街道办在推进 W 老旧小区环境改造前，由于改造资金有限，需要将有限的资金投入到群众重点关注的项目，再以小区居民的视角，使学生对群众重点关注的两个项目——电动车和小区内的违章建筑——有一个全面、立体的认识。其次，介绍 W 老旧小区环境改造中期被拆违业主与社区之间产生的激烈对抗，最后，介绍 W 老旧小区环境改造后期产生的环境卫生管理、小区物业费收缴困难等矛盾纠纷。通过 A 街道办化解上述矛盾纠纷的过程，展现社区矛盾纠纷调解的基本路径，即通过完善社区利益表达、社区纠纷调解、社区议事协商，来化解社区的矛盾纠纷。这部分的核心在于通过矛盾的揭示与矛盾的处理，来展示社区利益表达与后两种手段的递进关系，以及社区纠纷调解同社区议事协商的联系与区别。

3. 小组讨论

在小组讨论之前，教师应提出思考题：社区矛盾纠纷的定义、表现形式以及危害是什么？社区矛盾纠纷调解的实施路径有哪几种，它们之间有什么关系，现有实施路径可能存在哪些问题？可以从哪些方面进一步完善社区矛盾纠纷的实施路径？通过思考题和学生手中的访谈记录来促使学生与小组内其他成员的交流和讨论。教师在适当的时机引导学生由浅入深地思考，完善社区矛盾纠纷实施路径的主要任务和相应的措施。社区矛盾纠纷调解路径实施需要完成的任务和措施，可以从机构、队伍、形式等角度来阐释。

4. 布置作业

将小组讨论的结果以报告形式上交。报告中除学生讨论的成果之外，还需要学生去搜集与此相关的案例。理解社区矛盾纠纷调解实施路径的主要手段、相关任务目标、可采取的措施等。

（六）其他教学手段

计算机 PPT 展示、小组讨论、报告。

本讲小结

　　本讲展示了 A 街道办推进 W 老旧社区环境改造、矛盾纠纷化解的过程，着重描述了如何化解改造前、中、后期车辆停放、违章搭建、环境卫生、物业费收缴等问题引发的矛盾纠纷。在此过程中，街道办干部逐渐认识到自身对于调解社区矛盾的关键作用，并进一步掌握纠纷调解方法，有效化解了该社区在改造过程中产生的各种矛盾纠纷，明白了只有通过优化矛盾纠纷调解的实施路径、提升治理能力，才能实现社区和谐稳定。

　　案例表明，社区矛盾纠纷是难以避免的，调解矛盾纠纷也实属不易，但是 A 街道办通过自身的努力，呈现了其厘清问题关键、解决问题的思路，对其他尚未接受改造的老旧社区提供借鉴参考。

第四讲　平安社区如何保平安？[①]
——基于事前预防分析的视角

 学习目标

- 理解基层社区公共安全治理的重要性，掌握事前预防治理的内涵及其关键作用；
- 学会观察和统计数据，能够分析出平安社区公共安全事前预防困境及其原因；
- 厘清事前预防的困境及深层次原因，并进一步思考解决方案。

一　案例主体

（一）引例

社区是城市的基本单元，是城市应对公共安全风险的桥头堡。习近平总书记在党的二十大提出，坚持安全第一、预防为主，推动公共安全治理模式向事前预防转型。因此，进行有效的社区公共安全事前预防治理已经成为社区管理的重要内容，对于保障居民生命、财产安全，以及促进社区持久和谐稳定具有重要意义。

平安社区是 A 市基层社区公共安全治理的试点社区，同时该社区是一个新旧混搭的特殊社区，包括新建小区和一些棚户区、老旧小区。平安社区人员结构比较复杂，管理难度较大，存在的安全隐患也较多，所以该社区公共安全治理工作极具典型性。

---

① 案例采集人：刘利、张龙璇、王登科。

（二）案例描述

1. 社区公共安全威胁因素多

平安社区是一个多民族社区，外来人口比较多且大部分来自农村，对城镇治安管理条例缺乏了解，法律意识淡薄，且社区人口流动比较频繁，近五年内流入人口约 15000 人，地域文化引发的治安冲突比较频繁。此外，平安社区住宅房屋基本是平房、院落密集的棚户区，住在棚户区的居民 L 表示，"这里与主次干道相距较远，内部的背街小巷最窄处不足 0.5 米，大人都难以在这里行走，如果遇到火灾，后果更加不堪设想。"根据现场结构可以判断，火灾一旦发生，火势极可能迅速蔓延至整个社区，摧毁大部分住宅和建筑，加之居民逃生路线极为有限，狭窄的通道会导致居民无法及时逃离灾区，外部救援力量也无法及时进入现场进行抢救。

平安社区存在人口结构复杂、基础设施落后、空间规划不合理等问题，在面对突然的灾祸时，难以将损失降至最低。

随着大数据的飞速发展，电信诈骗成为互联网时代的一大安全隐患，平安社区年轻人口大量流出，社区现有居民大多来自农村且老年人比例较高，这类居民网络安全意识薄弱，无法迅速辨别网络信息的真假，极易产生电信诈骗案件。一位 64 岁的居民 H 表示："有些陌生电话可以清楚地说出我的名字，让我觉得不像假的，还有那些莫名其妙的短信总是很多，有时候也会不小心点到，我不知道怎么办。"

人员结构复杂引起的治安风险和社区环境缺陷导致的消防风险是平安社区传统公共安全风险中尤为突出的部分；而非传统公共安全风险中，突发风险和网络安全问题也是平安社区在时代发展中不可避免的。

2. 社区安全治理遭遇困境

1）居民参与社区治理意识弱

平安社区居民安全意识比较弱，参与安全治理的意识严重不足。平安社区 86% 的居民不了解城市公共安全风险防范知识或者一知半解，尤其在对消防设备的设置与使用的调查中发现，小区虽然放置了相应的消防设备，但是很多群众不会使用，甚至不清楚消防设备的位置。受访群众普遍认为会有专门使用消防设施的人员，所以觉得即使自己不会用也没关系，自我保护意识极低。73% 的被调查者对安全知识宣传活动的参与意愿不高，这说明平安社区居民参与治理的积极主动性存在不足，受访居民 H 毫不掩饰地表示："他们开宣传会，如果没有强制要求或者没有东西可以领取，我是不会去的，我觉得跟我关系不大。"大部分居民只有在突发事件发生时才愿意配合社区工作。正是这种"冷漠"态度导致居民在社区公共安全事前预防工作中成为"被管理者",对政府和社区"两委"依赖性较大,无法第一时间觉察并上报公共安全隐患,给社区公共安全治理带来困难。

根据调查发现,有91%的群众表示自己从来没有参加过社区安全教育活动。这表明,即使社区有开展相关安全教育活动,但如果未关注居民参与情况,或者并没有很好地吸引群众参加,也没有改变自身的工作方式,就会导致公共安全教育成效并不显著。某位社区工作人员表示:"以前开展安全教育活动都会要求家家户户都得来人认真参与,后来骂声连连,搞得我们都不敢做硬性规定了,到后面就变成能来的都不来的情况,年轻人都以工作为由推脱了,老年人又因身体不好推掉了,所以我们只能简单开个会就草草结束,大家不配合,我们也没办法。"

2) 社区工作者的工作之急

平安社区预防工作存在落实不到位的情况,很多预防工作都只是"纸上谈兵",或者只是为了应付上级领导的要求,对相关工作不够重视,社区事前预防工作存在形式化严重的问题。一方面,风险隐患的隐蔽性和不确定性,导致很多工作人员放松警惕,对预防工作重视度不高,从而忽视了对社区公共安全隐患的排查,或者虽然发现了异常情况,工作人员却没有重视,容易产生大的公共安全事件。社区工作人员P女士表示:"我们平时对社区安全隐患的排查主要是通过小区保安完成,但是所排查出来的风险信息比较少,因此我认为我们社区还是比较安全的。"另一方面,平安社区工作人员文化程度较低,本科以上学历的工作人员占比仅为30%,缺乏对潜在风险进行识别的能力,无法在风险隐患显露前做出及时的、有效的预防措施。

3) 社区安全治理资源有限

总体而言,平安社区的信息传递呈现两个特征:一是信息传递方式粗放,无法具体了解老百姓的安全现状和安全需求。在调查中发现,平安社区主要通过传单、广播等传统方式向居民传递安全信息,与居民面对面宣传的只有1项,占比为9%。二是缺乏向上传递的公共危机反馈机制。在访谈过程中,有群众认为自己所提出的隐患信息并不会得到政府的重视,还有的群众表示并不清楚汇报公共安全隐患信息的渠道,因此平安社区在公共安全事前预防治理工作中缺乏群众向上传递信息的渠道。

根据相关人力资源的调查发现,许多相关工作人员都是兼职,缺乏专业性预防知识和能力。平安社区居委会工作人员包括党支部书记兼社区居委会主任1人、社区居委会设置副主任1人、委员5人,他们除了需要完成上级部门安排的任务,还要统筹好社区的日常公共事务,各个管理人员皆身兼数职,导致他们对社区公共安全事前预防工作的处理显得力不从心。兼职人员虽然拥有较为丰富的工作经验,但是缺乏专业的预防知识和技能,通常只能简单提供维持社区秩序的服务,难以开展专业的事前预防治理工作。社区预防队伍成员L女士表示:"我们居委会就只有7

个人，整个社区有上万人，我们每天要处理各种各样的事情，加上部分成员年龄比较大，他们对这个预防治理的相关知识也了解得比较少，那比较年轻的、上过大学的工作人员更没几个，实在是分身乏术，有心无力啊。"

此外，平安社区运用智能化手段不足。一是宣传方式缺乏网络化手段。调查结果显示，居民获取公共知识的主要途径包括政府发放的宣传手册，以及报纸、广播等，缺乏互联网的运用。二是隐患排查缺乏智能监控。根据调查问卷，25％的工作人员认为可以通过智能监控来提高社区的安全治理效果，同时在走访过程中发现社区内安全隐患的排查通常是由小区保安的日常巡逻完成，存在工作量大、效率差的情况。社区保安赵大爷表示："平时我们都要在社区里面到处巡逻，顺道就看一下社区各个门有没有坏、住户防盗窗有没有破、车辆停放是否合规等。"

3. 社区安全治理路径探索

平安社区对不断出现的安全问题开始进行反思，逐步认识到自身治理存在的问题，开始转变社区治理模式，以保障社区的长治久安。

首先，从人出发，培养相关主体事前预防意识，提高事前预防能力。平安社区开始注重工作人员预防意识的培养，通过系统性的公共安全教育提高其预防意识和能力，并将事前预防治理成效纳入其年度绩效考核指标，以促进其主动地将事前预防治理融入社区日常工作中。同时，进一步提高居民参与度，通过各种举措培养其积极性，如加大公共安全理论知识的宣传，鼓励居民积极参与社区宣传教育活动，通过小测验、随机访问等方法加强居民参与活动后对预防知识的掌握；培养居民的社区归属感，通过各种社团娱乐性活动提高其主人翁意识，使其自觉地参与到社区治理工作中；提高社区与居民的信息共享程度，要有意识、分批次地将社区事前预警信息传达给群众，促使每一个社区居民关注社区这个大家庭。

其次，从实际出发，完善公共安全防范预案体系，疏通信息传递渠道。一方面，社区根据自身实际情况编制适合自己的防范预案，对各类突发事件的救援范围和程度、社区预防资源的配置等做出明确规定，并通过各类演练的开展提高预案的落实情况，使社区事前预防治理真正做到有据可依、有章可循。另一方面，通过及时更新、充实社区宣传栏内容，创新信息传递方式，比如，将公共安全防范知识印制到水杯、雨伞上，免费赠送给社区居民，建立"社区＋平台"与居民进行沟通等方法，促使居民从"被动接受"向"主动参与"转变。

最后，从资源出发，加强事前预防队伍建设，加强智能化设备投入。其一，实现灵活的事前预防队伍建设，扩充人员数量，根据社区公共安全目标，通过"两委"选拔和社区志愿相结合，设定事前预防队伍核心层和流动层，以应对不同公共安全隐患需求。其二，通过建立统一的信息化数字宣传平台，加强社区数字监控覆盖力度等基础设施的投入，完善社区公共安全风险信息识别、发布的智能化体系，补全社区公共安全风险识别动态监测网，促进维护社区生活的平安稳定。

4. 社区平安指日可待

平安社区的公共安全隐患仍然存在，危机事件时有发生，但平安社区相关负责人相信，运用事前预防的手段，从源头处理安全隐患，降低社区风险，平安社区实现真正的平安指日可待。

其一，推行安全责任制。推行安全责任制的核心要义是以平安社区居委会为基础成立安全工作小组，以落实居委会监督责任制。以消防安全工作为例，一方面，社区将消防安全责任进行逐级分配，明确每一层级所承担的职责范围，主要表现在：社区党委负责社区消防安全工作的顶层设计，制定社区消防工作规章，督促指导社区做好消防工作，研究消防工作重大问题的解决方案；社区居委会负责贯彻落实党委会的规章制度，同时负责社区消防安全基本工作的实施，如向社区内的居民按户发放消防物资、检查和维护公共消防设施、进行消防安全教育、为留守儿童和独居的老人提供消防安全服务等工作。另一方面，建立社区消防安全管理目标考核制度。为了确保以及监督各层级的消防安全落实情况，定期对社区消防工作进行考核，根据考核结果对社区优秀单位进行表彰，激发社区相关单位落实消防工作的积极性。

其二，调动居民代表和各个部门协同治理，建立多通道联合模型。由社会党组织、居委会、小区物业公司共同组织选举产生楼院长、路段长、居民代表，并且讨论提出他们的具体工作任务，形成由社区和区域管理部门共同领导、物业管理公司参与、居民代表积极配合的协同社区治理新局面。同时积极加强与公安、城管等部门之间的互动往来，针对车辆停放、路灯照明等具体问题，平安社区与相关部门共同商讨确定各自的管辖范围和具体职责，从而最大限度避免因责任不明确所造成的责任推诿及多头管理问题，打造多部门协同治理的良好治安环境。

5. 结束语

平安社区是我国城市社区的一个缩影，其公共安全治理中的事前预防困境及其原因具有一定的代表性。本案例采用问卷调查法和访谈调查法收集相关数据。通过分析平安社区存在的公共安全隐患，剖析该社区公共安全事前预防治理方面的困境，探究困境形成的原因，探索应对策略，总结平安社区保持平安的建设经验，为全国城市社区公共安全治理提供借鉴。

（三）思考题

1. 平安社区公共安全存在何种风险，原因为何？
2. 平安社区公共安全风险治理困境形成的原因是什么？
3. 如何从源头进行治理，进一步提高平安社区的事前预防能力？

4-1　问卷统计表　　4-2　平安建设反诈骗工作现场会　　4-3　平安社区创建

二　教学手册

（一）课前准备

1. 教师准备

（1）整理 A 市社区治理基本举措和平安社区基本概况；

（2）整理平安社区相关调研数据，并制作表格（如社区居民问卷调查描述性统计、多选问卷描述性统计、社区工作人员问卷描述性统计），方便学生课中观察讨论；

（3）让学生自由分组，并选取组长、监督员、记录员各 1 名，发言员 1~2 名，其中组长负责讨论总体统筹，监督员负责监督组内各成员的参与情况，发言员负责总结小组观点并在课堂发言，记录员负责记录本组和其他小组的观点。

2. 学生准备

（1）阅读治理理论、社会风险理论相关文献，并初步了解相关理论；

（2）学习掌握二十大报告中关于社区安全治理的内容，尤其是与基层社区公共安全事前预防相关观点；

（3）复习公共安全治理理论和危机管理理论，并辨析二者的异同。

（二）适用对象

MPA 专业学生、行政管理专业学生、政治与行政专业学生。

（三）教学目标

1. 知识目标

基于案例，帮助学生理解基层社区公共安全治理的关键环节在于事前预防治理，从而明确相关治理措施的切入点和举措。

2. 技能目标

通过观察统计数据，引导学生分析平安社区公共安全事前预防困境及其原因，进一步思考摆脱困境的对策，锻炼学生对问题的分析和解决能力。

3. 态度及价值观目标

通过小组讨论和课堂发言，引导学生对基层社区公共安全治理的预先防范措施进行讨论，形成组内观点，增强团队合作精神和创新能力，进一步激发学生的兴趣。

（四）要点分析

社区是社会的基本单元，要实现和维护社会的和谐与稳定当然离不开对社区的安全建设。随着新时代的发展，社区面临的风险在不断增多、不断变化，而人们对安全的要求和向往却不减反增，那么，为了切实维护人民群众的安全需求，营造出良好的社会生活环境，就要做好社区公共安全治理工作。本案例是以平安社区公共安全风险治理为例，通过调查问卷和实地访谈，发现和总结平安社区不平安的点，从而提出以下研究问题：平安社区公共安全风险治理困境形成的原因是什么？

1. 治理主体事前预防意识和能力不足

一是社区工作人员缺乏公共安全教育举措。社区工作人员是社区公共安全的重要责任人，他们的教育举措缺失是社区公共安全风险防范不到位的主要原因，具体表现在两个方面。一是缺乏公共安全风险预先防范教育。改革开放以来，我国社会处于繁荣稳定的状态，国际形势也相对稳定，基层社区工作人员对突发公共风险事件的感受不深刻，没有将公共安全教育的重要性提升到应有的高度，尤其是对安全风险隐患没有采取足够的措施。二是缺乏相关的系统性培训。我国基层社区安全风险教育处于较为浅显的层面，缺乏系统性、针对性、规范性的培训，社区工作人员对公共安全风险的预警能力不够，缺乏事前监测潜在风险的能力、事中及时采取措施应对危机的能力和事后重建社区的能力，无法正确地引导居民维护自身安全，难以减少危机对社区造成的损失。

二是居民参与事前预防工作的动力不足。平安社区居委会自 2019 年 6 月起，每年都会开展两次安全知识讲座或事故演练活动，但辖区居民中 86％的人表示不了解或只是略有了解。居民对社区公共安全事前预防工作参与程度不足，其原因主要包括以下两个方面。第一，公共安全宣传形式单一。过去三年，该社区组织公共安全宣传教育活动的方式多为在社区广告栏里张贴通知，而平安社区老年人口聚集，年轻人口流动性较大，很少关注这种纯文字的通知，导致很多居民根本不了解参与社区治理的途径和方式。第二，居民缺乏参与社区治理的法律保障。目前，我国与社区治理相关的法律文件虽然对于居民参与社区治理有一定规定，但是缺乏参与治理的具体方法和途径的明确规定，导致居民在参与社区治理时，无法得到有效的法律保障。

2. 公共安全事前预防工作流程效力不足

一方面，平安社区事前防范预案缺乏建设性，导致社区在应对公共安全隐患时缺乏明确有效的指导。第一，预案针对性不足。由于实际情况通常更为复杂多变，预案内容也应有所不同，但平安社区有的部门为了省事，直接将其他社区的预案拿过来简单修改一下就定稿了，没有结合本社区实际情况进行仔细打磨。第二，预案可操作性不强。平安社区的事前防范预案对预警的措施、行动、范围的规定仅仅停留在文字上，并没有采取行动落实预案，导致公共安全风险隐患披露时，预案难以发挥理想的效果。第三，责任规定不明确。平安社区事前防范预案对各个部门的权力和责任划分缺乏明确规定，致使危机降临时产生多头管理的局面，造成公共资源的浪费，或者各部门相互推诿，造成空头管理。

另一方面，社区向社区居民传递信息的渠道受阻。事前预防转型是危机管理的关键，但平安社区的公共安全风险治理缺少相应的措施。调查结果显示，一是平安社区工作人员仍囿于传统思维模式。社区工作人员片面认为社区公共安全事前预防主体仅限于政府组织，无须向居民传递预警信息，这样一来，加大了政府与社会力量之间的风险信息鸿沟，导致居民得不到准确及时的信息，无法采取有效措施维护自身安全，难以承受涟漪式危机带来的巨大损失，调查发现，79％的居民对公共安全现状满意度不高。二是社区宣传栏内容缺乏建设性。在前期调研当中发现，平安社区宣传栏中均设有公共安全事前预防的相关内容，但存在宣传内容更新缓慢、内容缺少吸引力等问题，导致居民对社区公共安全事前预防工作不关注，成为社区公共安全事前预防治理工作的边缘者。

3. 公共安全事前预防保障资源匮乏

其一，社区事前预防队伍建设落后。通过调查发现，平安社区缺乏相应的应急保障机制，导致社区的应急救援队伍建设没有很好的保障。第一，经济发展制约应急队伍建设。社区管理经费的来源有限，导致应急队伍的人力、物力等方面的发展得不到充足的保障，造成社区应急队伍人员匮乏，应急能力有限。第二，缺乏专业的知识和培训。社区事前预防队伍相关人员大部分文化水平较低，甚至某些成员是在公共安全事件发生时临时加入的，他们关于公共安全事前预防方面的培训基本上是一片空白，从而导致相关工作收效甚微。

其二，社区相关基础设施滞后。基础设施建设滞后是阻碍社区事前预防工作智能化转型的主要问题，调查发现，主要表现在以下两个方面。第一，公共安全数字信息平台尚未建立。权威的公共安全信息平台能够在很大程度上引导舆论导向，降低突发事故的社会影响力。但是，平安社区在智慧社区的建设上仍限于在微信群发布信息，缺乏统一的公共安全数字信息平台。第二，监控覆盖范围不足。根据调查问卷，97%的居民认为政府和社区应提供的公共安全服务是安装摄像头进行监控，这说明平安社区摄像头覆盖范围不够，导致应急人员无法第一时间察觉社区内异常情况，居民的安全需求无法得到保障。

4. 政策启示

通过对平安社区面临的平安威胁进行梳理，针对当前社区公共安全治理普遍存在的问题，运用事前预防的视角，如何从源头进行治理，进一步提高平安社区事前预防能力？

首先，培养治理主体事前预防的意识和能力。一方面，要强化社区工作人员的公共安全事前预防意识。强化社区工作人员的公共安全事前预防意识是社区公共安全风险治理的思想保障，因此，必须依托平安社区的资源，采取各种举措强化工作人员的公共安全意识，常态化推进相关工作。其一，定期开展公共安全风险培训。对相关主体定期开展公共安全风险培训，加强他们将安全风险管理工作重心向事前预防转移的意识，提高全面掌握现代化社会发展过程中潜在风险的能力。其二，将危机意识融入社区治理工作中。将公共安全风险教育工作常态化推进，全面提高社区工作人员、居民等的安全风险意识，保证他们在日常工作和生活中能充分发现、考虑并关注社区风险问题，筑牢社区公共安全底线。其三，落实公共安全事前预防工作责任分配制。将公共安全事前预防工作的成效纳入社区干部队伍的业绩考核指标，促进其主动将事前预防工作融入社区常态化治理过程。

另一方面，要多举措引导居民积极参与社区事前预防工作。居民是基层社区安全治理活动的重要参与主体，脱离社区居民开展社区事前预防工作，会导致工作效果失去作用目标，使得预防工作沦为形式化项目建设。因此，必须采取各种措施引导居民参与社区事前预防工作：一是加大社区公共安全理论宣传，社区应凭借自身资源经常开展社区理论教育与实践活动，并鼓励居民积极参与公共安全宣传活动，提高居民对社区公共安全事前预防知识的了解；二是培养居民的社区归属感，增强社区居民的主人翁意识，使其在主观情感上将社区个人利益与社区整体利益相结合，提高居民对社区公共安全事前预防工作的参与意愿；三是积极向居民传递预防信息，彻底改变以往只有大事才通知居民的习惯，实现基层社区安全治理工作的透明化，让居民对社区的安全治理有清晰的认知；四是开拓居民参与渠道，政府应拓宽社区居民参与事前预防工作的渠道，并在物质和精神层面给予他们高度评价和认可，为他们提供一个健康积极的社会环境，实现由"通知参与"和"有限参与"向"协作参与"和"决策参与"的转变。

其次，优化公共安全事前预防工作流程。一是完善公共安全事前预防预案体系，编制专业、科学的防范预案。社区应根据自身实际情况邀请相关专业人员编制针对性强、具体的专项预案，对社区预防物资储备条件、各类风险防范方案、人员配备、预防资金流转等进行设计，并根据社会风险发展趋势及时调整预案，不断进行补充完善，保证预案的可行性。同时，应提高预案的落实程度。为保证预案的贯彻落实，应将预案工作的展开纳入社区治理日常工作中，定期开展安全演练，通过具体的实践活动培养居民应对突发性公共事件的能力，同时可根据演练结果，修改预案中不合理的内容，优化预案的结构、流程。此外，还要明确相关部门的责任与义务。将公共安全事前预防工作的成效纳入社区干部队伍业绩考核指标，促进其主动将公共安全事前预防预案工作的落实融入社区的常态化治理过程。二是疏通公共安全信息传递渠道。政府与社会公众之间的信息传递需要付出高昂的成本。因此，积极搭建安全治理平台，畅通信息传递渠道，是公共安全事前预防工作的必然选择。一要充实小区的宣传栏。及时更新宣传栏内容，高频次发布一些公共安全预防知识、社区公共安全事前预防工作情况，以及群众参与事前预防工作的渠道和方式，保障社区居民的知情权与参与权。二要采取多种方式向居民传递信息。社区组织安排制作带有公共安全预防知识内容的宣传袋、一次性纸杯、雨伞等日常生活用品，免费向居民发放，让居民在使用的过程中，从宣传受众转变为一个个移动的宣传主体。三要打造"社区＋"平台。通过构建舒适灵活的沟通渠道，与公众密切接触，当居民发现社区内安全隐患时能够及时反馈，遇到困难能够及时寻求帮助，为"最后一公里"服务工作提供保障。

最后，完善公共安全事前预防保障机制。其一，加强社区事前预防队伍建设。社区应急队伍是基于社区产生的，是联系民众和相关部门的纽带。打造一支专业过硬的应急队伍，平安社区应根据社区防范目标合理确定人员数量、专业设置，充分利用现有资源，打造一支技术扎实、救援有力的应急队伍。强化应急队伍内部培训，要加强应急队伍的专业知识和技能，内部培训是必不可少的，平安社区可通过举办预防知识讲座、组织参与市内专业队伍训练、参加专业技能培训等方式，使社区事前预防队伍能够实现"能战能胜"。保证经费和人力，相关政府应根据自身情况建立公共安全风险预警财政体系，对基层社区公共安全风险队伍和基础设施建设进行专项拨款，尤其对平安社区中的老旧小区加大投入力度。

其二，加大社区事前预防智能化设备的投入。打造社区公共安全数字化信息平台，全面收集社区基础信息和预防信息，譬如社区的基本情况、社区的预防能力现状、社区预防物资储备现状等，并建立相关数据库，为后续预防工作的开展奠定基础。建立社区公共安全数字化信息平台，通过搭建统一的信息平台，居民可通过手机扫描完成线上登记、线上反馈信息，相关信息直接通过后台系统汇入社区终端，自动生成预先设置好的各项统计报表、图表，工作人员可以及时详细地掌握社区内人员的各项信息，并根据住址、年龄、职业等不同情况实施分类管理。完善社区公共安全数字化监控，编制社区可视化视频摄像头安装方案。社区应全范围进行摸底，排查现有视频摄像头数量，根据当地实际情况进行合理计划，提升数字化监控的精准性和实战性。实现探头全覆盖，有计划、有节奏、分轻重缓急地推进视频探头全覆盖的工作，做到社区内道路路口视频探头全覆盖，中心道路主要交叉路口视频监控探头全覆盖，人流量较大地区视频探头全覆盖，人员构成复杂区域全覆盖。引进新型数字化监控技术，引入一部分先进的数字化监控设备和技术，为社区公共安全提供坚实的技术保障，如智能门禁，智能监控等智能化系统以及面部、人声识别系统，大数据库等先进技术，提升数字化监控全覆盖对于社区维护稳定工作的协助功能。

（五）课堂安排

1. 介绍 A 市基层社区治理举措

1）构建"1＋1＋N"治理模式

2017 年 A 市以平安社区为试点，打造特色社区警务，凭借社区工作的强大流动性和网络管理的无盲区优势，实现"1＋1＋N"的工作模式和"1＋1＋N"的基层模式自治。其中，第一个"1"是治理的主线，意味着党作为领导核心，充分发挥社区基层党组织的优势，调动各方力量，致力于资源的优化配置使用；第二个"1"意味着"院落共建大会"，即为社区居民搭建讨论洽谈的平台；"N"意味着培育 N 个社区共同体组织，提供各种社区服务。

2）形成多主体协同治理模式

第一，建立多通道联合模型。由社会党组织、居委会、小区物业公司共同组织选举产生楼院长、路段长、居民代表，并且讨论提出他们的具体工作任务，形成由社区和区域管理部门共同领导、物业管理公司参与、居民代表积极配合的协同社区治理新局面。第二，积极加强与公安、城管等部门之间的互动往来。针对车辆停放、路灯照明等具体问题，平安社区与相关部门共同商讨确定各自的管辖范围和具体职责，从而最大限度避免因责任不明确所造成的责任推诿以及多头管理问题，打造多部门协同治理的良好治安环境。

2. 介绍案例小区

平安社区是于 2016 年 7 月从 C 街道社区划分出来的一个新社区。社区占地面积约 4.4 平方公里。该社区居民共 12320 户，36577 人，其中少数民族 3005 人，残障人士 115 人，失业救助 165 人，60 岁以上老人达到 19008 人，近五年内流入人口约 15000 人。虽然 A 市政府非常重视基层社区公共安全事前预防工作，但平安社区仍存在治理主体意识不足、预防能力落后、预防保障资源匮乏等问题，从而导致公共安全事件发生时难以将损失降到最低。揭示课题：平安社区的不平安来自哪里？

3. 介绍问卷调查统计结果

根据调查结果，统计、归纳并制作成 PPT 呈现在学生面前。首先向学生介绍社区居民问卷调查统计归纳表格，引导学生从社区居民视角探究平安社区公共安全风险隐患和事前预防的不足。其次，介绍社区工作人员问卷调查统计归纳表格，引导学生以社区工作人员的视角，归纳平安社区公共安全事前预防管理的不足。这一部分的核心在于引导学生从不同视角去看待平安社区的公共安全事前预防工作存在的问题。

4. 小组讨论

在小组讨论之前，教师应提出思考题：平安社区平安吗？平安社区有哪些安全风险隐患？如何从源头进行预先防范治理？通过思考题和学生手中的问卷调查统计表，促使学生与小组内其他成员交流，教师应在适当的时机引导学生由浅入深地思考平安社区不平安的原因及对策，分别从事前预防主体、事前预防流程、事前预防资源等角度来进行阐释。

5. 布置作业

将小组讨论结果以报告形式上交。报告由两部分组成：一是针对平安社区，探讨其公共安全治理的困境及其原因和对策；二是进阶讨论，如果是城市移民社区，又会面临什么样的新困境，需要采取何种对策进行事前防范？

（六）其他教学手段

计算机 PPT 展示、小组讨论、课堂汇报。

本讲小结

本讲展示了 A 市平安社区存在的安全问题。案例首先呈现和归纳了平安社区的不平安因素；随后运用事前预防的视角分析社区公共安全风险治理的困境，即治理主体意识低、事前预防流程不通畅和事前预防资源无保障等，再从培养治理主体的意识和能力、优化事前预防工作流程、完善事前预防保障机制三个方面提出维护社区公共安全事前预防治理对策，在平安社区相关负责人的共同努力之下，运用事前预防的手段，从源头处理安全隐患，降低社区风险，使平安社区实现真正的平安。

案例表明，社区安全受复杂因素影响，治理难度较高，好在平安社区不断探索社区公共安全治理的有效路径，为社区可持续平安建设提供参考，也为全国城市社区公共安全治理提供借鉴。

第二部分

电子政务

第五讲　新生娃何以让父母"跑细腿"[①]
——Y县"出生一件事"一站式集成办创新研究

 学习目标

- 了解政务服务集成化办理，认识到一站式集成办改革的必要性；
- 能对政务集成办改革在实施过程中的优越性和缺点进行辩证分析；
- 对优化集成办理在政务服务中的有效作用提出自己的观点和思路。

一　案例主体

（一）引例

2022年3月发布的《国务院关于加快推进政务服务标准化规范化便利化的指导意见》指出："推进政务服务事项集成化办理。从便利企业和群众办事角度出发，围绕企业从设立到注销、个人从出生到身后的全生命周期，推动关联性强、办事需求量大、企业和群众获得感强的多个跨部门、跨层级政务服务事项集成化办理，提供主题式、套餐式服务。"人的一生需要办很多事情，要与大大小小的部门打交道，门好不好进，脸好不好看，事好不好办，而这些都与人的一生紧密相连。

每个新生儿从诞生开始，就需要办理很多事情，生产新生儿所花费的医疗费用需要报销，要给新生儿办理出生证明、预防接种证，要给新生儿上户口、买医保、买社保等，还要给一部分新生儿父母办理生育津贴。这些事情要奔走不同的部门，要提交不同的材料，有的还要跑几趟才能办成，是新生儿初到社会上的大事情，也是让新生儿父母头疼的事情。

---

① 案例采集人：胡新丽、崔亚梅。

安徽省启动推进企业和群众办事"最多跑一次"专项行动,提出梳理企业群众办好"一件事"的关联事项,聚焦不动产登记、市场准入、企业投资、建设工程等重点领域重点事项环节多、材料多、时限长的问题,整合再造办理流程和申报材料,依托网上政务服务平台,构建网上并联审批系统,逐项定制审批流程,推动更多跨部门、跨层级事项"最多跑一次"。2020年在《安徽省实施〈优化营商环境条例〉办法》和《关于推深做实7×24小时不打烊"随时办"服务的实施意见》明确提出推进集成"套餐办",以"办一件事"为主题,依托全省一体化网上政务服务平台,构建并联审批系统,并健全全省标准统一的并联审批系统功能,推动联办事项跨部门、跨层级全流程最多跑一次,甚至一次不用跑。Y县在推进集成"套餐办"上做了不少努力,但也遇到许多困难。一方面,跨部门、跨层级的沟通协调难;另一方面,网络不通、系统不通、数据不通、业务不通等问题突出,办成"一件事"需要魄力、能力、领导力。

(二)案例描述

1. Y县新生儿出生后办事的历史情况

1)镇区划分清晰,辖区事情辖区办

Y县地处大别山山区,乡镇、村散布在群山之间,乡镇间县道曲折蜿蜒,20世纪末,几乎未修村级公路,孕妇大多在家生小孩,最多也是到乡镇医院进行生产。新生儿出生后,一般只办理出生证明和上户口。随着经济发展和社会保障提升,新生儿出生后需要办理出生证明、预防接种证,上户口等,这些工作基本在归属地乡镇内办理。由于当时政府管理相对粗放,老百姓的办事意识也比较薄弱,办这些事情需要很长的时间。

2)在大医院生产,跑到各部门办事

随着人们生活条件的不断改善,到2010年左右,乡镇医院产科基本无人生产,孕妇至少在县级医院进行生产。在县级或以上医院生产后,新生儿父母在县妇幼保健站办理出生证明,到卫生院办理预防接种证。新生儿父母要到辖区派出所上户口,到医保中心报销医疗费用,到县税务局给新生儿交医疗保险,到医保局登记参保信息。基本不办理新生儿社保卡,待需要的时候再到人社局办理。

在某社交平台上,产妇王女士吐槽了其在Y县为新生儿办理一系列出生证件的烦琐流程以及诸多不便,并分享了自己在办理证件后总结出的办理流程,帮助有需要的新生儿父母了解办理流程,减少走不必要的"弯路"。该帖子引起了不小的热度,不少网友纷纷讲述出自己对于新生儿证件办理这一复杂过程的亲身经历,也分享了自己对于办理流程的心得,更有众多有需求的网友点赞收藏这份攻略,感叹道:

"没想到生了小孩以后办证这么麻烦啊,感谢分享,收藏了,不然真怕到时摸不着头脑。"

2. Y 县开展"出生一件事"一站式联办改革

2019 年,Y 县颁布《优化政务服务 提升营商环境任务清单》,将"出生一件事"纳入其中,明确提出围绕出生医学证明、预防接种证、户口登记、城乡居民基本医疗保险登记、生育待遇核准支付、社会保障卡等新生儿出生后需要办理的事项,按"出生一件事"要求进行梳理,建立新生儿"一窗式六证联办"服务平台,推动跨部门联办,3 个工作日内办理完成,相关证件快递到家,真正实现"零跑"。同时,明确由县卫健委牵头,县公安局、县医保局、县人社局、县数据资源管理局配合,于 2019 年 12 月底前完成。但是,该项工作并没有如期完成,2019 年一直处在调研阶段。

2020 年初,县卫健委党组成员汪某亲自抓,县卫健委行政许可科(县政务服务中心卫健委窗口)方主任具体经办,与相关部门、政务服务"一网通办"平台第三方公司详细对接,最终在 2020 年 3 月拿出了《Y 县"出生一件事"集成服务实施方案》的初稿。

2020 年 3 月 24 日,Y 县政府办、数据资源管理局牵头召开《优化政务服务 提升营商环境任务清单》落实推进会,相关部门主要负责人参加会议。会议就"出生一件事"方案征求意见,并再次强调加速推进改革,相关部门发言表态。

2020 年 3 月 26 日,卫健委在县数据资源管理局会议室召开《Y 县"出生一件事"集成服务实施方案》研讨会,邀请相关部门具体业务经办人参加会议。会上,各业务经办人对该方案中的《Y 县"出生一件事"集成服务申请表》做了具体修改,对政策依据、办理情形、申请材料、办理环节、审批流程做了详细对接。会后,卫健委方主任依据会议意见进行修改。

2020 年 4 月 1 日,再次召开实施方案研讨会,对方案修改部分提出见解,各业务经办人与技术公司人员沟通平台流程和数据推送问题,基本敲定"出生一件事"受理范围、办理方式、办理流程、申请材料等。

2020 年 4 月至 6 月,卫健委与第三方技术公司开始进行"出生一件事"平台设计和测试。因该平台主要基于安徽政务服务网,在各部门提供的颗粒化事项办理情形梳理表的基础上,平台流程设计按理说应该很快能够实现,但是,4 月 1 日至 5 月下旬平台设计始终没有成形。

3. Y 县集成办存在一系列问题,阻碍改革进行

1)部门沟通协调难,创新改革进度慢

开发集成办理事项时间跨度长,"出生一件事"从提出任务清单到开发上线,前

后将近一年时间，原定目标是 2019 年底完成，但是 2019 年一直在调研阶段，直到县政府办召开专题推进会后，才看到事件真正提上日程。

2）业务不精，加大改革难度

在研发"出生一件事"平台的过程中，部分单位原定业务联络员并没涉及业务经办人员，在处理"出生一件事"平台上线事项时，业务联络员只负责对接，但对于不属于新生儿父母要办理的事项全然不知，导致本以为已经完成研发后又返工。集成事项的牵头单位，在与部门、技术公司沟通过程中常常出现事倍功半的效果，对其他部门进行业务调研的方法不对、接受能力不足，在各部门和技术公司之间很难起到桥梁作用。

3）部门业务系统多，与一体化平台对接缓慢

调查发现，Y 县窗口大厅工作人员需要使用的部门业务系统达 83 个，1713 项县级政务服务事项中接近 50% 的事项需要在部门业务系统办理。83 个部门业务系统大多来自国家部委和省市行业主管部门，县级自建系统仅有 2 个。同时，部门业务系统中仅有一部分系统向办事企业或办事群众开放了网页端、手机端或微信公众号、微信小程序等申请渠道，另一部分则完全没有对外开放的渠道，仅供工作人员进行内部流转及审批。按照哪个部门建立哪个部门负责对接的原则，各部门业务系统和政务服务一体化平台对接工作已陆续开展。然而在实际工作中，企业、办事群众反映存在多头入口、多头注册、多头登录等问题。在研发"集成办"的过程中，串联、并联多个事项牵涉多部门业务系统，无法实现对接，最后只以政务服务云平台作为信息传递和接收的平台，所有业务依然需要部门工作人员二次手工录入。

4. 破除阻碍，坚持改革，成效利民

1）卫健委改革先行，其他部门分头办理

Y 县卫健委率先进行改革，新生儿出生后，医院代办出生证明、预防接种证，农村户口（无职工保险的）新生儿父母在出院时自动报销 800 元医疗费用。有职工保险的新生儿父母要到医保中心申请报销医疗费用和生育津贴。新生儿出生后 3 天内到归属地乡镇派出所登记户口，到县税务局给新生儿交医疗保险后到医保局登记参保信息，基本不办理新生儿社保卡。

2）撇开系统做对接，"出生一件事"终上线

按照工作任务，"出生一件事"最迟应在 6 月上线，并在一家助产机构试运行，但是截止到 5 月下旬，"出生一件事"平台流程始终没有完成。各部门都反映，政务服务一体化平台与部门业务系统并没有对接，无法实现数据交换，为此，各部门又陆续开了几个会，商讨解决方案。卫健委方主任表示："新生儿出生后，我们将产妇

医疗费用报销在医院就办结，出生证、预防接种证在医院办好交给新生儿父母。并让医院工作人员通过政务服务云平台——'出生一件事'平台，帮助新生儿父母进行社保卡办理、生育待遇支付、上户口、买医保等办事申请。"公安局窗口代表说："我们是第二大环节，新生儿身份证号码是后面各部门办事的基础。首先，公安身份证编号是各乡镇派出所手工编制后，录入到户籍系统，且县级不能代替乡镇编录身份证号码；其次，公安业务系统是省级建设，属于专网，与安徽政务网或政务服务云平台不能实现对接。最后，乡镇经办人员在外执勤多，很少守在电脑前办公。基于以上几点，我们县公安窗口只能通过电话、微信、QQ向各乡镇派出所告知或传递新生儿信息，等乡镇派出所编录好身份证号码后，我们再反馈到政务服务云平台系统里。"人社局窗口代表说："办理社保卡有专门的业务经办系统，而且这个系统并非县级开发。我们可以在通过政务服务云平台接收公安发出的新生儿身份证号码后，在人社业务系统录入办理，再将政务服务云平台的办件办结。"税务局窗口代表说："我们交钱必须到现场，你们说的线上缴费、公立银行账号缴费都实现不了。"医保局窗口代表说："在这里纠正一下，之前第三方公司配置的生育津贴对应的办理事项错误，生育津贴对应的事项是生育待遇核准支付。我们在政务服务云平台收取材料，转交相关经办机构，做医保登记，必须看到税务交钱后的回执，或者税务告知姓名、身份证号也可以。"为解决税务缴费到现场问题，医保局窗口代表胡主任主动请缨，愿意作为跑腿员为群众代缴，代缴后自己再为新生儿办理医保登记，让群众跑转为工作人员跑。后来，经过税务部门积极与上级沟通，实现扫码缴费。

通过会商，因县级无法协调政务服务一体化平台与各部门业务办理系统对接的工作，所以一致决定撇开系统对接，以政务服务"出生一件事"平台作为信息传递桥梁，将各部门事项并联或串联，实现"出生一件事"平台的办件流转。

2020年8月底，张女士是第一个吃到螃蟹的人。张女士与李先生在县医院迎接他们的第一个新生命，初为人父的李先生激动不已，还来不及沉浸在做父母的喜悦中，就开始焦虑小孩子怎么上报户口、如何买医保办社保、去哪里带什么材料等一系列问题。

助产医生告诉张女士一家："现在不用到处跑，在我们这里就可以解决您的所有忧虑，实现新生儿户口登记、社保、接种证、出生医学证、医保等业务的办理，而且户口簿、社保卡比您先'到家'"。李先生半信半疑将"出生一件事"平台所需要的材料，在助产机构"出生一件事"综合服务窗口提交相关材料后，工作人员依据申请人办理的情形将所需的电子材料上传至云平台，材料通过云平台推送到公安、人社、医保窗口，公安综合窗口会再次审核新生儿出生登记材料和数据，通过之后，公安窗口人员线下将材料流转至安徽省户政管理统一服务平台，进行新生儿入户操作办结。新生儿信息并没有在这一步截止，继续将新生儿户口信息通过云平台流转至医保、人社窗口办理参保登记、社保卡。最后，通过中心专设的邮政窗口将居民户口簿、社保卡邮寄至申请人家中，具体流程可参考图5-1。

李先生对办理业务的工作人员说:"简直不敢相信,不到十分钟,就将新生儿出生所有事情办结了,而且还不用回到乡下老家。之前就有人告诉我办手续的有很多部门,前前后后要跑很久。"2个工作日后,公安综合窗口工作人员打电话问李先生是否收到新生儿"出生一件事"快递"大礼包",李先生在电话里高兴地说:"太感谢你们了,我们早就收到快递了。连面都没见过,就办好我家宝宝的事,太不可思议了。"

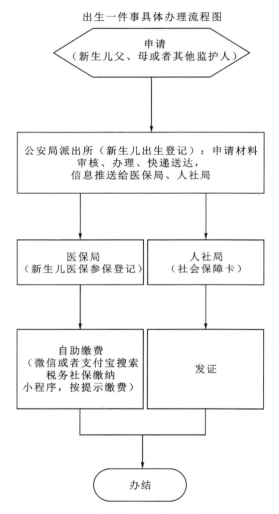

图 5-1 "出生一件事"具体办理流程

5. 公安长三角通办再助力,新生儿办事更方便

2021年3月,沪苏浙皖(简称长三角区域)四地公安机关推出长三角区域户口迁移、户籍类证明跨省(市)通办和首次申领居民身份证"跨省通办"试点工作。2021年11月,长三角区域户籍居民可在实际居住地公安机关申请办理新生儿入户,不再需要在实际居住地和入户地之间来回奔波。依托长三角出生跨省(市)通办,

结合"出生一件事"运行模式，在 Y 县推广新生儿入户长三角通办，依情形出院就办好。主要分以下两种情形。

情形一：临时居住在 Y 县的外地居民。

新生儿出生后，父母双方或一方为长三角户籍居民，父母双方为同民族，婚内生育，随父或随母在长三角区域家庭户内申报出生登记的新生儿，其父（母）可在临时居住地向公安机关提出跨省（市）新生儿入户申请，符合办理条件的，助产机构通过云平台将相关材料上传至云平台并留存户口簿及出生医学证明公安入户联，公安窗口通过云平台下载申请材料，将材料上传至本地业务办理系统，同时将申请信息及电子版材料流转至拟入户地公安机关，公安窗口收到拟入户地公安机关反馈的确认信息后，及时将新生儿户籍信息上传至云平台并予以办结，原户口簿及新生儿出生医学证明由邮政窗口发 EMS 快递到公安窗口归档。

情形二：实际居住在 Y 县的外地居民。

新生儿出生后，助产机构及时发放出生医学证明、预防接种证，父母双方或一方为长三角户籍居民，父母双方为同民族，婚内生育，随父或随母在长三角区域家庭户内申报出生登记的新生儿，其父（母）可在实际居住地向公安机关提出跨省（市）新生儿入户申请，符合办理条件的，助产机构通过云平台将相关材料上传至云平台并留存户口簿及出生医学证明公安入户联，公安窗口通过云平台下载申请材料，将材料上传至本地业务办理系统，同时将申请信息及电子版材料流转至拟入户地公安机关，公安窗口收到拟入户地公安机关反馈的确认信息后，及时将新生儿户籍信息上传至云平台并予以办结，人社窗口、医保窗口分别完成社保卡和医保卡的制作及参保登记，原户口簿、新生儿出生医学证明及新生儿社保卡由邮政窗口发 EMS 快递到公安窗口和申请人。

6. 结语

Y 县自 2020 年 8 月份开始，推进"互联网＋政务服务"和"一网通办，一次办成"政务服务改革，变"群众跑"为"数据跑"，改变以前新生儿父母在新生儿出生后需要跑医院、派出所以及医保局、税务局、人社局等部门办理所需证件的情况，率先推出"出生一件事"集成办理，申请人在医院"足不出院"，不仅可以给新生儿登记户口，还可以"一键"实现六证联办，需提交材料数量由 15 件减少到最少仅 1 件，在医院即可完成医保、社保、户口和疫苗接种的全部业务。在依靠政务服务一体化平台实现"出生一件事"的基础上，即使面临部门业务系统暂未实现对接和数据交换的困境，Y 县"出生一件事"也在很大程度上解决了群众办事"跑细腿"的难题，这是一个可借鉴、可推广的案例。

（三）思考题

1. Y县"出生一件事"集成办存在哪些问题？
2. 分析Y县集成办存在问题的原因。
3. 如何持续优化Y县"出生一件事"集成办理？

5-1 案例附录　　5-2 《国务院关于加快推进政务服务标准化规范化便利化的指导意见》　　5-3 "出生一件事"网上办理全流程指南

二　教学手册

（一）课前准备

1. 教师准备

梳理"出生一件事"业务办理流程，结合理论知识汇总成流程图，最终以多媒体的形式呈现出来。

2. 学生准备

学生在课前查阅各地"出生一件事"集成办理服务模式，并结合相关文章和书籍，结合自己所思，谈谈自己的初步理解。

（二）适用对象

MPA专业学生、行政管理专业学生、电子政务专业学生。

（三）教学目标

1. 知识目标

通过案例使学生了解"出生一件事"集成办之便捷和各级政府部门政务服务转型的困境及背后深层次的原因。

2. 技能目标

在延伸学生知识面的基础上，授予学生实践方面的技巧，引导学生主动思考，主动探究应对方法，理论与实践相结合，增强学生思考问题和解决问题的能力。

3. 态度及价值观目标

用案例引导学生组成小组展开讨论，在交流的过程中调动学生充分发挥其主观能动性，激发学生的创新思维，引导其归纳小组观点，积极表达对案例的看法。

（四）要点分析

转变政府职能、打造服务型政府是推进政府治理体系和治理能力现代化的重要进程之一，政府与群众之间的关系从侧重管理转变为侧重服务，如何标准化、规范化、便利化为群众提供服务，提升群众办事的体验感，增强群众的获得感和幸福感，是当前热点话题，也是摆在政府部门面前的一个课题。《国务院关于加快推进政务服务标准化规范化便利化的指导意见》指出："推进政务服务事项集成化办理。从便利企业和群众办事角度出发，围绕企业从设立到注销、个人从出生到身后的全生命周期，推动关联性强、办事需求量大、企业和群众获得感强的多个跨部门、跨层级政务服务事项集成化办理，提供主题式、套餐式服务。"

1. Y县"出生一件事"集成办创新点

1）小颗粒度梳理，优化办事流程

按照新生儿"出生一件事"一窗受理、一链办理服务模式，整合新生儿出生后需要办理的出生医学证明、预防接种证、出生户口登记、城乡居民基本医疗保险登记、生育待遇核准支付、社会保障卡等事项"一窗式六证联办"，实行助产机构、公安综合服务窗口线下受理及政务服务网线上申请受理、一套材料共享复用、办事数据网上流转、联办部门分类审批、办理结果统一送达（申请人可选择自取或邮寄）。

2）变"群众跑"为"数据跑"

再造"出生一件事"审批服务流程，压减办理时限，优化办理环节，提交材料由 15 件减少到最少 1 件、办理时限减少到 3 个工作日、申请人从平均跑动 6 次减少到最多跑 1 次，甚至 1 次都不用跑。

3）延长受理窗口，出院就能办

在县内助产机构设立"出生一件事"综合窗口，新生儿出生后助产机构及时发放出生医学证明、预防接种证。生育医疗费用直接报销后，综合窗口通过云平台将材料推送给公安、人社、税务、医保窗口，各派出所联合办理户口登记、城乡居民基本医疗保险登记、生育待遇核准支付（津贴）、社会保障卡，"出生一件事"出院就办好。

4）信息真实不遗漏，户口登记及时、准确

新生儿出生医学证明在医院申请登记之后，出生医学证明副页由医院直接收取，通过邮政 EMS 邮寄至公安部门，避免出生医学证明在外部流转遗失，保证出生证的真实性，固定新生儿相关人口信息，在一定程度上减少存疑落户的数量。

5）长三角跨省通办，让外地居民更方便

随着长三角区域一体化发展上升为国家战略，Y 县公安机关在长三角区域警务一体化的总体框架下，结合三省一市公安"放管服"改革，进一步打破地域、部门限制，全力推进公安政务服务事项在长三角区域"全域通办"，并将其与小区域优化精细精准定位服务相结合。新生儿父母办理在长三角出生的新生儿相关事项，不需要在居住地与户籍地来回往返奔波。"全域通办"打破了常规户籍限制，使群众真正得到便民利民。

2. 对 Y 县集成办所存在问题的原因进行分析

1）重视程度不够高

集成办"一件事"需要与多部门进行沟通协调，要对所涉及事项进行梳理，对办理环节、办理流程等进行重塑，工作难度相对较大。同时，"一件事"产生的效益局限在特定的办事对象中，产生的业绩效应是十分有限的，各部门对该项改革创新工作大多持观望态度，不愿在这件事情上花费过多的精力。

2）缺乏沟通协调机制

集成办作为一个系统工程，不是某一个部门发力就能办好的，这对部门间的沟通协调提出很高要求。当前缺少研发"一件事"的沟通协调机制，工作全靠牵头单位单方面推进，工作精细程度、进展情况、成效全都依赖牵头单位领导和具体经办人的工作态度、工作方法、工作能力，没有健全的机制作为基础，这导致"一件事"的研发质量得不到保证。

3）县级主动性与能动性受到限制

如果县级政府需要推进集成办，政务服务一体化平台大多数情况下只能起到信息传递的作用。部门业务系统大多由国家、省、市级单位建设，县级单位在推进集成办的过程中，在平台对接上的主动性和能动性受到很大限制，没有权限推进部门业务系统与政务服务一体化平台进行对接，"数据孤岛"现象依然存在。

3. Y 县集成办优化的对策建议

1）提高认识，建立部门协作机制

建立集成办改革领导小组，定期召开领导小组会议，研讨政务服务事项集成办工作，坚持以问题为导向，从企业和群众办事视角出发，针对企业和群众办事需求量大的"一件事"，联合开发集成套餐事项，通过优化流程、精简材料、整合表单、数据共享等，实现"一件事一次受理"。

2）统一信息化系统标准，深度整合共享政务信息系统数据

"一网通办"是"互联网＋"时代发展的必然趋势，能有效解决企业和群众日益增长的便利化办事需求与信息化发展滞后之间的矛盾。一要建立政务业务信息化系统建设标准。对于全国一体化平台能够实现业务审批功能的，不得新建系统，对于确需新建系统的，要明确基于一体化平台的政务业务信息化系统新建标准，把与一体化平台对接的标准作为验收条件。二要明确政务服务系统对接标准，实现深度对接。要明确一体化平台接口标准、数据交换标准等，统筹推进国部委、省、市、县各部门业务系统与一体化平台对接的步调，加快在线身份证、电子档案、电子签章等在部门业务系统和一体化平台上的应用及数据交换标准，以全国一体化政务服务平台、省级政务应用程序为唯一对外办事入口，统一申请入口设置、统一数据回传，让老百姓和工作人员办事只上一个平台、一个应用程序，真正实现"一网通办""一次办成"。

3）下放系统对接和使用的权限，为县级政府增强改革活力

集成办作为便民利民的一项创新工作，县级生活的老百姓也应有权享受到政府创新改革红利。为此，提议国家、省、市级部门，应向县级政府提供"一件事"研发系统对接服务，向县级下放系统应用权限，让县级部门在进行集成办改革时更有主动性和能动性。

(五)课堂安排

1. 介绍案例发生的背景

转变政府职能,打造服务型政府是推进政府治理体系和治理能力现代化的重要进程之一,政府与群众之间的关系从侧重管理转变为侧重服务。Y县自2020年8月开始,推进"互联网+政务服务"和"一网通办,一次办成"政务服务改革,变"群众跑"为"数据跑",率先推出"出生一件事"集成办。揭示课题:有关"出生一件事"集成办,Y县具体是怎么做的?

2. 介绍"出生一件事"集成办的具体内容

按照"出生一件事"集成办牵头部门、办理方式、保障措施几个步骤,由浅入深地介绍整个集成办理过程,并通过PPT生动形象地呈现在学生面前。首先介绍"出生一件事"集成办是由卫健委牵头,联合公安、社保、医保、税务等部门,打破各部门"数据孤岛",实施业务流程再造,推动实现新生儿出生证明、户口登记、医保参保、缴费、社保卡申领等服务事项一站式集成办理。其次介绍"通过全面梳理新生儿出生事项,将其纳入集成办理事项清单;通过充分共享数据资源,实现优化业务流程,联通信息系统;通过一张表单、一套材料、一次提交、多方复用,实现减材料、减字段、压时限"可以实现"出生一件事"集成办。最后进行总结性讲述:孩子出生是一个家庭的大事,也是生命全周期健康服务的起点。2020年,围绕新生儿"出生一件事"相关服务事项,Y县卫健委推动了新生儿出生相关公共服务事项一网通办,并提供强有效的保障措施。

3. 介绍Y县"出生一件事"集成办关键做法

可以介绍Y县"小颗粒度梳理,整合优化跨部门办事流程;最少材料、时限、环节再造;延长受理窗口;出生医学证明真实不遗漏;长三角跨省通办"等是如何具体落实下去的。

4. 学生讨论

在小组讨论之前,教师应引导学生进行思考并提出疑问:一是Y县"出生一件事"集成办还需从哪些方面进行改进?二是"出生一件事"集成办能否在全国范围内有效推行?

5. 布置作业

根据所给的案例材料,运用本课程所学内容进行分析论证。说明自己的观点和认识，理论运用要恰当，逻辑阐述要清楚，观点陈述要明确。字数要符合答题要求，一般不少于 3000 字。将讨论的结果以报告形式上交。报告中除学生讨论的成果，还需要学生去搜集与此相关的政策。

（六）其他教学手段

计算机 PPT 展示、小组讨论、报告模板。

本讲小结

本讲展示了 Y 县为进一步深化"放管服"改革、推进"五型"政府建设，依托政务服务一体化平台成功推出"出生一件事"集成办的改革历程。案例以时间线叙述了 Y 县在"出生一件事"改革以前的历史情况以及改革过程中遇到的诸多问题，再到破除阻碍，便民利民，进一步推动了跨区域行政办理。

案例表明，在政务服务改革过程中受到原本政务体制的束缚，各方面存在阻力。集成办改革对于高效进行政务办理、帮助老百姓解决"跑细腿"的问题有着积极的作用。对 Y 县集成办改革中遇到的阻点、难点、痛点进行分析，能为集成办创新改革提供一些可借鉴、推广的经验。

第六讲 技术赋能改善基层干部"疲态治理"[①]
——基于 L 市民情日志的内容分析

 学习目标

- 了解到基层公务员所存在的"疲态困境"及其成因;
- 认识技术赋能如何助力基层治理,为基层公务员减负;
- 对于基层"智治"中数字藩篱这一挑战进行深入分析并提出自己的解决思路。

一 案例主体

(一)引例

"上面千条线,下面一根针"是我们对基层工作的形象描述。的确,基层是一个大舞台,基层工作更是千头万绪,难度高、强度大、时间紧、任务重都是常态。部分基层干部在高强度任务、高频次督查、高压力问责和低激励环境等交织影响下,难免出现身心疲惫、工作被动、逃避岗位、逃离基层等现象。紧绷运转、僵化管理、"过关"心态等"疲态"现象在基层不同程度地存在,这直接影响基层干部的身心健康、工作态度、行为表现和公众的公共服务体验度。

不仅如此,实践中,基层干部一方面要进行日常服务、发展当地经济,同时还需要加大舆情管控等非程序性工作,再加上人手严重不足、任务重、压力大、经济待遇不足、政治升迁的机会有限等外部因素,基层干部群众的工作积极性被严重挫伤,"疲态"成为常态。因此,化解部分基层干部的"疲态"已成为一项重要的政策议题。

[①] 案例采集人:胡新丽、刘晨晓。

通过微调激活存量组织资源,提高治理效能,引入新的治理要素提升治理效率,活化长期处于"疲态"的基层组织力,成为基层破解治理困局的有效路径之一。本案例以 L 市一个乡镇公务员的一天为主线,梳理出其日常业务的多样性和复杂性,展示基层公务员的"疲态"源泉;然后通过分析当地如何破解这一"疲态困境",为各地优化基层公务员管理、提高基层治理效率提供参考。

(二)案例描述

L 市地处鄂西南,是土家族聚居地,境内峡谷、丘陵、山地、河流交错,物产丰饶、民风古朴。L 市经济社会虽取得了发展,但受到自然和历史等因素制约,基础差、底子薄、实力弱的状况并未得到改善,仍是一个发展不快也不够的欠发达地区。

为保障群众反映的问题得到及时解决,增强基层干部的工作责任感,L 市实行了"6+4"干部管理模式,即负责综治信访、安全保障、农业农村、计划生育、基层党建等 6 项重要工作任务的村干部,其工作成效由乡镇领导班子、人大代表、乡直单位负责人、政协委员及群众代表等组成的 10 人小组来评价,但 L 市的大多数基层干部仍面临"人少、压力大、任务重、待遇低"的困境。在现有组织体系和治理格局下,L 市各乡镇公务员人数为 45~65 人,奉行"小事不出组、大事不出村、难事不出镇、矛盾不上交"的工作准则,定期召开矛盾纠纷排查调处工作协调会,要求将矛盾化解在基层。当前,L 市的减负工作进行得怎样?基层干部的真实工作状态如何?他们身上还有哪些负担待减,最期待从哪些方面除去包袱?

1. 不堪重负:任务连轴转,从早忙到晚

"我可不是因为你们来采访,才这么忙。每天一睁眼,真的就是十几件事等着我!""基层干部忙,得辩证看。忙了才能有作为、有进步,但另一方面,从待遇、编制、心理和舆论上,的确该多关爱这个群体!"

说这话的,是 L 市 A 镇一名驻村党委书记。作为一个"老基层",吕书记已在 A 镇连续工作了 29 年,对基层干部这个群体,最熟悉不过。

早上 7 点半,天刚亮没多久,吕书记已经赶到办公室了。他每天是这样安排的——早上提前两小时到办公室梳理工作,上午集中安排会议,下午集中走访村里、企业,晚上回来有企业家约见的话,再拿出专门的时间研讨项目建设发展。

8 点半,吕书记准时到达会议室,这里坐满了各方面人员。"三违"整治巡查、乡政府有关生态公益林因纳入城区组团、在农业系统查询沼气池使用情况、给村民办理危房改造手续、整理综合维稳工作日志、查看供电所电力抢修情况、询问中心小学建设问题……风风火火,半个小时一下布置了 7 件事情。

10点整，吕书记开完镇里的布置会，又开了一个管委会的调度会。开春前这阵，正是招商引资最忙的时候。新建项目土地怎么规划更合理、原有项目土地租金续租有困难怎么办、项目谁来跟进怎么盯……十二三个项目被拿出来一一研究分析，原本要开一个小时的调度会开了近两个小时。

"乡镇工作，除了一些决策的事情是在办公室完成的，70%的时间都在村里、在企业。"吕书记介绍说，A镇共有10个行政村，各村各户都有特点，要因地制宜才能管好。

临近中午12点，他来到乡政府食堂。"辛苦不怕。最怕的有俩，一个是辛苦半天，没见成效，见不到发展成果，现在招商引资难度不小，必须人一之我十之；还有一个就是干了很多活，受了很多累，大家对基层干部还不理解、不认同。"吕书记接着说，"基层工作不好干。活多、人少、待遇低。人、财、物，没有真正做到向基层倾斜。全市连续几年没有招公务员，缺编缺人严重。最年轻的人都30多岁了，年轻人不爱来，来了也留不住。"

中午稍微休息了会儿，下午2点又去调研协调。一进X农业科技有限公司，张经理就问："20多亩地的规划电费是个大成本，要是能上光伏热电，我们不但能自产自销，余下的还能出售。"吕书记耐心解释："基本农田得变为一般耕地才能上光伏项目，现在已经上报审批了，我们也再帮你盯一下这件事。"

刚起步时，这家以做有机蔬菜为主业的公司因为品种单一、产业基础弱，一度进入发展迷茫期。来自外地的张经理人生地不熟，几乎天天要和吕书记通电话，每次1个多小时。

紧接着，吕书记又赶到Y食品公司，跟赵厂长聊了聊村民种茶叶的技术细节。之后，他抓紧时间来到村供电所，查看电力抢修情况，没来电前，他就总往这儿跑，查看抢修进度。

这时，夕阳西斜，染红了整座村庄。他感慨："一天又过去了，每天就是这么跟打仗一样。"

2. 僵化管控：事情无限多，休息无限少

压力层层传导、任务压紧压实，使得越忙越累、越累越忙成为基层干部工作常态，直接影响到基层干部的身心健康和实际工作效能。层层加码的公共事务、不断加大的检查监督、不对称的权责利层级，基层低激励环境，这些因素互相影响，让基层干部陷入超负荷运转的死循环，"疲态"尽现。

（1）被动工作。"一分部署，九分落实"，为了完成上级部署，基层工作原本就十分繁重。一些上级领导和部门对基层单位和干部的现实困难视而不见，仍然盲目增添各类会议、报表、材料等，不断向下传导压力，导致基层工作出现了上面动动嘴、下面跑断腿的现象。一些基层干部为了完成高强度任务，白加黑，"5+2"，夙夜在公，时间和精力都被严重挤压。

（2）高频督查。频繁的考核监督和过度留痕管理同样加重了基层干部的负担。

天天搞材料、事事都留痕。从实践来看，一些基层政府为了降低公共管理过程中的风险和责任，过分强调"留痕"，依赖"留痕"，以备监督检查，这不仅浪费基层干部大量的时间和精力，还束缚了基层干部主动作为、干事创业的手脚，给各项政策的执行落实带来阻碍。

（3）权小责重。由于基层政府部门坚持属地管理的原则，对一些工作是没有管理权限的，但一些职能部门习惯将任务下放，当甩手掌柜，基层干部经常一人身兼多个岗位，造成岗位职责交叉，"多责、跨责"现象突出，落实任务困难重重，落实不力又要高压问责，出力不讨好，导致基层干部无所适从。

（4）低激励环境。在"上面千条线，下面一根针"的行政生态中，基层官员任务重、责任大，在各种工作中都要在一线负责具体操办。相应资源、管理和服务却未充分下沉，特别是随着财权上收及行政服务化的转换，基层官员能够获取福利的机会在减少，待遇难以支撑自我和家庭的可持续性发展。

3. 技术赋能：为基层干部"松绑"减负

面对"上面千条线"，基层干部这个针鼻子起到的是穿针引线的作用，上传下达，将中央的惠民政策落实到地。长期以来，基层负担过重是困扰基层治理效能改善的一大难题。L市党工委书记认为，"传统的治理模式和'人海战术'已越来越难以适应现代基层治理的需要，在用老百姓熟悉的方式为他们提供服务的同时，我们驻村干部也要加强学习，提高运用信息化手段发现问题、解决问题、处置问题的能力"。

轻装上阵从"减任务"开始。一方面打造"任务一屏览"。基层干部的一天，从查看待办理的事件任务开始。此前，由于部门之间、部门不同乡镇之间贯通到基层的任务有交叉，且各应用程序独立运行，导致任务发放重复、遗漏等现象时有发生。"打开'掌上基层'我就可以看到里面所有的任务，再也不用担心会有什么事情忘记处理。""少记"——这是A镇某村党支部书记对"掌上基层"应用程序的直观感受。"我们通过应用'掌上基层'统一工作台，打通接入市县乡三级事件任务，实现了基层干部'任务一屏览'。"L市大数据局负责人表示，"掌上基层"应用程序统一了任务事项入口，让基层干部的任务呈现更加清晰全面，下发任务执行率大幅提升。

另一方面是推行地址"一码扫"。L市探索了基层干部处理任务时"少跑"的方法。据了解，之前驻村干部在开展重点场所任务时需挨家挨户进行排查，统计结果依靠手工录入，存在记错、记漏风险，经常发生同一个地方"跑几趟"的情况。为减轻基层干部工作量，L市通过构建地名地址的唯一标准，实现了事件位置自动定位，扫描地址门牌二维码即可在"掌上基层"应用程序上获取排查任务。"有了门牌二维码，地址再也不用手工录入了，大大地减轻了工作负担。"B镇驻村干部说道，现在同一个地方跑一遍就可以了。

4. 化繁为简：朝"简录入"前进

经摸底统计，各类基层应用程序从功能上看，主要分为学习类、打卡类、录入类、代办类、走访类、办理类等。从基层干部的反映情况来看，录入类数量最多，占一半以上，主要涉及各条线的数据采集和任务上报；打卡类被吐槽最多，每天要在多个应用程序上打卡，个别需要一天打卡多次，甚至一人分饰多角扫码、打卡。

"在未整合应用程序之前，基层干部群众每日打卡、录入等操作都需耗时3小时以上。"L市大数据局负责人表示，全市标准地址地名库尚未建成投用，还无法关联到人房企等基础数据，各类任务和事件不能通过数据碰撞实现自动去重，导致需要基层工作人员在多个应用程序上多头报送、重复核验。

朝着化繁为简、提质增效的方向出发，L市实现了"数据一表报"。一方面推出智能云表单，将基层采集的数据统一沉淀至公共数据平台，通过数据治理形成专题库供各地各部门共享复用，避免基层重复录入；另一方面推行"傻瓜式""清单式"填报机制，让基层干部通过简单勾选，即可上报问题。

"现在的填表机制，与之前相比，没那么烦琐了，不仅提高了我们的工作效率，还可以将数据保留在平台中，想查的时候就能获取，事件也不用重复记录，可以把更多的时间投入巡查中。"C镇某村党工委书记说道。现在L市基层干部每日打卡、录入等操作耗时缩短到了30分钟以下。

5. 数字藩篱：基层"智治"又遇挑战

1) 表格过滥，问题不小

"基层人员需要反复摸排信息，如疫情防控、外出务工人员、撂荒地、危房信息等，填写并提交乡镇和市直部门的表格后，我们无法看到信息，下次还需要重复采集和填写报送。"吕书记表示。

由于各系统没有打通，各个职能部门都需要从乡镇和村里入户收集数据，于是各个部门开发了各种小程序，如撂荒地的信息收集、危房信息收集、中小学生的信息收集。在一些平原地带，收集信息的难度不大、成本不高；而在一些山区，因为每户居住得比较远，入户收集信息的成本很高，通常要一两个小时才能收集到一家农户的相关信息，而这些信息收集上报后，各个村里或乡镇无法看到相关数据。重新采集信息、重复填写各种表格成为基层的一大痛点。如何解决这些痛点，真正提升治理主体的获得感，这是我们急需思考的问题。

2) "数据孤岛"，难以逾越

在基层，上面的"千条线"落到基层的"一根针"，最基础的数据问题依然严峻。千条线背后对应的是国家、省、市各类业务系统，分别由不同单位承建，数据结构、数据字段、数据标准均不统一。基层的干部职工忙于到处"采数字"、埋头"想数字",再到对应系统"填数字",没有精力抬头去看群众,没有时间去服务群众。

以 L 市 C 镇为例,课题组共梳理当地日常工作事项 104 项,涉及登记上报类事项 41 项,占比达 41.6%,均由人工从各种 Excel 表格或纸质表单中查找,手动"复制粘贴"到各业务系统中,不仅工作量巨大,而且难以保证录入的准确性。在信息技术支撑严重不足的情况下,大量重复性的数据采集、录入工作,占用了基层人员太多的精力和时间。

L 市 C 镇党委书记指出:"基层'数据孤岛'林立,而打通各系统平台接口,实现数据实时共享和系统化填报难度大、周期长、成本高,这是摆在当前基层治理工作中当务之急的痛点和难点。"打通基层数据孤岛是一项系统性工程,要从全面理解基层业务入手,尤其要发挥好信息技术的支撑作用,以数据驱动业务,以精细化治理服务群众,为基层治理创新奠定坚实基础。

▎6. 柳暗花明:破形式主义之弊,减基层负担之重

在基层工作的同志,因为经常"埋头苦干报数据,无暇入户干工作",因此,自嘲是"表哥表姐"。长期以来,基层工作面临表格繁多、系统多头报送、区市跨系统数据难获取等问题,"千条线"都过"一根针",是基层工作真实的难点和痛点。那么,如何让基层腾出手、迈开腿、高效干,基层减负减得怎么样。基层最有话语权。

1)聚焦数字化平台,建立健全"一张表"工作总机制

一是要建立数据供给分工机制。规范完善指标数据库,实现"一套机制管运行"。依据行业部门法定职责和镇街权责清单,明确数据供给责任,建立基层填报和部门直供双渠道,同时将"一表三审"("一表"即县级部门自拟下发涉及村或社区相关内容的各类表格,"三审"即审核是否符合准入、是否科学合理、是否保障经费)数据库常用指标纳入供给范围,重塑数据供给模式。

二是要建立一键调取机制。对数据库指标进行全要素归集、标签化处理,配套指标快速检索、表格一键生成功能,提供部门业务需要或领导决策依据的"一张表",实现一次录入、多方使用,提高数据使用效率。

三是要建立定期更新机制。统筹安排指标填报时间,变随时报、突击报为统筹报、集中报。开发更新提醒功能,将数据填报责任人关联进数据平台,自动点对点精准提醒,实现需求有安排、更新有计划、逾期有提醒。

2)聚焦破解数据壁垒堵点,共享资源

一是要建立云共享数据库。聚焦部门壁垒、"数据孤岛"、使用率低等问题,探索数据汇集共享模式,实现"一个数据库提效率"。整合村、镇、县三级基础指标,镇街定期报送的高频指标和部门共建共享的常规指标,形成"基础信息一张表"数

据共享库，推动数据由"部门发表—街道分发—干部录入—街道上报—行业汇总"升级为"分级数据录入—指标一键导出—数据一库共享"。

二是要建立健全共享模式。依托数字平台，设置共享窗口，部门（镇街）依申请查阅平台数据，打破部门之间的数据壁垒，链接"数据孤岛"，提高数据使用率，让"数据多跑路、基层少填报"，实现数据资源的有效利用。

三是要完善准入退出标准。依托指标数据库，动态梳理指标事项，对固定不变、任务阶段完成、指标无人问津等数据及时调整出库，试点打造能进能出、富有生命活力的"村级基础信息统计一张表"指标库。

3）激发基层干部的工作活力

基层干部任务重、责任大、工作条件艰苦，如何让基层干部留得住、安下心、想干事值得深入思考，我们要落实基层干部的各项政治与经济待遇，这不仅关系到基层干部队伍的稳定，更关系到基层政权的巩固。因此，可以进一步探索建立财政补贴基层干部工资报酬、养老保险、医疗保险等制度，进一步落实基层干部的政治与经济待遇，从体制上解决基层干部的社会保障问题。

优化激励机制，激发工作积极性。化解基层干部"疲态"，从根本上说，仍须健全完善制度，不断增强制度刚性。一方面，要完善激励保障制度，积极营造回报与贡献相适应的公平性环境。坚持"重品行、重实绩、重公认、重基层"的选人用人导向；遴选优秀基层干部进入中央、省级、市级机关，通过上挂、下派、平级交流形式，让基层干部到不同岗位上发挥作用，激发基层干部干事创业的积极性；厘清福利发放标准，落实加班补贴、加班调休制度，保障基层干部合法权益。另一方面，要完善绩效考核，建立容错纠错机制。把考核结果作为干部"上、下、进、出"的标准；完善容错纠错办法及其实施细则，既要鼓励干部探索创新，允许试错，宽容失败，又要及时纠正基层干部在工作中出现的失误和过失，让"从严问责"有章可循，保护干部的干事激情。

7. 结束语

本案例基于 L 市基层干部现状分析，结合公平理论与官僚制理论解释民族地区基层干部工作现状以及基层干部工作压力现状。为深入分析民族地区基层干部的真实生态，本案例运用内容分析法对 L 市民情日志进行分析，结合访谈分析方法对民族地区农村基层干部的工作强度、职能状况及待遇状况进行全面分析，研究发现，基层干部面临人手严重不足、工作任务重、维稳压力大的同时，经济待遇不足，政治升迁的机会渺茫，如何突破"人少、压力大、任务重、待遇低"的困境仍是一个难题。根据上述发展困境，本案例提出创新基层干部工作方法、科学管理、优化体制机制、激发基层干部的工作活力等政策建议。

（三）思考题

1. L 市的基层治理存在哪些问题？
2. 综合上述材料，思考基层干部工作的主要特征是什么？
3. 如何有效调动基层政府工作人员的积极性？

6-1　构建智能应用平台
提升城市精细化管理水平

6-2　技术增负：信息化工具为什么
让基层干部压力重重？

二 教学手册

（一）课前准备

1. 教师准备

梳理 L 市基层干部扎根一线、服务群众的工作经历，结合理论知识汇总成 PPT，最终以多媒体的形式呈现出来。

2. 学生准备

学生在课前查阅 L 市基层干部的主要工作内容及日常工作中面临的突出问题，结合自己所思，浅谈一下个人看法。

（二）适用对象

本案例主要为 MPA 和 EMPA 专业学生开发，也适合有一定工作经验的学员和管理者学习。此外，也可以用于行政管理各本科专业相关课程。

(三) 教学目标

1. 知识目标

通过案例使学生了解基层干部任务之艰巨和工作内容数字化转型之困难。

2. 技能目标

在延伸学生知识面的基础上，授予学生实践方面的技巧，引导学生主动思考，理论与实践相结合，增强学生思考问题和解决问题的能力。

3. 态度及价值观目标

本案例总结基层干部具体工作实践，围绕民情日志，使学生深入了解基层干部的实际工作状况，让学生就案例展开讨论，在交流的过程中调动学生充分发挥其主观能动性，激发学生的创新思维。

(四) 要点分析

1. 案例分析方法：实证研究

本研究以 L 市 A 镇 C 村村干部的民情日志为基础进行研究，这些民情日志由该村吕书记根据村里开展的活动记录和整理而成。研究团队选取半年的手写民情日志，在整理归纳的基础上，采用内容分析法，对日志中的内容进行分析，将村干部的实际工作进行展示和分析，并通过问卷对其实际收入进行整理，以此来深入了解基层干部的实际状况，只有了解基层干部承担的责任与义务和所得到的回报，并使其拥有的权利、得到的回报与他们承担的责任和义务相匹配，才能充分调动他们的工作积极性，促进农村基层组织的可持续发展。

笔者根据村级公共服务和社会管理主要内容的七大类进行编码。其中七大类主要指文体 A、教育 B、医疗卫生 C、就业与养老保障 D、基础设施和环境建设 E、农业生产服务 F、社会管理 G。研究团队的三位博士成员先统一原则和标准后，独立进行编码，编码结束后，有三个时间段的工作内容编码不一致，即编码一致性为 90%。对这些编码不一致处，三位成员一起进行协商讨论，最终统一，具体见表 6-1 和图 6-1。

表 6-1 民情日志的分类与编码

公共服务和社会管理类别	编码	数量
文体	A	1
教育	B	2
医疗卫生	C	8
就业与养老保障	D	3
基础设施和环境建设	E	26
农业生产服务	F	20
社会管理	G	84

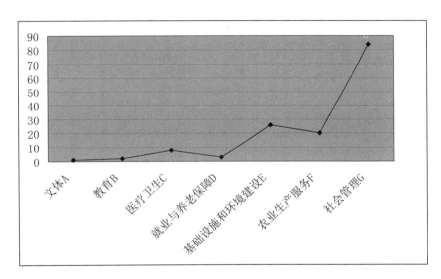

图 6-1 民情日志类别数量统计

从民情日志的内容看,社会管理(包含维稳、矛盾调解等)所占比重最大,有 84 项,达到总量的 58%;基础设施和环境建设方面有 26 项,达到总量的 18%;农业生产服务方面有 20 项,达到总量的 14%,具体如图 6-2 所示(四舍五入)。

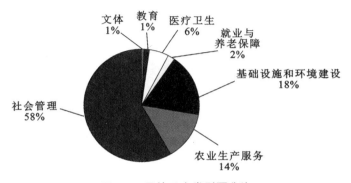

图 6-2 民情日志类别百分比

为了深入了解基层干部的待遇状况,研究团队通过与 L 市的 3 个乡镇及 8 个村的基层干部深度访谈(见表6-2),针对基层干部的访谈内容进行了分类和编码。访谈提纲为:① 该乡镇(村)基层干部的人员数量;② 该乡镇(村)基层干部的工资状况;③ 该乡镇(村)基层干部建设方面存在的困难或挑战,如何解决等问题。

表6-2 访谈人员清单

受访者	身份	访谈者编码	基层干部人员数量	基层干部的工资状况	困难或挑战
王先生	乡镇镇长	A	全镇65个公务员,机关工作人员30多人,工作站20多人	28800元/年	人少、压力大;因开发引起的利益分配问题和基础设施问题
杨先生	村主任	B	村干部6名,平均年龄为36岁	5000元/年	压力大、任务重;土地纠纷问题和基础设施问题
殷女士	村书记	C	村干部5名,平均年龄为38岁	5000元/年	人少、压力大;经济待遇低;土地纠纷问题
牟女士	乡综治办主任	D	机关工作人员60人,平均年龄为40岁	25200元/年	人少、压力大、任务重;经济待遇低;没有政治待遇;土地、林权纠纷问题
吕先生	村书记	E	村干部6名,平均年龄为40岁	4667元/年	人少、压力大、任务重;没有政治待遇;经济待遇低;土地纠纷问题
黄先生	综治专干	F	村干部6名,平均年龄为40岁	4667元/年	压力大、任务重;经济待遇低;没有政治待遇;林权纠纷问题
邰先生	乡党委副书记	G	公务员45人,35岁以下5人,其中女性7人,平均年龄44.2岁;大专及以上学历者30人	27632元/年	人少、压力大、任务重;经济待遇低;迎检压力和维稳压力大
胡女士	乡党委组织委员	H	公务员45人,35岁以下5人,其中女性7人,平均年龄44.2岁;大专及以上学历者30人	27632元/年	压力大、任务重;经济待遇低;维稳压力大

从以上的访谈记录来看，L 市乡镇公务员人数区间为 45～65 人，平均年龄在 40 岁左右。如 L 市 M 镇总共 65 个公务员，机关工作人员 30 多人，工作站 20 多人，其中城管 4 人、公安局 7 人、公益性岗位 2 人，在人手严重不足情况下，当地人事招聘方面没有政策和自主权。L 市 L 乡的机关工作人员 60 人，但在调查中发现，40 岁的干部在该乡是最年轻的基层干部，每年新进一个年轻干部，但是很快被市政府及其他部门借调走。

基层是社会管理创新的聚集地，很多矛盾需要在基层化解，这使得基层的维稳任务重、人手少、压力大，但他们的经济待遇并不高。L 市基层干部的收入在 2.5 万～2.8 万元/年，村干部人数为 5～6 人，收入一般为 3000～5000 元/年。L 市的基层干部普遍面临"人少、压力大、任务重、待遇低"的困境，在经济待遇和政治待遇均不足的情况下，政治升迁的机会几乎没有，基层干部的工作积极性不高。其中 8 个访谈者都谈到基层干部中压力大、任务重的问题，另外 75% 的基层干部认为经济待遇低、没有政治待遇等。

矛盾爆发一般发展在农民之间或农民与基层政府之间，在分级管理的包保责任制下，L 市要求"小事不出组、大事不出村、难事不出镇、矛盾不上交"，定期召开矛盾纠纷排查调处工作协调会，要求将矛盾化解在基层。在集中矛盾点上，访谈的 8 位基层干部主要反映的是土地、林权纠纷问题。基层干部需要发展当地经济和服务当地，还需要加大维稳工作力度，但是基层人手严重不足，任务重、压力大、经济待遇不足，政治升迁的机会几乎没有，这都严重挫伤了基层工作人员的工作积极性，如何突破"人少、压力大、任务重、待遇低"的困境仍是一个难题。

2. 理论依据

1）数字治理理论：促进技术与社区治理深度融合

数字治理理论萌芽于新公共管理运动衰微之际，注重工具理性与价值理性的结合，具有深刻的思想内涵。此理论的代表人物是英国学者 Patrick Dunleavy，他主张将信息技术和系统引进公共部门管理中，构建扁平化管理机制，促进治理过程的权力共享，并主张不断运用大数据、云计算等技术，加强公共服务的发展。数字治理理论不只是强调信息技术，而是将数字治理作为政府与经济社会、市民社会的互动形态，提倡技术是为人服务的。

L 市通过技术赋能为基层干部"松绑"减负，从"减任务"开始，打造"任务一屏览"；推行地址"一码扫"；朝"简录入"前进，避免数据多头报送、重复核验，招招落实，将技术与治理深度融合，有效化解了"技术"和"治理"两张皮的问题，让"智"治有方。

2) 公平理论：增强基层干部工作的积极性激励

公平理论与基层干部工作的积极性激励是由美国心理学家、行为学家亚当斯（John Stacey Adams）于 1965 年提出的，这是研究人的动机和知觉关系的一种激励理论。该理论认为，一个人的激励程度来源于对自己和参照对象的报酬和投入的比例的主观比较感觉，个人工作积极性不仅与个人实际报酬有关，而且与个人对报酬的分配是否感到公平更为密切。人们总会自觉或不自觉地将自己付出的劳动代价及所得到的报酬与他人进行比较，并对公平与否做出判断。

L 市基层干部在高强度任务、高频次督查、高压力问责和低激励环境等交织影响下，出现一种难以消解的怨气。基层官员的怨气作为一种负向性的情绪，如果得不到化解，将会对基层治理造成严重的影响，导致基层干部身心疲惫、工作被动、逃避岗位、离开基层。因此，要关注基层干部的身心健康、工作态度、行为表现和公众的公共服务体验度，健全激励机制，化解部分基层干部的"疲态"。

3) 官僚制理论：降低基层干部工作压力

科层制（又称官僚制）建立在马克斯·韦伯的组织社会学的基础上，它是以职能和职位进行分工和分层，以规则为管理主体的组织体系和管理方式，是权力分配的制度化、等级化和非人格化。从权力分配关系和科层制架构设计的角度分析，我国现有的科层制体系中，职位越高越具有灵活性，也更富有权力者个人的主观色彩，在这样的科层制设计中，每一个层级都要受到上一层级的压力，每一个身处该体系的个人又要受到来自上级领导个人意志所带来的不确定性的压力。这样的科层制权力架构往往会对身处"金字塔"底层的干部形成强大的压力，也会带来强烈的焦虑感。

一些上级部门问责手段单一，事事签订责任状，表面看是安排工作、履职尽责，实质上是变相推责、不想负责。一级一级签责任状，一级一级推责任，最后导致责任状满天飞，从层层压责变为层层卸责。基层干部在乱问责的强压之下负重前行，不怕没创新，只盼少出错，这极大地挫伤了基层干部开拓创新的积极性和主动性。因此，要建立科学合理的纠错容错机制。既要营造允许试错的工作环境，也要明确纠错方式方法和手段，帮助基层干部正视错误、改正错误，促进基层干部想作为、能作为、善作为。

（五）课堂安排

1. 介绍案例发生的背景

农村基层干部在维护政权稳定、促进社会主义新农村建设、全面建设小康社会中起着不可替代的重要作用。这支队伍建设得如何，直接关系到农业和农村现代化的进程，关系到国家政权的稳定。L 市是一个集"老、少、边、穷"于一体的土家族聚居山区。为保障群众反映的问题得到及时解决，增强基层干部的工作责任感，L 市实行了"6＋4"干部管理模式。但是通过访谈发现，L 市的基层干部仍面临"人少、压力大、任务重、待遇低"的困境。揭示课题：基层干部的工作困境到底困在何处？

2. 介绍基层干部的怨气作为负向性的情绪形态不利于基层政权稳定

逐步介绍基层官员何以有怨气，其怨气来自哪些方面，以及基层干部的工作压力是如何形成的，通过 PPT 将矛盾呈现在学生面前。在面向基层的调查，或者在与基层官员的闲谈中，都明显感受到当前不少基层官员有一种难以消解的怨气。基层官员的怨气作为一种负向性的情绪，如果得不到化解，将会对政府治理活动造成严重的影响。

3. 介绍基层干部治理现状

L 市的基层干部普遍面临"人少、压力大、任务重、待遇低"的困境，在经济待遇和政治待遇均不足的情况下，政治升迁的机会几乎没有，基层干部的工作积极性不高。案例中的访谈者均谈到基层干部中压力大、任务重的问题，有 75% 的基层干部则认为经济待遇低、没有政治待遇等，这严重挫伤了基层工作人员的工作积极性。

4. 小组讨论

本案例的启发思考题主要对应的是案例教学目标的知识传递目标，启发思考题与案例同时布置，另外要让学生尽量在课前阅读熟悉相关知识点。在案例讨论前，需要布置学生阅读教材中行政管理的内容，主要包括基层干部的职责与权限、职能与收入等内容。

5. 布置作业

将小组讨论的结果以报告形式上交。报告中除学生讨论的成果，还需要学生去搜集与此相关的政策，理解国家对基层政权建设的态度、看法及解决措施。

（六）其他教学手段

计算机 PPT 展示、小组讨论、报告模板。

本讲小结

本讲展示了 L 市一名基层干部扎根一线、服务群众的工作经历，讲述了基层负担过重，让本就力量不足的基层干部疲于奔命，做不成调研、办不了实事的情况，最后通过技术赋能等手段，促进基层干部高质量服务群众。

本案例基于"疲态治理"困境和治理效能提升构建分析框架，结合实地访谈，提出转变基层治理方式，通过技术赋能，建设高素质专业化基层干部队伍，这对于中国基层政权的建设模式探索具有一定的借鉴意义。

第七讲　数字治理"卯"足干劲，移民社区未来可期①
——基于卯家湾雨露社区案例分析

 学习目标

- 了解传统移民社区工作过程中存在的特殊问题，认识到数字治理对社区工作的重要性；
- 明确多元主体协同治理格局，加深对公共管理主体多元化的理解；
- 能对数字赋能在社区治理中遇到的挑战提出自己的观点及解决思路。

一　案例主体

（一）引例

中国式现代化是全体人民共同富裕的现代化。精准扶贫期间，我国有960万贫困人口实现易地搬迁，历史性地解决了绝对贫困问题，为全球减贫事业做出了重大贡献。在全面推进乡村振兴进程中，移民社区的有效治理则是让搬迁居民实现"搬得出、稳得住、能发展、可致富"的重要途径。

在党建引领之下，传统治理模式能够扎实地推进"一核多元"的治理格局，但是由于移民社区的特殊性，传统治理模式已经不能充分满足社区居民的各种民生需求。数字赋能可以助力社区干部的民生服务提质增效，增加居民参与治理的渠道，不断满足社区居民对美好生活的向往，是新时代移民社区有效治理的必要手段。

云南省昭通市鲁甸县卯家湾搬迁安置区是全国最大的跨县建档立卡贫困户集中搬迁安置区，共有6个移民社区。本案例聚焦其中最大的移民社区雨露社区，分析其传统治理模式的基础功能，剖析其治理困境，在此基础上，探究数字赋能的成效

---

① 案例采集人：刘利、马梦怡。

和挑战，从而为其有效治理的可持续发展提供建议，也为全国移民社区数字化治理提供参考。

（二）案例描述

1. 传统模式打基础

在党建引领之下，依靠传统治理模式，雨露社区实现了"一核多元"治理组织体系架构。"一核"是以基层党组织为核心，"多元"指的是跟社区密切相关的各个主体，包括各级政府、社区"两委"、社区居民、社会组织和物业公司等，在社区服务民生方面打下了扎实的基础。

1) 强化党组织的核心引领作用

昭通市委成立卯家湾安置区党工委（管委会），组建了1个办公室、5个迁出县工作组，以及包含为民服务、产业就业、警务、教育卫生、党群5个工作站在内的"一办五组五站"工作机构。在此基础上，鲁甸县委成立了砚池党工委，健全了党工委、社区党总支、网格党支部、楼栋党小组组织体系。把党总支建在社区，形成主抓基层社会治理"总动脉"；把党支部建在网格中，形成细抓基层社会治理"总经络"；把党小组建在楼栋里，形成实抓基层社会治理"末梢神经"，确定了"全方位统筹、高效率工作、精细化管理、保姆式服务"的工作理念，为安置区治理全面做好组织引领工作。其中，雨露社区将社区分成6个片区（网格），将200余名党员组织起来成立党总支，下设6个党支部，选举和指定了25个责任心强、热心社区公益的党员担任网格长和楼栋长，按照现代社会治理结构织密党的组织、社区服务、产业发展、社会治理、干部群众"五张网"，正逐步探索"组织更有力、干部更有为、服务更有心、治理更有效、群众更有爱"的现代社区治理"网格平台"。

2) 形成多元主体的协同治理格局

卯家湾安置区全面建立"133454"党建引领社区治理体系，确保安置区管理有机构、队伍有人带、工作有人抓。首先，安置区采取领导挂社区、党员联住户、部门包楼栋、干部帮群众的社区治理方式，引导搬迁群众树立健康的生活观念和生活方式，做好搬迁群众的"生活顾问""法律顾问"，助力安置区共建共治共享目标的实现。其次，安置区采取社区居委会（自治）、业主委员会（共治）、物业管理公司（服务）的"1+3"社区管理模式，引导群众转变"富则思变、富则思稳"的观念，通过做实"政策清、产业清、就业清、配套清、家底清"五清工作，精准摸清就业岗位，让搬迁群众能在家门口就近就业，确保户户有产业就业支撑，变"乡愁"为"薪酬"。最后，安置区采取综治中心总抓、政法部门强抓、基层力量实抓的方式，落实多元主体齐抓共治的职责，抓实辖区内矛盾纠纷排查化解工作，及时反映和协调人民群众利益诉求，提升社区综合治理能力。

2. 传统模式遇困难

雨露社区是卯家湾易地搬迁安置区最大的社区，安置了 5 个县 2693 户 12693 名搬迁群众。其中，移民中建档立卡贫困户 2628 户 12633 人，其余为同步搬迁群众，劳动力仅有 6466 人。社区干部仅有 11 名，普遍存在文化程度偏低、社区治理经验不足等问题。因此，在传统治理模式下，移民社区的诸多民生问题得不到有效解决，主要表现在以下方面。

1）人居环境难适应

易地扶贫搬迁移民从农村庭院式散居向城市楼房化集中安置转变，从偏远山区向具有公共服务设施的县城搬迁，生活环境发生了改变，很多居民不太适应。虽然居住空间品质得到提升，增加了很多基础公共设施，但是移民的室外空间被压缩，很多依附于乡村空间的活动无法在社区中实施。社区居民周先生表示："新社区环境很好，用水都方便了，就是有时候感觉不适应，没有了以前自家后院种地的地方。"在卯家湾雨露社区，还有部分老人仍然把安置区当成以前的农村社区，将公共空间私有化，在社区绿地花园中种植蔬菜、在楼道走廊饲养家禽，将杂物堆放在过道、楼梯间等公共空间中，不仅破坏了社区环境卫生，而且增加了安全隐患，甚至造成邻里矛盾，加大了社区治理的难度。

2）生计模式难转型

城乡生计模式不同，很多失去土地的搬迁居民在城镇里无法自行谋生。搬迁前，他们的生存技能主要是与农耕种养相关的农业生产技术，生计来源也主要依靠土地。入城后，原有生计空间流失，必须在城市中寻求生计来源。然而，卯家湾雨露社区多数移民文化水平不高、人力资本较弱、谋生能力有限。社区居民吴先生表示："以前在老家那习惯了种地，现在搬到新社区，鼓励我们学习新技术，但我又没有什么文化，字都认不全，年龄也大了，实在没精力去学这些新玩意了，也不知道怎么去学。"

3）社交网络难重构

社交网络的重构实质上是移民社区居民的原生文化与城市空间的"主文化"进行博弈、接纳和调适的过程。搬迁后，移民从基于血缘关系和地缘关系的"熟人社会"来到基于社区空间的"半熟人社会"，在短时间内，难免遭遇城乡文化的冲突。社区居民胡女士说："在村里的时候，我能经常和邻居说说话，现在搬到了新地方，好多人都不认识，有时候想找人说话都不方便。"此外，雨露社区是一个包括汉族、回族、彝族、苗族、布依族等多民族的聚集安置区。移民之间彼此的饮食习惯和风俗习惯有很大差异，有些生活习惯甚至不符合城市社区的文明规范，不少居民习以为常的娱乐方式在新的社区则可能是一种扰民行为，容易引发社区纠纷。因此，重建文化互嵌的和谐移民社区，引导居民实现精神共鸣，非常重要。

4) 社区治理难参与

参与是主人翁的重要表现形式，把社区当成自己的"家"，需要广泛参与社区治理活动，但是社区居民的参与程度并不高，其主要原因在于以下两个方面。一是缺乏完善的社区自治制度。移民社区处于刚成立阶段，缺乏完善的规章制度，管理随意性较大。二是社区居民自治能力不足。由于受教育程度和文化水平的制约，社区居民个体认知存在局限，其民主意识薄弱，再加上生存和发展的困境使有能力的年轻人忽视了相关参与工作，导致社区治理工作大多还是依靠社区干部。有位社区干部这样描述："我们非常希望年轻的社区居民参与社区自治组织，他们有群众基础，有能力，但是他们几乎忙生计去了，不热心于社区活动，当前仍旧是老人参与社区活动，主要停留在社区文化活动参与上，大事小事问题的决策还是社区干部去决定。"

3. 数字赋能助治理

雨露社区"幸福卯家湾"智慧社区服务平台，在传统治理模式"一核多元"的基础上，已打造红黄绿、安居、乐业、文化、消息、融合、积分等模块，为搬迁群众提供"保姆式"服务，助力移民安置社区服务治理，在一定程度上缓解了上述困境。

1) "红黄绿"模块实现分类分级精细化管理

在"红黄绿"模块，通过"民生亮灯图"功能，实现分类分级精细化管理。依托街道和社区干部入户走访、调查了解，全面掌握搬迁居民就业、就医、就学、生活、身体健康等情况，在"砚池新城"智慧平台中，采用"红黄绿"三种颜色，以户为单位、以人为落点，逐户逐人梳理排查，标签化识别、数字化建档、动态化调整。一方面，采取"挂、联、包、帮"机制，推行"社区＋网格＋楼栋"模式，把党总支建在社区、党支部建在网格、党小组建在楼栋，对"红黄绿"三色家庭实行"街道、社区、片区、楼栋、住户"五级网格化分级管理。另一方面，实行"双楼栋长"制，每栋楼设置党工委干部职工、楼栋长各1名，对家庭档案（台账）动态更新、高效、精准地开展动态监测帮扶救助。分类分级精细化管理，因户因人施策，及时解决群众实际困难，牢牢守住不发生规模性返贫底线，持续巩固脱贫成果。

2) "安居"模块加快移民生活条件适应

在安居模块，设置"民生红绿灯、随访日志、衣食住行、心愿圆梦、有事找社区、民生亮灯图、困难帮扶"七个功能，帮助搬迁居民更快适应新的生活。比如，通过"心愿圆梦"功能，采用"干部包干制"，每户居民对应一名包干干部，居民上传自身需求，干部针对居民需求采取行动并反馈结果，助力安置区移民个性化需求的实现；通过"有事找社区"功能，干部可根据居民需求针对性地提供服务，包括物业帮扶、生活帮扶等服务项目，居民可以通过服务平台留言申请所需服务项目，社区工作人员回复落实，针对安置区移民诉求"对症下药"，有效解决安置区移民在适应城市环境过程中的特殊困难。

3）"乐业"模块加速移民生存策略调试

在乐业模块，设置"就业地图、产业地图、直播带岗、我要找工作"功能，加速社区居民寻找新的工作岗位。比如，通过"就业地图"功能，以地图的形式反映社区居民的就业去向、年龄分布、学历水平、产业分布、工种类别、性别占比；通过"产业地图"功能，直观反映社区产业分布情况，方便社区居民找工作；通过"我要找工作"功能，居民可以根据自身就业意向地、擅长的技能等进行留言，社区工作人员向其匹配合适的工作，推荐工作地点，提供个性化、针对性就业帮助。利用智慧社区服务平台与异地扶贫搬迁政策对接，在确保建档立卡贫困户和易地扶贫搬迁家庭至少有一个人以上实现稳定就业的政策指导下，社区一方面安排社区居民就近就地就业，进入各类扶贫车间、建筑行业小微企业等；另一方面组织社区居民外出务工，利用东西部协作平台，有针对性地向东部地区提供劳务输出，保障城镇化集中安置移民有效就业。

4）"文化""消息"模块重构移民社区社交网络

文化模块和消息模块能够加速社区居民之间和社区居民与工作人员之间的交流，帮助他们在社区里重新建构以社会主义核心价值观为导向的新的社交网络。在文化模块，设置"先锋榜、幸福照片墙"功能，通过上传社区先锋模范、幸福生活照片，为居民树立良好榜样，营造良好的社区文化氛围，帮助社区居民更快适应社区生活，促进"村民"向"市民"精神文化的转变，使社区居民对社区文化从"排斥"的心理状态，逐步向"认同"转移。在消息模块，设置"微信人员、微信消息、消息推动、推送日志"功能，通过智慧社区服务平台，社区居民可以接收社区发布的各类通知，与社区工作人员和居民之间留言沟通等，扩大居民社交的范围。

5）"融合""积分"模块激励移民参与社区共治

融合模块和积分模块能够激励社区居民参与社区共治。在融合模块，设置"社区网格、网格长、楼栋长、社区治理红绿灯、社区治理亮灯图、典型案例"功能，一方面，通过网格化数字治理，能够让社区干部精准落实帮扶政策，切实做到"五必访、五必知、五必做"；另一方面，利用"典型案例"功能，将移民社区居民困难帮助的典型案例上传智慧社区服务平台，为居民和社区处理各类事务提供参考案例。在积分模块，设置"幸福积分、积分日志"功能，安置区推行"公益志愿服务换积分、积分兑物资",利用智慧社区服务平台登记居民积分情况,采取以"户为核心、社区为单位"的爱心超市"积分兑换制"管理模式,建立扶智扶志等六大加减分项目,以小积分引导搬迁群众不断养成健康文明的生活方式,积极参与到社区治理与服务中来,增强社区居民的获得感和满足感,促进易地扶贫搬迁社区共建共治共享目标的实现。

4. 数字赋能见成效

1) 助力社区干部民生服务提质增效

通过利用大数据与互联网技术,雨露社区的干部能够更好地管理和服务社区居民,提高工作效率和质量,实现民生摸排更精准、信息管理更精细、服务渠道更便捷。

一是民生摸排更精准。"幸福卯家湾"智慧社区管理平台的"红黄绿"模式,提供了更准确的数据分析和决策支持。雨露社区通过数字化数据分析平台,通过"民生亮灯图"功能,采用"红黄绿"三种颜色分类,帮助社区干部更精准地收集和解决居民的民生需求。"我们根据颜色来实施入户探访的频率,能够更精准地了解楼道住户的基本情况。比如,对于非常困难的住户,我们用红色标注,楼道长至少一天去探访一次,甚至一天多次,以及时掌握他们的情况;标注为黄色的住户,楼道长一般一个星期去入户探访一次,而对于各方条件较好的标注为绿色的住户,楼道长一个月入户一次,根据居民的实际情况更新台账。"社区干部刘女士说。

二是信息管理更精细。"幸福卯家湾"智慧社区管理平台的数字功能,有助于帮助社区干部更精细地管理社区居民的各类档案。在雨露社区,有97.6%的住户是建档立卡贫困户,社区干部需要掌握他们的大量信息,包括家庭成员、身份证号码、联系方式、就业状态、身体健康情况等,并且上述信息有很多需要动态调整。在传统模式治理中,大多依靠纸质档案或手动录入电子表格来进行管理,更新慢,而且容易出现错误和遗漏。借助"幸福卯家湾"智慧社区管理平台,社区干部只需要一次录入,就能够及时更新和维护居民信息,这大大提高了信息管理的效率和准确性。雨露社区熊主任对此很有感慨:"以前没有这个平台的时候,好多信息都是纸质版的,每次要用数据的时候,都得找好久,哪里像现在,用手机就可以找到想找的信息,效率和准确度上都比以前高多了。"

三是服务渠道更便捷。"幸福卯家湾"智慧社区管理平台,可以通过线上的方式快速服务群众需求。在社区,需要为居民提供各种民生服务,例如户口迁移、社保申请、社区活动、岗位发布等。在传统服务模式下,无论大事小事,居民都需要亲自前往社区办事大厅办理,这不仅浪费了居民的时间,而且对于一些年老体弱或身体不便的居民来说,还存在较大的困难。通过数字化服务平台,社区干部可以将服务内容在线上发布,并提供在线办理和咨询的渠道,这极大地方便了居民,同时也减轻了社区干部的工作负担。"现在只需要打开手机，随时随地都可以了解社区的工作信息发布，再也不需要到社区办事大厅了。"社区居民小王说。

2）拓宽社区居民参与治理渠道

利用智慧社区服务平台，能够丰富居民民生诉求渠道、拓展居民社区自治渠道，让群众时刻感受到身边的事有人管，自己也能做主解决问题。

一是丰富居民民生诉求渠道。知民情解民忧，智慧社区建设，最终落脚点还是要回归到满足社区居民的各种诉求上。通过"幸福卯家湾"智慧社区管理平台，社区居民可以通过线上和线下双重路径，反映自己的民生诉求，以快速得到社区的反馈。比如，智慧社区平台面向居民打造"心愿圆梦""有事找社区""我要找工作"等功能，解决居民的矛盾诉求，扶持就业、孵化创业。社区徐女士描述道："之前在村子里，遇到点困难也不好意思去麻烦村干部，现在碰上困难，随时可以在服务平台上留言，社区干部看到后就会有对接的工作人员来帮助解决。上次不是吗？对门家的孩子在普洱打工，给家里在网上买了简易衣架，老两口不会安装，他家孩子就在平台上给干部留言，第二天干部就派人来给他们安装上了。这真的是给在外地打工的孩子们减轻了不少负担，又尽了孝心。"同时，徐女士又描述道："像我们这些在家奶娃娃的妇女，有空闲时间也想干点活补贴家用，在'我要找工作'上面去留言，我会一点手工活，也添加了进去，没过几天就有人打电话联系我，给我们一些毛线，我就在家做一些手工钩花，一天做不了多少，但也能拿个几十块钱，很满足了。"

二是拓展居民社区自治参与渠道。"幸福卯家湾"智慧社区服务平台拓展了居民自治参与的渠道，推进移民社区共建共治共享目标的达成。首先，在社区共治方面，雨露社区居民可以使用智慧社区服务平台对社区治理进行留言，发表自己对社区治理的意见和建议，让自己的专长在社区建设中发挥余热，提升居民的自治意识和能力，同时也增强了社区居民的凝聚力。其次，在社区共建共享方面，居民可以通过智慧社区服务平台"幸福积分"功能参与社区建设，雨露社区采取以"户为核心、社区为单位"的爱心超市"积分兑换制"管理模式，建立扶智扶志等六大加减分项目，以小积分引导搬迁群众不断养成健康文明的生活方式，使其积极参与到社区治理与服务中来，以实际行动换来收获，在公益行为中不仅拉近了邻里间的距离，增进了感情，也能够进一步改变搬迁群众过去"等靠要"的思想。社区参与积分兑换的刘女士说："我们社区有些空巢老人、残疾人，因身体不方便，收拾家里较困难，我想着能帮一点是一点，就帮他们打扫卫生，没想到社区知道后给我积了分，帮助别人还能用积分换东西，挺好的。现在有很多人和我一样也参与到帮助空巢老人、残疾人的行动中，小到给一包糖果，大到送一套被子，帮助别人的同时也展现出我们对新家、新生活的热爱。爱心超市"积分兑换制"的推行，进一步激发了群众的内生动力，越来越多的搬迁群众参与到社区治理中去，安全感、幸福感、获得感大幅提升。

5. 数字赋能遇挑战

1) 智慧停摆制约数字赋能进程

一是服务场景需拓展。目前，"幸福卯家湾"智慧服务平台的应用场景仍有局限，应用场景仅停留在社区智能大屏和就业、诉求反馈、文化宣传等初级阶段，没有深入探究"智慧养老""智慧安防"等领域，而且，平台开发时前瞻性思考不足，没有对不同功能的应用场景进行合理规划和科学设计，因此在居民需求多样化和多元化的发展态势下，当前平台不能全面满足居民需求。在外地上大学的居民小刘向我们介绍道："智慧平台确实很大程度上方便了社区工作人员，也给居民需求的反馈提供了很好的渠道，但是与经济发展比较好的大城市相比，我们社区智慧平台的功能就比较欠缺了，比如智慧安防。新建设的移民社区，大家差异比较大，难免会存在一些小偷小摸现象，容易造成居民纠纷，如果引入智慧安防系统，居民的生活会更加安心，也会减轻治安巡逻人员的工作压力。"

2) 平台维护有短板

数字平台需要定期维护，但是"幸福卯家湾"智慧服务平台的维护方面也存在修复不及时和信息保护缺失等短板。在平台应用上，由于社区工作人员缺乏专业知识和技能，平台在出现故障后不能够及时修复，无法确保服务功能的稳定发挥，甚至相关服务数据可能丢失。在信息保护方面，居民的信息数据不能被有效保护，缺乏相应的安全监管。例如，在调研过程中发现，部分在智慧平台上登记找工作信息的居民有这样的困惑："我已经找到工作了，还是会有外地陌生电话打过来问要不要去他们那边工作，好在社区不断宣传防止电信诈骗的知识，不然照他们这样说我肯定心动跑去给他们骗喽。"

3) 参与不足减缓数字赋能扩散

一是平台普及成难题。调研发现，在智慧社区平台的不断推广使用过程中，移民社区居民对于平台的使用率不高，绝大多数居民存在"传统路径"依赖问题，这部分居民认为："有什么事情直接打电话找社区书记不就行了吗？还要上网留言等他们反馈。给不给解决是一回事，比打个电话麻烦好多，所以我不愿意用。"与此同时，还有一部分居民表示："听说过，但不知道用来干吗，甚至不知道从哪里打开。"这些问题存在的原因，一方面是居民思想意识还停留在传统模式的沟通方式；另一方面社区教育宣传工作没有做到位。如何扩大宣传面、如何提高宣传的有效度，是社区工作人员利用智慧平台、让居民实实在在享受数字红利的首要任务。

二是年龄屏障阻碍共享。在智慧社区服务平台的普及过程中，生活数字化与人口老龄化之间出现差距，部分老年人成为数字时代的弱势群体，老年群体面临的数字鸿沟问题日益明显。调研中发现移民外出务工的情况较为普遍，社区独居老人、空巢老人占比较大，对社区数字化治理的发展形成阻碍。一方面，由于自身经济条件的限制，绝大多数老年人仍使用老年机，接打电话是他们最常使用的功能；另一方面，由于身体情况的变化，身体机能受损，视力、听力功能障碍，学习能力减弱，老年人并不能应对复杂的操作，很难通过智能手机寻求帮助和获取信息。社区王爷爷说："这个平台我看不懂，在手机上也不会点，平常孙子都上学去了，儿子、媳妇都在外打工。"

4）感知薄弱降低数字赋能效力

一是交互渠道未畅通。通过智慧社区服务平台，居民的诉求和社区工作人员的回应之间存在"时间差"，导致社区工作人员对于居民的诉求回复的时效性降低。其原因主要表现在两个方面：一是智慧平台终端需要信息接收者使用先进的技术和设备，如智能手机、电脑等，这些设备并非所有居民都拥有或能够熟练使用；二是居民诉求不同，反馈主体具有差异性，而目前平台主要面向社区干部和居民，缺少物业、治安等多方联动，使信息传递、诉求反馈等工作延迟，进而导致智慧社区服务平台在使用过程中的可信度降低。正如社区居民刘女士所说："有时候家里发生什么事情，就在平台上留言，过不了多久就能接到干部的电话，像走廊灯坏了这些需要物业解决的问题，干部就会告诉我们打物业的电话，如果遇到夫妻矛盾、邻里矛盾，就会让我们打电话找民警帮忙。这样一来二去的还耽误了时间，不如我们直接去找。"

5）精准供给难实现

与此同时，居民的诉求和社区工作人员的回应之间也存在"信息差"。移民社区中的居民来自不同的文化背景，其思维方式、行为习惯和价值观念等可能与城市社会存在差异，导致智慧社区服务平台现有的服务场景难以全面满足多层次、多样化居民的需求。社区刘女士补充道："有些时候小事也不愿意一直麻烦社区干部，但是真碰上什么事情，还得找他们帮忙。平台留言时，事情讲不清楚，我们文化水平有限，有些个事情用文字讲，就讲不清楚了。"

6. 数字赋能向何方

1）搭建坚实的软硬件设施，打造智能保障

一是系统拓展应用场景，完善智慧服务体系。由于政策、经济、环境等多方面因素的影响，智慧平台处于刚起步阶段，应用场景碎片化的问题严重，离预期效果还存在很大的发展空间。因此，以社区居民发展的需求为基础，统筹政府、社区、企业等多方可利用的资源，系统开拓智慧应用场景，为智慧社区建设提供一条体系化、制度化的服务设计与建设方案，形成"多方参与、严格管理、高效服务"的治理体系目标，关注智能社区的全方位发展，是实现数字赋能社区可持续治理的重要举措。

二是发挥社区自治优势，扩充技术人才队伍。当前，移民社区智慧平台建设大多依赖于服务外包的形式，这样虽然起到了保证功能的效果，但是在维护成本、提升管理效率、确保社区信息安全等方面则不尽如人意。因此，发挥社区自治优势，召集社区内有技术能力的社区居民，组建维护队伍，进而扩充社区技术人才队伍。社区可以适当采取"有偿"形式，并定期组织专家、企业对这些居民进行培训，确保智慧社区功能可以及时有效地发挥。

2）完善治理民生渠道，形成参与局势

一是加大应用普及宣传，拓宽服务参与机制。在调研过程中发现，移民社区居民对于智慧社区服务的参与途径和目的并不清楚，对智慧社区服务平台的评价和效果不能得到有效反馈，导致服务效率和资源投入的浪费。为更好地实现居民参与，应拓宽服务参与机制，加大应用普及宣传，一方面，在拓宽服务参与机制方面，智慧社区服务应面向无形、易用、高效的方向发力，使居民接受、信任并融入进来。具体可以包括与商业平台合作、服务外包等形式。另一方面，在加大应用普及宣传方面，充分应用智慧社区服务平台，定期进行服务宣讲，提升居民关于智慧社区服务的认知，吸引他们积极参与相关工作。

二是打通壁垒享服务，缩小鸿沟惠百姓。针对移民社区有大量留守老年人的现状，可以通过以下方式，缩小数字鸿沟，打通信息壁垒。首先，在智慧社区建设中，社区干部们要主动关心中老年群体，定期走访，询问并记录他们的需求。在适当条件下，对重点人群进行培训，增强他们对信息化时代生活的适应性，缩小数字鸿沟。其次，从老年人日常生活所需入手，打造社区周边智慧生活圈。比如，智慧社区服务平台可以与外卖平台、配送平台等合作，利用现有优势，集中、定点采购部分特需品，既能满足老年人的常态化需求，又能满足老年人的差异化需求。其三，添加"视老化"模式。在智能化平台设置与页面布局方面，可以设置"两种模式"：一种是普通模式；一种是视老化模式，较大字体、页面设置简洁、含有语音点读功能，使平台更适用于老年群体，让服务更加贴心，真正做到为老年人提供服务，让生活更美好。

3）优化平台服务体系，强化感知绩效

一是常态调研听民声，多方互动畅民意。相较于传统社区治理模式，智慧社区能够对居民个性化的现实需求实现及时匹配，以提升民生治理效率，但是如果存在"时间差"，反而降低效率。因此，为更好地满足居民的个性化需求，智慧社区建设应该做到以下两点。其一，常态调研听民生。实施常态化调研机制，根据"红黄绿"标注，定期随访，时刻关注居民急难愁盼的民生问题。其二，多方互动畅民意。开展社区教育及特定群体服务活动。在提升智慧社区服务平台使用效率及居民服务感知的同时，拓宽诉求渠道、类型及形式，在新的需求动向下保持智慧度与感知度的一致。

二是数据助力知偏好，精准供给提质量。"智能化如何满足多样化需求"，这是一个智能服务由初级智能迈向高级智能的关键转变，否则也只能如同传统治理模式一样，陷入"信息差"的陷阱。因此，根据治理实践与居民需求，丰富和补充服务项目，提高服务的适应能力和应急能力，为居民提供全面且个性化的内容，是智慧社区平台的建设重点。比如，可利用"大数据"，在获得用户同意的情况下，读取用户在社区智能平台上经常浏览的内容，进行精准推送，例如，购物偏向于哪种商品、健身偏向于哪种运动等，让智能服务更"人性化"。与此同时，线下的社区服务体系建设也要跟进，以保证智慧服务供给过程中，系统完善服务体系建设，为社区提供高质量且稳定的服务。

7. 尾声

2022年民政部等九部门印发《关于深入推进智慧社区建设的意见》（以下简称《意见》），提出到2025年，基本构建起网格化管理、精细化服务、信息化支撑、开放共享的智慧社区服务平台，初步打造成智慧共享、和睦共治的新型数字社区，社区治理和服务智能化水平显著提高，更好感知社会态势、畅通沟通渠道、辅助决策施政、方便群众办事。

中国式现代化是全体人民共同富裕的现代化，切实增强人民群众的获得感、幸福感、安全感，加快实现易地扶贫搬迁地区融入新型城镇化进程，需要打造智慧社区，用科技为民生赋能。由于移民社区的复杂性，目前在数字赋能助力社区治理的过程中仍存在诸多挑战，需要我们一起去努力克服。卯家湾雨露社区的智慧平台向我们展示了数字赋能移民社群治理的窗口，为我国移民社区实现"搬得出、稳得住、能发展、可致富"目标提供了很好的借鉴和参考。

（三）思考题

1. 移民社区的基层治理有何特殊性？
2. 传统治理模式的优势在哪里？在移民社区治理中面临哪些困境？
3. 数字治理如何赋能移民社区治理？面临哪些挑战，怎么去克服，从而不断满足社区居民对美好生活的向往？

7-1 案例附录

7-2 《关于深入推进智慧社区建设的意见》

7-3 卯家湾社区服务智慧平台简介

二 教学手册

(一) 课前准备

1. 教师准备

(1) 整理云南省昭通市卯家湾雨露社区基本概况、治理困境、难点和治理举措，包括传统治理方案和特色数字赋能举措；

(2) 整理云南省昭通市卯家湾雨露社区相关调研数据、资料，并制作表格，方便学生课中观察讨论；

(3) 让学生自由分组，并选取组长、监督员、记录员各1名，发言员1~2名，其中组长负责整个讨论的统筹，监督员负责监督组内各成员的参与情况，发言员负责总结小组观点并在课堂发言，记录员负责记录本组和其他小组的观点。

2. 学生准备

(1) 阅读治理理论、数字治理、移民社区治理相关文献，对相关理论形成初步了解，清楚社区治理的内容；

(2) 学习掌握二十大报告中关于数字治理和社区治理的相关要求。

(二) 适用对象

MPA专业学生、行政管理专业学生、政治与行政专业学生。

(三) 教学目标

1. 知识目标

通过案例，在传统治理模式功能基础上，基于移民社区治理困境，帮助学生理解数字技术对移民社区治理在提质增效方面的功能意义、挑战和优化路径，深入探索基层社区数字赋能的举措。

2. 技能目标

在理解移民社区治理困境的基础上，引入数字赋能手段，引导学生主动探究应对方法，进一步思考数字赋能当前的挑战，锻炼学生分析和解决问题的能力。

3. 态度及价值观目标

就案例引导学生进行小组讨论，在讨论中让学生对数字赋能移民社区治理形成自己的态度及看法，并归纳成小组观点，提高学生创新思维和团队意识。

（四）要点分析

1. 传统治理模式遇困难

雨露社区依靠传统治理模式，已经构建起党建引领的"一核多元"治理格局，奠定了坚实的组织基础，但由于移民社区的特殊性，社区治理仍面临以下困境。

其一，人居环境难适应。移民从偏远高寒山区向具有公共服务设施的县城搬迁，生活方式发生了改变，移民的室外空间被压缩，很多依附于乡村空间的活动无法在城市空间中实施，人居条件适应困难。其二，生计模式难转。搬迁前，移民的生存技能主要是与农耕种养相关的农业生产技术，生计来源也主要是土地产出。入城后，原有生计空间流失，必须掌握城市生存技能，寻求城市生计来源，而仅依托自身能力水平很难掌握新技能、适应新工作。其三，社区网络难重构。搬迁后，移民从基于血缘关系和地缘关系的"熟人社会"来到城市社区，在短时间内，会遭遇城乡文化之间的冲突，移民文化认同感缺失，会因信仰、价值观产生分歧，影响获得感归属感，难以形成邻里团结、家庭和美、互帮互助、共同发展的良好氛围。其四，社区治理难参与。部分居民由于受教育程度和文化水平的差异，个体认知存在局限，民主意识薄弱，参与社区公共事务的意愿比较低。即使参与公共事务，也会过多地关注自身利益相关的事情。

2. 数字赋能助治理

针对移民社区治理困境和难题，雨露社区开发上线了"幸福卯家湾"智慧社区服务平台，目前已打造红黄绿、安居、乐业、文化、消息、融合、积分等模块，为搬迁群众提供"保姆式"服务，助力移民安置社区服务治理，促进易地扶贫搬迁居民"搬得出、稳得住、能发展、可致富"目标的实现。

智慧社区服务平台在具体应用过程中，利用"红黄绿"模块，实现分类分级精细化管理；"安居"模块打造"随访日志、心愿圆梦、有事找社区、民生亮灯图"等七个功能，帮助搬迁群众加快生活条件适应；"乐业"模块利用智慧社区服务平台与异地扶贫搬迁政策对接，加速移民生存策略调试，实现移民就业需求；"文化""消息"模块助力移民社区社交网络重构，通过营造良好的社区文化氛围，帮助易地扶贫搬迁群众更快适应社区生活，促进"村民"向"市民"精神文化的转变；"融合""积分"模块以小积分引导搬迁群众不断养成健康文明的生活方式，积极参与社区治理与服务，增强社区居民的获得感和满足感，促进易地扶贫搬迁社区共建共治共享目标的实现。

3. 数字赋能遇挑战

目前智慧社区服务平台能够实现民生摸排更精准、信息管理更精细、服务渠道更便捷，丰富了居民民生诉求渠道，拓展了居民社区治理参与渠道，在社区干部民生服务提质增效及社区居民参与治理渠道拓宽方面初见成效。但是，移民社区智慧平台建设目前停留在初级阶段，智慧社区未来发展目前存在挑战。

数字化服务智慧度建设方面存在服务场景需拓展、信息维护有短板的现实问题。居民在数字化治理服务参与方面，存在平台普及成难题、年龄屏障阻碍共享的发展挑战。在数字化治理的感知方面，存在交互渠道未畅通、精准供给难实现的问题。尤其是数字技术的发展使得生活数字化与人口老龄化之间出现差距，老年人成为数字时代的弱势群体，老年群体面临的数字鸿沟问题日益明显。移民外出务工情况较为普遍，故社区独居老人、空巢老人的占比较大，社区数字化治理的发展有困难。

4. 政策启示

（1）打造智慧共建共治共享平台，创建新型数字社区。数字技术的加入为共建共治共享的社区治理模式提供了新的思路。移民社区一般是集中安置的大社区，社区干部少、居民多，通过智慧共建共治共享，可以充分调动居民参与自治的积极性和主动性，而数字技术的加持让参与渠道更加多元，实现社区与其他部门之间的联网运作，实现居民与社区之间的双向互动。智能平台的建设提升各治理主体的协同作用，构建社区治理信息库，建立主体信息共享机制，解决问题及时有效，社区治理主体发现问题并报相关部门的效率提高。因此，从数字化治理能力入手，打造智慧共建共治共享平台，创建新型数字社区，形成党组织领导、政府主导、社会参与的综合治理体系，切实提高治理效能。

（2）缩小数字鸿沟，打通信息壁垒。移民社区是典型的"候鸟"社区，留守老人居多，是社区民生治理的重点对象，也是数字技术的弱势群体。党的二十大报告提出"实施积极应对人口老龄化国家战略"，为此，需要解决基础设备适老化的问题，也要充分发挥基层党员、社区工作者、志愿者的作用，帮扶和协助老年群体学习使用互联网智能技术，解决老年人多样化、个性化的需求，提升关爱老年人的能力，真正消弭数字鸿沟，实现智慧共享，不忽视每一个群体的需求，创建出符合时代潮流的新型数字社区，提升社区居民的获得感、幸福感和安全感。

（3）重视事前预防，打造智慧安全社区。社区安全是民生安全的"桥头堡"。习近平总书记强调"公共安全是最基本的民生"，党的二十大报告提出"推动公共安全治理模式向事前预防转型"。移民搬迁社区因其自身发展的特殊性，搬迁群众数量大、特殊困难群众多、人口素质差异大,在智慧治理中存在很多安全风险隐患。因此,注重事前安全预防是保护居民生命财产的重中之重。一方面,借助智慧社区已有的基础设置,完善相关感知设备,如视频监控、智慧门禁、人脸识别设备、车辆识别设备、烟雾传感器等,将采集的实时数据上传到智慧社区监管后台;另一方面,加强智慧平台的信息保护功能,保护居民的各项数据不被泄露,只有这样,才能真正维护社区安全,促进社区持久、和谐、稳定发展,助力移民搬迁社区"搬得出、稳得住、能发展、可致富"目标的实现。

(五) 课堂安排

1. 卯家湾雨露社区简介

云南省昭通市曾是全国贫困人口最多、贫困程度最深、脱贫任务最重、攻坚压力最大的地级市。地处云、贵、川三省结合处乌蒙山腹地的昭通,人多地少、山高坡陡、江河纵横、地质脆弱、灾害频发。贫困群众大多生活在深山区、石山区、高寒冷凉地区。为彻底解决"一方水土养不好一方人"的难题,昭通市因地制宜新建一批易地搬迁安置区,而卯家湾安置区则是当地规模最大的安置区,也是全国跨县搬迁建档立卡贫困人口最多的搬迁安置区,包括6个移民社区,其中雨露社区最大,共有安置房19栋,安置了鲁甸县、巧家县、永善县、彝良县和盐津县5个县2693户12693名搬迁群众,是一个包括汉族、回族、彝族、苗族、布依族等多民族聚集的安置区。

2. 介绍移民安置区社区治理困境和治理难点

首先,问题导入:你认为卯家湾雨露社区的传统治理模式在组织建设中奠定了哪些基础?移民社区治理面临哪些困难,传统治理模式能有效解决吗?

其次,归纳学生的发言,进行总结。

最后,对照学生的总结,引出卯家湾雨露社区治理存在人居环境难适应、生计模式难转型、社区网络难重构、社区治理难参与等方面的困境,同时,针对困境多、居民多且适应能力不强,而社区工作人员极少,突出治理的难点,从而引出数字赋能的必要性和紧迫性。

3. 介绍现状

介绍卯家湾智慧管理平台,借助其不同模块的功能,引出数字赋能助力移民社区治理所发挥的提质增效作用,核心在于引导学生思考:移民社区数字赋能的必要性体现在哪里?

4. 小组讨论

布置两个讨论题。其一，通过卯家湾雨露社区智慧管理平台，从卯家湾雨露社区传统治理模式的治理困境切入，思考数字如何赋能社区治理。其二，讨论上述智慧管理平台是否可以进行优化，以进一步提质增效。通过上述两个讨论题，引导学生进一步明确移民社区治理的困境、难点和有效手段。

5. 布置作业

将小组讨论的结果以报告形式上交。报告中除学生讨论的成果外，还需要学生搜集与此相关的政策，优化"幸福卯家湾"智慧社区管理平台的相关内容，探索数字赋能移民社区治理的合适化路径。

（六）其他教学手段

计算机 PPT 展示、小组讨论、报告模板。

本讲小结

本讲聚焦全国跨县搬迁建档立卡贫困人口最多的搬迁安置区——云南省昭通市卯家湾安置区，选取其中最大的社区雨露社区进行民生治理研究。研究发现，在党建引领之下，移民社区依靠传统治理模式，能够扎实地推进"一核多元"治理格局，但仍面临搬迁群众人居环境难适应、生计模式难转型、社区网络难重构、社区治理难参与等治理困境。引入数字化治理之后，在社区干部民生服务提质增效、社区居民参与治理渠道拓宽方面初见成效，但同时又面临智慧停摆制约数字赋能进程、参与不足减缓数字赋能扩散、感知薄弱降低数字赋能效力的现实挑战，仍需进一步完善。

本案例从提供智能保障、强化感知绩效、形成参与局势三方面提出数字化治理的发展朝向，对于易地扶贫搬迁安置区民生治理有借鉴意义。

第八讲　城乡融合，从数字融合出发[①]
——X县数字乡村建设案例分析

 学习目标

- 了解中国城乡二元"分治"的局面以及随着时代发展城乡差距变化的趋势；
- 认识到数字化对于城乡融合的新机遇，以及数字化在城乡间面临的不可避免的挑战；
- 能对如何进一步利用数字化推进城乡融合发展提出自己的建设性意见。

一　案例主体

（一）引例

中华人民共和国成立初期，为汲取工业化发展所需原料，我国建立起重工轻农、农村供给城市的二元经济结构，并通过严格的户籍管理制度来维系二元经济结构的稳定性，由此形成城乡二元"分治"的局面。改革开放以后，随着市场经济体制的建立与完善，二元经济结构逐步解体，城乡呈现融合发展的态势。虽有融合发展之势，但受到多种因素的影响，城与乡之间的差距早已扩大，缩小城乡之间的差距需要抓住时代发展的契机。

党的十九大以来，中央政府将"城乡融合发展"作为国家战略，统筹规划，全面推进。而伴随数字时代的到来，数字技术手段渗透到经济、社会发展的方方面面，解决城乡问题同样离不开数字化，以数字化赋能城乡融合发展已经是大势所趋。

H省X县地处位于鄂、湘、黔、渝四省（市）边区结合部，由于其地势险要，有"楚蜀屏翰"之称，X县总面积2550平方公里，境内山峦起伏，沟壑纵横，共有

---

① 案例采集：方堃、杨姗姗。

各类山峰 7300 余座，县内地形也多以山地丘陵为主，由于地理环境的差异，X 县城乡发展差异较大，2019 年城乡居民可支配收入相差 18000 元左右。X 县的经济发展也落后于该自治州的平均水平，以 2018 年的城乡居民收入为例，自治州的城镇常住居民人均可支配收入为 28918 元，农村常住居民人均可支配收入 14978 元，而 X 县当年的城乡居民收入分别为 27056 元和 10390 元均低于该自治州的平均水平。为消除发展差距，X 县启动"数字乡村与智慧县域融合发展工程"。通过坚持"四同步"（要素同步、产业同步、服务同步、治理同步），形成乡村与城镇的良性互动发展循环。

（二）案例描述

T 镇是 X 县内的一个贫困镇，地处 X 县西南部，T 镇辖 1 个社区、22 个行政村。与 X 县内的其他乡村一样，T 镇的各个村庄都有着丰富的自然资源及优秀的传统文化，如果充分加以利用，这些资源和文化将成为各乡村发展的重要推动力。但是，因为 T 镇各乡村地处偏远，与县城联系不紧密，T 镇各乡村的要素、产业、服务及治理都难以与县城同步。伴随着数字发展，T 镇紧跟 X 县智慧城市发展的步伐，将数字化引入 T 镇各乡村发展的方方面面。

1. 城与乡遥相望

改革开放后，城乡融合发展成为大趋势，T 镇在新上任的党委书记 Q 的带领下抓住发展时机，引导各乡村进行全面发展。Q 在对各乡村进行走访调查后，发现 T 镇种茶历史悠久，且文化底蕴深厚，便决定带领 T 镇内的种茶散户们一起开辟茶山、建立茶厂，准备打造属于 T 镇的茶品牌；并利用当地的文化，按照"一处世界文化遗产带活一个镇、盘活一座城"的思路，以文化为魂，以产业为体，把 T 镇文化遗址打造成国家文旅融合示范项目。同时，T 镇政府也逐步改善乡村公共服务和治理，Q 组建了以各村干部为骨干的村级服务小组，以镇党支部为中心，不断增强村级组织合力。在治理上，Q 也总结出了"五要"法则，即村民要知道、要参与、要做主、要监督，各村之间要团结起来，共同为改善乡村环境做出贡献。

然而因为种种困难，T 镇所做出的种种尝试效果甚微，具体原因如下。一方面，改革开放后城市企业正处于蓬勃发展时期，在乡镇办企业没有竞争力，且因山区偏远城、乡企业之间要素不流通，合作也难以展开。T 镇的年轻人大多为了生计都选择外出务工，村中大多都是留守的老人，劳动力缺失。多数村民的守旧思想难以转变，他们认为在自己家门口发展产业是不切实际的，原先种植的所有农产品都是自产自销，而如今要发展成产业，对于村民来说这似乎是难以想象的事情。另一方面，T 镇各乡村距离县城较远，信息阻塞，导致乡村与城市之间的公共服务供给不平衡，治理难以协同。T 镇的村民办理日常公共服务的程序繁杂，材料众多，通常要花费大量时间，有时甚至要跑到县城才能办理。这些都阻碍了 T 镇实现与县城同步发展。乡村产业要建设，旅游要开发，服务和治理要提升，可城乡之间的要素不同步、产业不同步、服务不同步、治理不同步，导致 T 镇的部署难以发挥效果。

为了改变这样的局面，T 镇一直在不断地努力探索发展的道路，直到信息时代、数字时代的到来。

2. 数字化新机遇

2010 年前后，T 镇时任党委书记 H 发现县城发展基本已经与信息技术、数字技术挂钩，不论是在经济上还是城市治理上，数字技术都促进了县城向智慧城市发展。智慧城市是指运用信息通信技术，有效整合各类城市管理系统，实现城市各系统之间信息资源共享和业务协同，推动城市管理和服务智慧化，提升城市运行管理和公共服务水平，提高城市居民的幸福感和满意度，实现可持续发展的一种创新型城市。H 也决定尝试将数字技术引入 T 镇各乡村的建设。但是，T 镇没有相关的数字技术人才，信息化基础设施建设不完善，需要投入大量的资金建设，对于 T 镇来说，将数字化引入乡村建设存在不小的阻力。找准问题后，X 县为 T 镇的数字建设提供了资金，以建设信息基础设施，并派遣技术人员下乡，与 T 镇联合开展信息化、数字化宣传。

在 X 县的政策及资金支持下，T 镇通过 X 县的电视广告将农产品尤其是茶品牌、旅游特色宣传出去。经过一段时间的广告宣传之后，慕名而来的人不断增加。在旅游旺季，T 镇各乡村景点迎来了大量游客，促进了 T 镇茶叶的销量上涨。但因为地处偏远，交通不便，传统的销售方式并不能够支撑 T 镇茶产业的持续发展，而后 T 镇又通过网络平台，将茶叶及其他农产品在网上进行售卖，通过快递的方式将茶叶送到顾客的手中，初步实现了农产品远销省外的设想。

T 镇党委书记 H 看到在 X 县的牵头和 T 镇的带领下，各乡村的产业发展逐渐步入正轨，感到非常欣慰，并认识到乡村的产业发展起来的同时各乡村的公共服务以及治理也应该跟上。为此，T 镇充分运用网络技术，与 X 县共同投资建立了政务网和村务网，构建了"政务网—村务网"信息服务平台，将村民的住房、就业、医疗、教育、土地承包等基础信息资料输入计算机管理系统，基本实现了上情下传，下情上达的要求。

3. 城与乡渐相携

2018 年，中央一号文件首次提出实施数字乡村战略，给 T 镇的数字化转型带来了新契机，T 镇在数字技术的介入下，发展更取得了长足的进步。T 镇利用数字技术发掘乡村优势自然资源，通过线上一村一品、视频直播、VR 实景导览等信息化应用，凭借 VR 全景 720 度三维立体平台，将产业园、特色农产品、文化旅游、古村落民居建筑、少数民族艺术等实景展现在观众面前，带领乡村"走出去"。在 T 镇的带领下，各乡村的茶产业持续地发展扩大，甚至已经成为 X 县的品牌产业。T

镇的产业逐渐壮大，吸引了不少外出务工的村民回到家乡发展。T镇P村的村民L在2012年为了生计外出务工，2018年回到家乡时，他看见家乡的茶产业发展得越来越好，却发现村里没有茶叶加工厂，村民只能把鲜叶送到外面加工、售卖，这样一来，不仅茶叶质量得不到保障，收入也不高。于是，L便萌生了自己开办茶叶加工厂的想法。在T镇政府的帮扶下，L投入了100余万元用于茶厂建设和设备引进。到了2019年初，L的茶厂开始运营，成为村里的第一个茶叶加工厂，一年能生产加工2000多公斤干茶叶。L介绍："有了茶叶加工厂，不仅解决了村民卖茶之苦，还可以帮他们把鲜叶加工成干茶叶。今年以来，茶厂共免费为村民加工鲜叶500公斤左右。"T镇P村二组的村民Z家中种植白茶5亩，以前村里没有茶厂时，只能拿到外村去加工或者直接卖鲜叶，由于交通很不便利，成本也增加了不少。Z笑着说："现在我只要把当天摘下来的茶叶放在茶厂，第二天就能拿到加工好的茶叶了，之后再通过电商平台就能将茶叶售出，真的非常方便。"在L的带动下，2019年以来，P村及邻村近1000名村民共同生产了500多亩白茶，促进乡亲们增收300多万元。2022年上半年，茶厂加工生产了1500多公斤干茶叶，短短20天就收入12万多元。T镇的发展不仅吸引了村民们回村，同样吸引了众多县城青年人才及资本的投入，为乡村的发展注入了新鲜血液，实现了城市与乡村要素的双向流动。

在乡村公共服务及治理上，T镇各乡村也逐步建立起数字乡村平台，并与X县内政务中心及省政务网对接，实现"数据上云，服务下沉"。当前，T镇已经归集录入了各村72%的农户的8类证照信息，包括身份证、户口簿、社保卡、土地经营权承包证、林权证、不动产登记证、营业执照、机动车行驶证，可实现高龄补贴、社保卡申领、证明事项开具等16个事项"零材料、零跑腿"的办理。T镇各村的数字乡村平台归集了家庭、人口、房屋、山林、土地、产业发展、务工就学等基础数据，把村民已有的证照转换为电子材料，为"农民办事不出户"提供数据支撑。村民办事只需进行身份认证，即可获取本户（人）所拥有的证照信息，无须再提供任何材料。T镇村民Y 10分钟不到就拿到了林木采伐许可证。他满脸笑容地说："现在不用来回跑，在家门口就可以办，很方便！"Y常给村民整修房屋，需要采伐木材。以前办证需要人工跑腿，得先在村里递交申请，再到镇里审核，最终由县林业局审批，来回至少要三四趟。现在群众不出村就能实现"一次办好"，这得益于城乡之间的数据互通。同时，T镇与X县之间搭建了城乡治理视频会议系统、"雪亮工程"视频监控系统以及综治视联网系统，实现了城乡跨层级的整合。T镇P村的老人C说："在过去，村中常常出现村民丢鸡丢鸭的情况，现在村里到处都有视频监控，这样的事情基本不会发生了。而且现在我们自家也装上了监控，还能通过监控与外出的儿女对话，我就感觉非常开心。"

4. 前路道阻且长

在国家一系列强农、助农政策的推动和X县政府的支持下，数字技术应用到T镇各乡村的建设之后，T镇各乡村的产业发展、服务质量、治理效果等方面都得到了提升。T 镇也从原来的一个贫困小镇蜕变成如今的高质量发展小镇，先后获得国家"农业产业强镇示范建设乡镇"、第九批全国"一村一品示范村镇"和"三产融合发展兴村强镇示范项目区"等称号，快速实现乡村振兴。

回顾 T 镇努力实现与县城融合发展的过程中，数字技术的发展是重要的推动力。一方面，数字技术在城与乡之间搭建起"数字桥梁"，实现了城乡之间的劳动力、资本、商品等要素的双向流动，推动了乡村产业的蓬勃发展。另一方面，智慧医疗、数字课堂、一窗通办等数字平台的搭建，给村民们带来更多的便利，提升了乡村公共服务水平。

但不可否认的是，城乡之间的发展仍旧有差距，产业发展和公共服务仍旧落后于城市。因为乡村的地势复杂、技术性人才匮乏和基础设施不健全等，数字乡村的发展仍旧处于发展转型初期。在 T 镇的大部分乡村中，大量的中青年劳动力外出学习、工作，造成各村留守人员年龄普遍偏大，这类群体由于学习能力较弱，造成数字技术学不会、用不来，普遍存在数字鸿沟问题。T 镇近些年在打造数字乡村、改善信息基础设施、培养乡村懂数字技术方面的复合型人才等方面下了很大功夫，但效果却不显著。T 镇要实现与 X 县的同步发展，仍任重而道远，实现城与乡的融合发展不能仅靠小镇一方，在国家战略的支持下，以城带乡，以工助农，健全城乡融合发展的体制机制是实现城乡融合发展的破局关键。

5. 乡发展城助力

T 镇各乡村和 X 县其他乡村的发展离不开 X 县的支持与助推，X 县通过启动"数字乡村与智慧县域融合发展工程"，坚持"四同步"（要素同步、产业同步、服务同步、治理同步），形成乡村与城镇间的良性互动发展循环。

1）坚持要素同步

一方面，利用大数据发掘农村优势要素。X 县将原有生态监测平台、智能垃圾处理平台等数字系统进行整合，打造"生态资源核算决策支持平台"这一"城乡智慧大脑"，为乡村优质生态资源收储、评估、交易等提供科学高效的手段，以形成数字生态优势，进而吸引大量城市资本、技术和人才等资源向乡村流动，推进资本下乡、土地流转，以及土地入市、科研成果入乡转化和回乡创业，实现要素平等交换；另一方面，随着数字乡村战略实施，把大量经济、政策和服务资源汇聚"云端"，实现城乡关键信息要素共享和数字公共服务智能化提供，以模糊向偏远乡村流动的要素的物理界限。

2）保持产业同步

首先，借助数字技术促进 X 县与乡村产业边界交融。在乡村层面，X 县通过数字乡村建设推进 X 县内农业数字化转型，将"数字农民"作为该县未来农业发展的主力军，延伸农业产业链，使之与县域第二产业有效衔接；在 X 县层面，积极吸收现代工业化成果向乡村农业与服务业延伸，促使 X 县内生产、生活、生态、旅游于一体的"都市型现代农业"涌现。其次，以加速全域信息化撬动城乡空间交融。X 县积极构建城乡产业一体化发展格局，在搭建信息共享平台的过程中促进城市数字旅游、数字蔬菜、社区团购与乡村观光农业、制造农业、创意农业深度融合，有效化解农产品加工粗放、产业融合层次低等瓶颈，提升农业价值链、附加值和发展活力，全力支撑农业农村现代化。其次，依托互联网思维推动城乡发展交融。该县在互联网＋的浪潮下勇于创新，逐步形成农业内部有机融合、全产业链发展融合、农业产业链延伸融合、农业功能拓展融合、产业集聚型发展融合等多种一体化发展新模式。

3）做好服务同步

X 县将城乡数据进行充分整合，并根据全域居民信息情况的公平配给，突破城乡户籍限制，着力推进城乡教育、医疗、社保等基本公共服务制度一体化、标准化，实现基于均等化分布、异地化使用的城乡电子档案统一管理体系，通过在线业务异地审批办理，逐步缩小城乡公共服务差距。以数字化、信息化、智能化为引领，依托海量数据和极致算法，打造城乡居民业务在线申报、集中审批、统一结办的智慧教育、智慧医疗、智慧社保等公共服务云平台——"城乡智慧大脑"，从而实现县域范围城乡数据全面感知，以及业务办理跨界集成、业务流程整合再造、业务事宜协同审批。

4）实现治理同步

以城乡共治共享为思路，X 县尝试应用人工智能、物联网等技术，依托大数据融合和算力支撑，实现城乡运行数据的实时跟踪和精准分析，打造城乡统一的数字治理中枢平台，切实提升县域综合治理能力和水平。一方面，X 县推进智慧云终端的党务、政务、财务信息公开和居民意见数字表达，畅通社情民意，提升城乡社会治理的自主性和创造性；另一方面，加强"城情""乡情"的治理云平台融合，构建城乡之间的对话端口，提升社会治理的综合性和协调性。例如，X 县在成立县综治中心的同时，一体建成县综治指挥中心，并建立应急指挥平台，接入综治网格化平台、政法专网视频会议系统、"雪亮工程"视频监控系统以及综治视联网和视频会议系统，形成统筹协调、实时监控、分析研判、应急指挥、远程调度多功能于一体，整合平安建设、维护稳定、基层社会治理、综治中心运行等内容的"综治中心＋网格化＋信息化"模式。

6. 结束语

城乡关系是人类社会矛盾运动的空间表达，人类发展史上若干次重大科技变革无不深刻影响着城乡关系，以 5G、物联网、大数据、人工智能、云计算等现代信息技术为引领的新一轮科技革命，不仅改变了城乡居民的生产和交往方式，而且正在从根本上变革城乡运行、治理和服务方式,城乡形态、结构和发展动力悄然发生变化,城乡融合发展迎来新契机。

(三)思考题

1. X 县在以数字化推进城乡融合发展的实践中有哪些创新?
2. 数字技术赋能城乡融合发展可能遇到哪些障碍?实施中应规避哪些困境?
3. 怎样进一步利用数字技术推进城乡融合发展?

8-1 《关于实施乡村振兴战略的意见》

8-2 2022 年新型城镇化和城乡融合发展重点任务

8-3 用"数字"推动乡村振兴

二 教学手册

(一)课前准备

1. 教师准备

整理实地调查报告和当地发展情况,并以多媒体形式呈现出来。对学生进行分组,案例介绍后分发访谈记录文件。

2. 学生准备

学生在课前应阅读与数字乡村及智慧城市相关的资料,并对城乡融合发展有初步的理解。

(二)适用对象

行政管理专业学生、MPA 专业学生、政治学与行政学专业学生等。

(三) 教学目标

1. 知识目标

通过案例使学生理解城乡数字融合发展存在哪些困难，以及 X 县如何通过数字化实现城乡融合发展。

2. 技能目标

在学生理解当前数字城乡融合发展难点的基础上，进一步引导学生思考推动数字乡村与智慧城市融合发展的实践路径，锻炼学生的概括总结能力和对问题的剖析解决能力。

3. 态度及价值观目标

让学生就案例进行小组讨论，在交流的过程中了解到通过数字技术精准对接城乡公共服务是城乡融合发展的重要目标，也是价值导向。

(四) 要点分析

数字技术的应用已成为城乡融合发展的关键，推进数字乡村建设，实现城乡基本公共服务均等化、标准化、普惠化具有紧迫性。数字乡村和智慧城市作为城乡数字化建设的主抓手，二者协同推进可有效促进新技术变革，从根本上缓解城乡二元结构。但具体实施还存在以下挑战。

1. 城乡二元结构突出，信息使用存在差距

当前，我国农村宽带覆盖率和移动通信设备普及率均已达到较高程度，但单纯的"网络进村"和"数字下乡"，不能与数字乡村公共服务高质量供给画等号。"智能技术及其配套的软硬件设施实质上是以一个客体、工具和要素的系统运作的。农民既是数据资源的使用主体，又是数字技术输出普惠效能的直接受益者，主客体所附带的多元信息需求及数字消费行为，是乡村公共服务的新增长点与促进数字经济供给侧改革的驱动力。"农村居民在数字内容上的使用主要是以通信和网络娱乐等基础类为主，在较为复杂的政务服务平台深度应用方面明显不及城镇居民。这与历史文化因素、社会风俗习惯以及当地居民受教育程度和人口老龄化等密切相关。近年来随着城镇化进程的提速，数字供给在服务策略、营销方向与用户定位上的非农化倾向加剧，村民信息使用不足与基层公共服务供给城市化转移的恶性循环强化了城乡数字鸿沟。

2. 数字化基础设施不完善，创新能力不足

一方面，数字化基础设施仍不完善。良好的"数字基建"是进行城乡数字公共服务融合发展的物质基础，但目前偏远乡村这方面短板明显，比如，虽然全国 4G 网络的覆盖率高达 98%，并已大范围推广 5G 网络，但偏远地区 4G 网络基站分布不均、信号较差，难以支持城乡公共服务数字协同。

另一方面，偏远地区城乡数字公共服务创新能力薄弱，具体表现为数字公共服务核心关键技术研发不足，数字创新意识不强。以 H 省 C 片区为例，近几年该地区万人获得国家专利 10.42 件，其中涉农国家专利仅有 3.85 件，民族地区智能制造和数字产业集群的影响力不够。

3. 数字技术人才匮乏，素质素养不高

城乡数字化协同格局的构建离不开人才的数字素养，就目前而言，偏远地区数字乡村建设的主体技术人员尤为匮乏，乡村数字化转型速度较慢。此外，数据安全的威胁持续存在。由于城乡数字公共服务整合了县域范围内所有居民的身份信息、自然地理数据、农业信息以及教育医疗信息等大数据，这些数据敏感且具有高价值，黑客会利用系统或数据库漏洞进行窃取，有泄露个人隐私的风险。

4. 政策启示

城与乡，数千年来守望相依。迈入数字时代，两者站在整体智治的同一起跑线上，朝着更智慧的目标携手共进。X 县坚持系统思维方法，把城市和农村的经济社会发展作为一个整体来统一规划、通盘考虑，推进"数字乡村"与"智慧城市"有机衔接，让乡村与城镇同步智慧起来，为协同推进新型城镇化与乡村振兴提供了切实的路径遵循。X 县的经验表明，城乡之间的优势可以互补，协调均衡发展是实现县域整体智治的根本途径。该案例启示我们，一方面要坚持培育乡村的"造血"功能，使"数字乡村"具备接入"智慧城市"的能力和条件；另一方面，要加强"智慧城市"的输血功能，通过外力辐射带动偏远乡村填平数字鸿沟，形成城乡之间共建共治共享机制和一体化发展格局。

首先，发挥自身优势，对接落实国家发展战略。乡村在面对数字化新一轮科技革命时，要积极发挥自身优势，主动对接和落实国家发展战略，弥补城乡公共服务不平衡、不充分的差距。一是将城乡数字公共服务一体化融入"东数西算"总体布局中，制定和出台符合地方政府数字化发展实际的政策措施，同时为东部数字技术的转移和投资提供便利。二是就数字城乡发展与发达地区展开对口合作，组团式学习和有效吸收成熟的智慧城市、数字乡村建设经验。三是结合国家重大区域发展战略，依托乡村在自然、气候等方面的独特优势，激发城乡数字化发展活力和效率，增强数字基础设施及公共服务协调性。

其次，消弭数字鸿沟，提升城乡公共服务能力。弥补城乡数字鸿沟的治本之策，就是孕育乡村内部数字治理资源，推动数字鸿沟向数字红利转变。一是弥补接入鸿沟。要以县城为中心枢纽，加大宽带网络的基础性投入，以新基建带动农村基础设施升级，加快入户移动宽带互联发展，切实缩小城乡数字发展差距。二是消除使用鸿沟。积极搭建"数字平台"，开展农村教育、医疗、社保、金融、旅游等数字化服务，推动数字平台使用普及乡村、惠及农民。三是解决能力鸿沟。建设一批切合乡村实际情况的现代化信息技术教学示范点与标杆基地，通过由点向线、面推进，加强对农村留守儿童和妇女、老年人网络知识的普及，全面提高农民获取、处理、创造数字资源的能力。

再次，加强政策扶持，缩小城乡数字融合差距。一方面，要在国家政策支持的基础上，以县为单位，开展省级数字乡村建设试点，试点选取过程中有所侧重地向欠发达县域，特别是原贫困县倾斜，以信息化建设促进扶贫攻坚成果的巩固，加快相关平台和信息资源实现多级覆盖，实现从国家、省、市、县向乡村贯通，包括政务服务平台、社会治理平台、党建网络平台、教育医疗信息资源等；另一方面，偏远地区要在公共服务均等化建设中对接网络产业，发展平台经济，制定鼓励平台企业运营的财政税收政策，吸引数字社会资金与技术，发挥"融媒体＋电商"在稳就业、保民生中的作用，提高"双循环"活力。

最后，引进各类人才，健全数字服务队伍。一要引得进。与沿海许多城市相比，偏远地区的一些县市在经济社会发展、产业布局等方面还存在不小差距，要想吸引人才投身数字化建设，必须鼓足改革创新勇气，在破除制度约束方面拿出诚意，坚持政策先行。二要用得好。骏马能历险，犁田不如牛；坚车能载重，渡河不如舟。偏远地区要引进真正需要的人才，特别是利用好"三支一扶"计划、西部计划、选调生等政策支持，把政务大数据管理、智慧金融、人工智能制造等紧缺人才引导到城乡公共服务岗位上。三要留得住。要加强相关部门、地方高校、企业机构等对接，加强数字技术社会化服务体系建设，在政策上给予下乡专家和创新人才较好的发展机会和福利待遇，实现"长久留才"，不断壮大城乡融合发展的数字化专业人才队伍，更好地发挥知识与技术的溢出效应。

（五）课堂安排

1. 介绍案例发生的背景

X县为H省下辖县，辖10个乡镇1个社区，263个村，有土家族、苗族、朝鲜族、东乡族、蒙古族、畲族等少数民族。境内山峦起伏、沟壑纵横，共有各类山峰7300余座，县内地形也多以山地丘陵为主。由于地理环境的差异，X县各地发展差异较大。在国家乡村振兴背景下，X县启动"数字乡村与智慧县域融合发展工程"。

案例中以 X 县中 T 镇的数字乡村建设为例，介绍 X 县在以数字化推进城乡融合发展中所强调的关键因素。

改革开放后，T 镇抓住城乡融合发展的时机，带领各乡村全方面搞建设。但因当时发展条件落后，发展并没有起色。直到信息化、数字化时代的到来。在 X 县的支持下，T 镇将数字技术引入乡村建设，在经济建设、公共服务方面都取得了不错的成绩，村民的生活质量和幸福指数得到提升。T 镇拥有如此转变，靠的是数字技术的推动，数字技术进一步促进了 T 镇与县城的融合。揭示课题：让乡村与城镇变得同样"聪慧"——以数字化推动城乡融合发展。

2. 介绍 T 镇以数字乡村接入智慧城市的过程

按照时间顺序，通过 PPT 将 T 镇通过数字乡村建设逐步推进与智慧城市融合发展的过程呈现在学生面前。首先介绍 T 镇如何通过数字化促进乡村的发展，描述数字乡村建设的创新过程。其次，介绍 T 镇数字乡村建设存在的困难。最后，介绍数字技术应用后城乡融合的成效经验，并总结其特色。这一部分对于其他民族地区或非民族地区实现城乡融合发展具有借鉴意义，需要着重介绍。

3. 介绍以数字化促进城乡融合的要点

通过 PPT、文献资料、补充案例等方式向学生介绍分析数字化城乡融合发展的阶段，分析运用数字化实现城乡融合发展的关键因素以及数字化在城乡融合发展中的重要作用。

4. 小组讨论

在小组讨论之前，教师应提出思考题：X 县在以数字技术推动城乡融合发展的实践中有哪些创新？如何运用数字技术推动城乡融合发展？通过思考题和学生手中的案例资料及访谈记录等促使学生与小组内其他成员交流和讨论。教师在适当的时机引导学生由浅入深地思考当前以数字技术推动城乡融合发展的实践路径，分别从城乡融合的困境、数字化在城乡融合发展方面发挥的作用来进行阐释。

5. 布置作业

将小组讨论的结果以报告形式上交。报告中除学生讨论的成果，还需要学生搜集与"数字乡村"建设、"智慧城市"融合发展相关的文献资料以及国家出台的关于城乡融合的相关政策。了解当前以数字技术助推城乡融合发展的阶段，撰写以数字城乡融合发展为主题的课程论文。

(六) 其他教学手段

计算机 PPT 展示、小组讨论、报告模板。

本讲小结

本讲介绍分析了 H 省 X 县为解决城乡发展差距，通过建设数字乡村以推动城乡融合发展的成效经验。随着时代的发展，智慧城市的建设使得乡村与县城之间的数字鸿沟逐渐扩大。为了消弭城乡之间的数字鸿沟，实现城乡的融合发展，当地政府将数字技术运用于乡村的建设，通过坚持"四同步"（要素同步、产业同步、服务同步、治理同步），形成乡村与城镇间的良性互动发展循环。

本案例展示了数字技术对于城乡融合的机遇与创新，并对具体实施过程中的挑战进行了分析，对 X 县的实践探索能为其他地区促进城乡融合发展提供借鉴。

第三部分

乡村振兴

第九讲 "新农人"如何成为"兴农人"?[①]
——C县农村创新创业的案例调查

 学习目标

- 掌握创业环境理论,了解"双创"战略在农村产业兴旺和乡村振兴中的作用;
- 掌握公共部门服务意识、服务能力及其对乡村创新创业的影响,探讨如何提高公共部门服务意识和服务能力,促进乡村创新创业和乡村振兴;
- 理解乡村创新创业的重要性,思考地方政府应如何进一步优化"双创"政策环境、助力乡村振兴。

一 案例主体

(一)引例

近年来,"创新驱动"发展战略为我国经济社会发展赋能。2014年,时任国务院总理李克强在瑞士达沃斯论坛首次提出"大众创业、万众创新"的号召;2017年,党的十九大进一步提出"乡村振兴"战略。理论和实践表明,产业兴旺是乡村振兴的关键,是增加农民收入、促进农民脱贫致富的关键所在,也是城乡融合发展的基础;而国家提出的"双创"战略,正是农村产业兴旺的必经路径。因此,受多战略交叉引领,农村创新创业吸引了大量政策注意力;各地政府更是积极行动,引导各类科技、人才、信息等资源向农业农村领域流动。

然而,与工业领域创新创业不同,农业农村领域的创新创业活动更容易遭遇各类

[①] 案例采集人:李红玲、周子露、周泓扬。

市场风险、自然风险和社会风险。相对来说，农业农村领域的市场化程度低，因此，更需要有政策为其保驾护航。

本案例选择 C 县城为调查对象，梳理了该县城多个创业者的经历，从中我们可以发现当地创新创业的政策环境。该案例对各地优化"双创"政策环境、助力乡村振兴，具有一定启示。

（二）案例描述

C 县城是位于 H 省西南部的一个少数民族聚居县，总面积 3430 平方千米，有土家族、汉族、苗族、满族、蒙古族、侗族等 23 个民族，其中土家族占比约 50%。C 县下辖 8 个镇、3 个乡，常住人口约 33.6 万。自从 2014 年 9 月李克强在夏季达沃斯论坛上提出要在 960 多万平方公里土地上掀起"大众创业""草根创业"的新浪潮，形成"万众创新""人人创新"的新态势，"双创"政策逐渐走进 C 县人民群众的生活中。C 县地处亚热带季风性山地湿润气候区，气候温和、湿润多雨，冬无严寒，夏无酷暑，气候条件优良，且自然风景优美，为当地产业发展提供了优渥的区位条件，吸引大量人才返乡创业，积极响应国家创新创业的号召。当地政府希望有更多人才返乡创业，促进当地产业转型升级，提升当地经济发展水平。

为达到吸引人才返乡的目的，C 县政府贯彻执行国家的系列"双创"政策。与此同时，也有大量人员怀抱对家乡的热爱及个人发展的期待，回到了 C 县进行创业。随着返乡创业人员不断增加，当地的创新创业政策在实施过程中暴露的问题也愈发明显。创新创业主体与当地政府在政策执行过程中各诉苦水。

1. 新农人的"双创"历程

1）案例一：张先生的返乡创业路

张先生是一名 90 后，C 县人，未接受过高等教育，完成高中学业后便开始外出广州务工。张先生的社会资本相对薄弱，也缺乏相对丰厚的资金积累。2021 年初，他遭遇了困境，因疫情防控需要隔离在家，失去了工作机会。在长达四个月的回乡时光里，他发现农村地区丰富的农业资源和相对广阔的市场。张先生所处的 C 县盛产许多农副产品，且这些农副产品拥有较高的品质，在互联网可以卖上一个好价格，但是由于乡村地区电子商务的发展相对滞后，农户缺乏独立经营的意识与能力，这些农副产品大多由当地两家较大的企业在电商平台进行销售。于是，张先生萌生了在互联网电商平台上独立销售当地特产的想法。一来，可以获得收入来源；二来可以化解就业难题，就地创业，不再背井离乡，从而更好地照顾家人。

2021 年 4 月初，张先生开启自己的电商创业之旅。其原计划在电商平台出售高质量蜂蜜、香菇、腊肉等当地土特产，但当完成营业执照等相关准备工作之后，张先生却终止了创业。主要原因有三个。第一，完成准备工作后已接近初夏，天气转热，身在农村创业的张先生难以找到配套的冷库设备。即便销量可观，基础设施的脱节也会制约农村电商的发展。第二，张先生的货源在村中，但村里交通条件相对较差，快递难以到达，他只能每天驱车前往邻镇的快递点发货，远距离增加了运营成本。第三，张先生缺乏其余劳动力的帮助，过于劳累，分身乏术，最终选择放弃了出售土特产的创业项目，外出务工了一段时间。

半年后，张先生振作起来，重新选择当地特色植物盆栽进行销售。与上一次的创业相比，张先生这次的创业之路走得更远，创造了连续半年月营业额超过两万元的成绩。究其原因，这次的创业项目是绿色盆栽销售，只需搭建好温棚，便能应对气候变化，因此摆脱了缺乏冷库等基础设施的制约。另外，张先生家中父母也不再外出到镇上打工，而是全力支持他，帮助他处理一些经营事项，节约了他聘请外部劳动力的成本，因此，压缩了成本空间，提高了利润占比。还有，张先生一家搬到了C县镇上亲戚家空置的房屋居住，这样一来，距离物流点较近，无须付出更多的运输成本。

2）案例二：唐先生的子承父业路

唐先生48岁，在进行创业活动之前就拥有相对稳定的工作与收入。唐先生创业前就职于某知名国企。唐先生父亲八年前创办了一个市级农业合作社，如今年事已高，有意让儿子子承父业。2019年，唐先生选择了离职，在选定的贫困村进行创业。唐先生主要做生猪养殖与蔬菜种植，打造种养基地，并种植药用百合150余亩。然而，他在创业过程中却倍感艰辛。

最初，他先养殖出栏猪约300头，养殖过程中的日常防疫、维护、配种等工作都需要他自己独立完成。但是，突如其来的非洲猪瘟让唐先生措手不及，长达一年的时间都处于亏损状态。虽然最终猪瘟平息，但是猪周期长期存在，谁也无法决定猪周期的长短，一旦下一轮猪瘟来临，唐先生也只能再次承受亏损。

不仅如此，在市场交易议价方面，唐先生也总发现自己处于劣势。他的养殖规模虽比一般农户大，但实际上仍然属于中小规模创业。这也就意味着，唐先生的产业并不具有很强的抗风险能力，当市场风险来临时，议价能力也因此降低，面对打击，束手无策。

最麻烦的是，C县缺乏较大规模的屠宰场，县里唯一的A级屠宰场距离唐先生的养殖地70公里，一进屠宰场，就相当于每头猪的养殖成本增加了近40元。唐先生坦言："如果不就近建一个大型的屠宰场，像我们这种三四百头规模的养殖场是非常难以存活下来的。"

2. 新农人的困境

1）动机不足，创业缺乏第一推动力

无论如何，前文所述的张先生和唐先生最终还是走上了农业农村领域创业的道路，其间也经历了激烈的心理冲突。正因为此，张先生才会在就业和创业之间多次往返，唐先生也曾经跟老父亲、妻子发生激烈的家庭争吵。

一般而言，创业主体选择下乡返乡"双创"的动机有两类，一是寻求个人独立与个人利益，创造个人价值、提高个人经济收入；二是受乡土情怀的驱动，为追求社会利益，做出社会贡献而进行的创业活动。简而言之，第一类动机的创业主体从事的是个人利益本位的创业活动，他们创业是为了在乡村中立足，满足个人最基本的生存发展条件，进而获得高质量生活。第二类动机的创业主体虽然也追求经济利益，但是他们不仅仅是为了实现个人利益，而是在实现社会利益的目标驱动下进行具有更深层次价值追求的创业活动。

显然，上述案例中，张先生代表的是个人利益本位的创业者，而唐先生代表的多为情怀驱动创业者。无论出于哪一种动机创业，在现实面前都遇到巨大挑战。

一方面，对于个人利益本位的创业者来说，其创业行动本身就对创业收益有较高的需求，希望借此改变自己的财务状况。显然，当新农人拥有的各类资本较为薄弱的时候，他往往也很难进行高层次、大规模的创业活动；同时，受相对薄弱的创业条件限制，创新创业规模和成果也相对微小。其经济状态可能很难得到明显改善，甚至可能遭遇更大的财务风险。正因为此，张先生才会在就业和创业之间切换，他说："我曾经在外地，把准备回家的行李打开又关上，关上又打开。"

另一方面，一开始就算是受内心创业激情驱使，怀抱着对家庭和故土的责任与热爱，这种激情和热爱也可能动摇。相对而言，只有那些拥有较多资本的新农人，才可能以情怀去创业，甚至敢于追求更高层次的创业活动，也可能创造更大的价值。但更多的情况是，当现实不利、梦想遭遇挫折时，难以接受，甚至彻底否定自己的选择。唐先生也曾经跟老父亲、妻子发生激烈的家庭争吵。

2）天使难寻，创业无法迈开第一步

无法获得创业资金扶持，这几乎是每一个创业者的痛点。

2021年夏天，张先生的创业再次遭受重创，由于资金链断裂，他的线上小店只能被迫停业。

"我卖的产品不是成品，产品附加值较低，盈利空间比较小。而且从事电商行业，流量很重要，而自己的创业只能算是小打小闹，比不上拥有更多流量的成熟电商，销量少很多，而且越来越不稳定。想扩大规模吧，最大的问题是贷不到款！"

经过核账，张先生发现，虽然销售额一度态势喜人，但这是建立在全家人的自我牺牲基础上的：老人放弃了务农收入来帮他处理经营事项；亲戚的房屋虽然没有收租金，但张先生觉得自己欠下一笔不小的人情债。把这些看不到的隐性成本加上去，他发现自己的经济账越发难看！

唐先生也面临着与张先生同样的资金问题困扰。他说："我现在大量缺乏自有资金，流动资金也严重不足。你要是说让我去申请创业贷款，像我这样的小户最多只能申请到20万的免息贷款额度，还是不能解决我的根本问题。去银行申请吧，前期创业我把家底都贴进去了，已经没有什么可以抵押的了，银行也不愿意贷款给我。"

县农村经营管理服务中心 J 主任表示："产业发展困难，C 县 80% 的经营主体发展艰难。目前企业创业贷款很难，创业初期既无资产又无收入，银行过分强调征信，难以有足够的创业资金启动项目。现阶段产业发展最大的瓶颈就是资金。"

原来，C 县曾经是一个贫困县，不久前才跟着大部队摘掉了贫困县的帽子。当地资源、人才等底子都较为薄弱。以传统农业为基础的经济，市场化程度也较低，产业发展困难，地方财政长期乏力，对农村创业也难以形成有力的支持。创业贷款申请困难，创业初期既无资产又无补助，创业第一步难以迈出。虽然当地有相关政策，可以为"双创"主体提供免息贷款，前提条件是有公务员对其进行担保，但是对于绝大部分经营主体而言，依然是非常困难的。像张先生这样，学历不高、年纪尚轻、人脉积累也较少的年轻人来说，确实很难申请到创业启动资金。

据 C 县农业农村局工作人员反映，贷款申请的流程类似于补贴政策的申请流程，C 县政府采用提交立项、专家评议、建档立卡、授予补助的流程，各个企业如果要申请，无一例外都要经过这样的流程，形成市场化竞争态势。

为此，不少创业者抱怨："我们的创业才起步，根本就拿不出什么实际成果给那些专家们评议，多数好想法没有现实支撑也只能被认为是纸上谈兵，有些政策实在是坑人。"相关工作人员也表示："这种市场化的竞争被引入政府部门内部，一定程度上能加强财务管理，确保资金的有效使用，但是也加强了地方申请资金的难度，导致农业科技创新发展受阻，挫伤申请人的积极性。"如果没有针对特殊群体的绿色通道，市场化竞争的程度会愈演愈烈，请不动专家、跑不了部门的创业者，即使有不错的想法也会被淘汰掉。

于是，由于政策性资金申请困难，公共部门自身也被中微型企业所诟病，被认为有意偏袒优势企业、背后有大企业操控，而对于"给点阳光就灿烂"的小微企业，公共部门如何真正体现帮扶作用，它们倍感压力。

3）市场难寻，创业找不到突破口

除了动机不足和资金限制，狭小的市场需求与销售渠道的闭塞也极大地阻碍了农村创业进程。

由于创业主体力量分散、难以形成规模和品牌化，因此目前其"双创"主体依然处于小农户和大市场无法对接的状态。特别是由于当地物流条件受限，而且在激烈的市场竞争中难以形成不可替代性，产品极容易被市场浪潮淹没。就像县乡村振兴局 W 局长说的："农民自身产品不具备竞争力，小企业也不具备竞争力，如果农民和小企业合作，小企业和大企业合作，小企业贴大企业的品牌，这对于小企业打开销路会具有一定的促进作用，但是大企业又不愿意和小企业合作。另外，虽然农村的创业机会很多，但是很多农村创业者缺乏创新精神，盲目跟风，创业只是为了解决生存问题，不考虑长期发展。有时盲目跟风模仿创业，导致创业同质化，缺乏竞争力，同时将行业整体风评降低，对行业长期发展产生一定冲击。许多人直接复制创业成果，导致行业竞争力下降。"

唐先生的养猪场在风雨中飘摇。好在2019年，得益于"832平台"的帮扶，他才获得一个喘息的机会。"832平台"是一个帮助贫困区域实现自产自销、竭力脱贫的帮扶平台，这个平台上会有专门的采购机构进行大量的农业产品采购，而这些农副产品来自832个国家级贫困地区，产品供需方可以通过在这个平台上的互动来推进贫困区域的经济增长，也能提升农副产品的品质和销量。

尽管"832平台"对于拓宽市场做出了巨大贡献，但是说到底也只是政策性扶持，难以形成持续性。作为创业者，唐先生坦言："这样的平台太少了。只有政府建设更多这样的平台，我们才能为销售打通路，缩短商品流通路径，减少商品流通的中间成本，缩短农商环节，真正实现利润的增加。"但是，平台的目的是在推进贫困区域经济增长的同时也能提高农副产品的质量与销量。

4）技术缺乏，创业难以上台阶

张先生的第二次创业之所以相较第一次更为成功，首先在于他另辟蹊径，选择了一个相对冷门、竞争力较小的产业。相较于第一次创业的土特产销售，从事盆景绿植栽培销售的创业者更少，当时这一市场尚未饱和。因此，这给了张先生机会。特别是他脑子活，采用电商销售，更是借由互联网优势为自己的事业加分，这确实给他带来巨大激励，他时刻提醒自己一定要审时度势，避免盲目跟随市场潮流，避免在同质化竞争中，让自己的小产业被海量竞争者压垮。

但是，在继续发展的过程中，他不断感受到技术力量不足带来的困惑。由于缺乏专业人员指导栽培技术，产品出现种类不齐、质量不佳等问题，加上电商销售专业知识不足，也错失多个机会。"我也想找专业团队，但这又是一笔大的支出，所以每次面对技术困惑时总是一拖再拖。"与此同时，他特别羡慕县里的某生物科技股份有限公司（Y企业），一个资本创业的成功典范。

Y企业成立于2007年，是一家专业从事魔芋亲水胶体、复配食品添加剂、魔芋休闲食品、魔芋餐饮制品、魔芋美妆产品、魔芋健康食品的研发、生产、销售的生物科技企业。公司在全球魔芋关键产区形成产销深度合作，与全球众多知名企业已达成长期合作战略，业务已遍布全球四十多个国家和地区。Y公司的优势在于具有突出的专业技术优势，现拥有55项有效、实用、新型的发明专利，故而能将魔芋种植指导、收购、产地初加工、精深加工、外贸出口、品牌经营融为一体。

Y企业的成功启示着张、唐两位创业者：摆脱传统的创业思维、以技术创新来实现科技成果的转化，这样才能让"双创"道路走得更远。但与此同时，如何引进技术、引进技术人员，这对新农人提出了较高的要求。

3. 来自政府的创业扶持

近年来，为支持创业主体，农业农村局、财政局、乡村振兴局等部门均有各种门类的渠道申请创业帮扶资金。对此，C县相关公共部门表示，民间的创业活力是很强的，60%的创业基金都在专业合作社。如果能给予他们更多的资金支持，他们带来的社会效益与经济效益都是可观的，不仅能增加地方税收，还能带动就业，推动民生向好发展。

1）政府人员有话说

但是，在创业补贴过程中确实存在着一刀切或其他各式各样的问题，导致补助资金没有发挥最大效能。

"现在的补贴政策没有分层，不好操作。比如说，有个创业户需要100万元，但是政府无息贷款最高额度是20万元，那么他就只能领到20万元补助，这个帮助其实对他来说作用是非常有限的；而有些规模更小的创业主体只需要10万元，那如果他也申请到了这20万元，就超过了他的预期，实际上有10万元没有去它该去的地方。"

"在审批项目的过程中，我们县级部门间协调不够，信息不共享，各自为政，公共部门间存在壁垒。例如，曾经有个企业同时享受了四个部门的贴息补助，单独看，他都没有问题，但这样重复申报显然不利于财政资金发放效率。"

"目前我们看到的有两类申请政府资助的创业者，一种其实谈不上真正的创业者，他们专门研究政策，套补贴；另一类才是真正苦心钻研如何成功创业的主体。可惜后者缺乏了解政策的渠道和机会，分身乏术，最需要补助却得不到补助。"

2）创业人员有话说

关于政策性资金，创业者也感到很窝火，长期觉得没有得到政府恰当的帮助，甚至感到政府有碍于自己的发展。

"虽说政府有什么补贴信息，都会在C县政务网站上进行公开，我们可以看到，但是难道我要天天把头埋在那海量的信息中，天天守着政策发布，然后咬文嚼字、苦心钻研政策利好吗？这现实吗？"

"我们对政府的公关事务不了解，不了解政策，也没有精力去申请政府的那些补助，因为过程非常烦琐，也很困难，所以我还不如选择把全部精力放在我的产业上，潜心钻研该怎么让自己的产业活下来。但是，仅凭自己的力量也很单薄，我们农产品企业缺乏市场呼吁力，缺乏竞争力，研究政策又耽误我的时间。"

"我之前想找政府资助我建一个冷库，我只是想要一个场地，其他设备费用我自己出，政府答应了。当我自己建了冷库，用了一年之后，政府又让我搬走，说这里要重新规划，导致我50多万元的资金打水漂，我很无奈。我现在觉得没有一个切合实际的可以支持我的政策。我如今最大的愿望就是政府少卡我脖子，不求能帮我什么，让我潜心活下去就好。"

另外，创业者表示，自己的产品缺乏市场，不全是产品自身原因导致市场狭小，而是因为产品的知名度不够高，缺乏品牌效应与竞争力，他们迫切希望能够在政府的帮助下，助推更多产品走出去，这恐怕比输血式的资金补贴更有意义。

3）来自社会的创业扶持

对于创业者提出的困难，政府部门有时也无法一一回应。确实，农业创业本身就是一个充满风险的过程，同时农业创业也难以做到及时止损，仅仅靠有限的公共资金，很难获得足够的支持。

对此，创业者 G 先生表示认同："农业风险非常大，因为生产周期长，受自然因素影响大，不可控因素诸多；投入大，收回慢，且不能及时止损；如果今年大家都丰收，产品价格低，难以收回成本，这种情况下，我们的日常维护也不能停，只能看着赔钱；销售渠道一旦没打通，产业越发处于亏损状态。"

为此，C 县政府试图为创业者引进社会化的农业保险和期货，从而让他们的损失降低。但是金融公司来到 C 县进行考察后纷纷离开，因为基础设施不到位、产业规模不理想，他们也不愿做这样高风险的买卖。这时，政府人员只能表示："基础设施的建设也不能全靠政府，政府能解决一部分，但是不能解决全部，还是要靠社会力量拉动。只有更多的人回到家乡，建设家乡，家乡才会更好。"

4. 尾声

2022 年 7 月末，C 县政府邀请了几位极具代表性的草根创业者参加座谈会。会上，创业者表达了自己内心的愿望。

"希望有更多像我这样的小户能够联合起来，抱团取暖，共同增加我们的抗风险能力；真的希望基础设施能够完善，助推我们这样的中小型企业创业者能够遍地开花结果。"

"农业产业好像我的一个孩子，他调皮了不听话了，但是我不能丢下他不管了。所以还是会坚持做下去，在农村把农业做强做好。"

"我们这些中小规模企业的创业者是最具活力的，我也在努力将自己的产业做好，我也觉得在中国，我们这样规模的企业发展起来了，遍地开花了，中国就稳了。"

荒原之上如何开花？政府如何打造良好的"双创"环境，如何吸引更多优质资源向农业农村领域流动，吸引年轻人回到故土，振兴家园？

（三）思考题

1. 什么是创业环境理论？它在农村产业兴旺和乡村振兴中的作用是什么？
2. C 县创新创业政策在实施过程中出现了哪些问题？如何解决这些问题？
3. 如何提高公共部门的服务意识和服务能力，促进乡村创新创业和乡村振兴？

9-1　C县简介　　　　　9-2　实地调研访谈频次表

9-3　以路为"桥"　　　9-4　激发"双创"活力
　　　富民强村　　　　　　　促进乡村振兴

二　教学手册

（一）课前准备

1. 教师准备

整理实地调查报告和多方访谈，并以多媒体的形式呈现出来。对学生进行分组，并于案例介绍结束后分发访谈记录文件。

2. 学生准备

学生在课前应阅读与基层政府治理相关的资料，并对基层政府治理、农村"双创"政策有初步的理解。

（二）适用对象

MPA专业学生、行政管理专业学生、政治与行政专业学生。

（三）教学目标

1. 知识目标

通过案例使学生理解农村"双创"政策实行过程中的困境与推行难点以及农村"双创"的困境背后深层次的原因。

2. 技能目标

在学生理解当前农村"双创"政策运行现状的基础上，进一步引导学生主动思考摆脱当前困境的方式和方法，锻炼学生对问题的剖析和解决能力。

3. 态度及价值观目标

让学生就案例进行小组讨论，在交流的过程中对农村创新创业形成自己的态度及看法，进一步激发学生的兴趣。

（四）要点分析

李克强总理提出要在 960 多万平方公里土地上掀起"大众创业""草根创业"的新浪潮，形成"万众创新""人人创新"的新势态后，农村"双创"也在以蓬勃之势发展。表面上看，国家与地方制定的"双创"政策能够切实地保障创业者的权益，而在"双创"相关政策运行过程中却暴露出一系列农村创业营商环境存在的缺陷，同时也暴露出农村公共部门治理能力与服务能力的短板。创业主体与公共部门间存在着无形的壁垒，创业主体也无法得知公共部门的优惠政策，导致行政效率与公信力下降。在本案例中，农村"双创"之难，不仅涉及公共部门治理现代化能力的不足，也包含着公共部门自身职能定位不清晰等众多因素。

从创业环境理论来看，农村"双创"从以下多方面需要得到完善：政务环境、金融环境、市场环境、基础设施及配套、公共服务环境（含教育培训、创业文化、科技成果转化、社会保障等）。但总体来说，这些创新创业要素在本案例中体现得不多，甚至有些方面还存在明显短板。

（1）政府综合服务能力不足。创新创业涉及很多方面，比如土地申请、基础设施建设、贷款补贴、人才劳动力引进等，特别是创业初期，创业者在这些方面一般需要向政府各个职能部门寻求帮助。创业过程中，无论是哪个环节出现问题，都会对产业发展起到一定的阻碍。由于缺乏明确的产业发展规划和城乡建设规划，C 县政府在土地回收与补偿的问题上与多个企业家纠纷不断，企业家在政府与自家企业间往返跑，既浪费时间，又不能从根本上解决问题。企业家对政府的预期与政府实际提供的服务之间也存在差距，因此造成企业家对政府的不满。因此，C 县当地政府要打造好的创业环境，就需要提高综合服务能力。

（2）政府各部门间合作程度不够。政府各部门间的合作是实现政策协同的基础。例如，某企业会同时享受到四个不同公共部门的财政补助，部门却无法及时察觉，即使察觉了也不能从制度上进行约束，这显然是资源浪费的表现。因此，在现阶段，各部门需要加强合作交流领导机制、过程交流合作机制、资源信息共享机制等，完善信息制度，建立统一的信息标准，争取在信息资源、人力资源、检测资源、监管结果等四大领域展开实质性的合作，优势互补，为当地创新创业提供高效的服务。

（3）部分创业政策内容难执行。以创业贷款为例，按照当前制度要求，企业家需要找到公职人员作为贷款担保人。这对创业者形成了极大的压力和挑战。因为农业创业风险大，资金回笼难度大，因此一旦创业失败，贷款无法按期偿还，会对担保人的职业生涯产生影响。因此，如何进一步完善贷款担保制度，让更多的人敢于贷款、贷得到款，才是问题的关键；此外，迫切需要建立分层次的创业资助制度，不能采取当前一刀切的方式，否则只会导致"旱涝不均"，难以发挥资金的使用效率。

（4）基础设施建设不足以支持农村"双创"。与城市地区相比，农村拥有更廉价的劳动力与地租，自然资源也更丰富。这些都是农村创业可以依靠的独特的区位条件。但是，农村创业面临得更多的是限制性因素。一是道路等传统基础设施问题。以农村电商发展为例，物流的最后一公里问题困扰着创业者。有时候，从村到镇或许只有十分钟的车程，但是由于农村地区居民居住得比较分散，快递往往难以上门服务，而需要创业者自己想办法将货物送往镇上的快递点发货，这对于本就薄利的农产品而言，无形中又一次压缩了营利空间，增加了成本。二是现代信息交通问题。与城市地区相比，农村地区因相对的封闭性与落后性，使得许多信息、资源存在极大的不对称性。在价值创造的过程中，农村地区的生产活动容易受到资源条件的限制，进而制约生产率。农村地区缺乏专业化的企业经营活动，且当地原材料供应不足，进而使得产品对市场需求的变化反应迟钝，市场对其接纳度较低；同时，产品知名度低，难以形成品牌效应、获得长期稳定的消费者需求，进而阻碍新农人成为兴农人。

（5）创业文化依然匮乏。创业者自身因素也是制约新农人向兴农人转变的重要因素。发展经济学认为，传统农业要想转化为现代农业，必须引进现代生产要素，这要求农村创业者必须利用先进的生产要素改造传统农业，从而助推农业的现代化，让新农人真正成为兴农人。这对农村创业者提出了较高的要求，要求他们具备管理意识与理念。第三次农业普查数据显示，截至 2016 年年底，在农业生产经营人员中，大专以上文化水平的人口占比 1.2%，高中或中专文化水平的人口占比 7.1%，初中以下文化水平的人口占比 91.7%；在从事规模经营的农业人员中，大专及以上文化水平的人口占比 1.5%，高中或中专文化水平的人口占比 8.9%，初中及以下文化水平的人口占比 89.6%。对于绝大多数传统农人来说，囿于自身社会视野的局限以及所掌握社会资本的薄弱，他们难以依靠自身力量识别与创造创业机会，更无法构建一个新兴产业。新农人们渴望长期发展，却又缺乏战略眼光，期待发展突破，自身技术却难以达到，这些创业者自身的局限因素，都在阻碍着新农人向兴农人发展的步伐。

（五）课堂安排

1. 介绍案例发生的背景

本案例发生在 C 县，是 H 省西南部的少数民族自治县，C 县下辖 11 个乡镇，共 154 个村、6 个社区、965 个村民小组，常住人口约 33.6 万，于 2020 年 4 月摘掉贫困县的帽子。2017 年起，C 县开始逐步出台各类政策来推动农村"双创"的实施，吸引了大量创业者返乡进行创业，创业过程中产生了许多问题，创业者和政府双方都无法有效解决这些问题，这在一定程度上影响了当地经济的发展。揭示课题：各种创业问题到底是由什么原因引起的？

2. 介绍迄今为止 C 县创新创业政策执行过程实况

按照时间顺序，通过 PPT 将矛盾呈现在学生面前。先介绍 C 县的相关创业政策，来展示 C 县公共部门的政策初衷及执行概况。再以创业者视角对创业经历进行阐述，评价相关政策，同时展示公共部门人员对政策的看法与评价，使学生对新农人成为兴农人的矛盾有一个立体、全面的认识。然后，展示不同创业主体创业过程的艰难，进一步引出创业者对于公共部门"不作为""乱作为"的不满，新农人成为兴农人的艰难进一步显现。案例中的矛盾冲突在创业者与公共部门的座谈中迎来高潮。同时，以公共部门的回应来展示其"不作为"。这部分的核心在于，通过双方的视角转换来表现创业者与公共部门在"双创"过程中社会多方主体在面对矛盾时的差异。

3. 介绍现状

C 县这片小小的土地上，仍然孕育着巨大的"双创"种子，草根创业者的故事还在继续。C 县公共部门在未来的工作中，是提高公共服务能力，做好守夜人，还是继续卡脖子，阻碍这片土地上的创新创业者前进的步伐，仍然充满着未知。

按照问题的类型，通过 PPT 将各个问题一一呈现在学生面前。

4. 小组讨论

在小组讨论之前，教师应提出思考题：新农人难以成为兴农人的深层次原因为何？应怎样完善农村"双创"相关政策，如何提高公共部门的服务能力？通过思考题和学生手中的访谈记录来促使学生与小组内其他成员的交流和讨论。教师在适当的时机引导学生由浅入深地思考农村创新创业困难的原因，分别从公共部门服务能力的缺失、农村自身创新创业环境的不足、创业者自身能力的局限性等角度来进行阐释。

5. 布置作业

将小组讨论的结果以报告形式上交。报告中除学生讨论的成果，还需要学生去搜集与此相关的政策，了解国家对农村"双创"的态度、看法及解决措施。

（六）其他教学手段

计算机 PPT 展示、小组讨论、报告模板。

本讲小结

本讲展示了 C 县农村在"双创"政策贯彻落实的过程中，其相关创业政策、公共部门服务意识与服务能力的演变。本讲首先通过农村创业案例，揭示"新农人"在返乡创业过程中存在的困境，如缺乏创业动机、缺少创业资金、销售市场封闭、技术落后等；然后讲述了政府扶持层面，C 县相关公共部门存在不公平的政策待遇伴生的补贴政策倾斜，政策间不兼容，公共部门间壁垒高筑、信息不共享，服务意识淡薄与服务能力较差等问题；社会扶持层面存在缺少社会资金助力等问题，导致农村创新创业缺少适宜的社会环境，严重影响了当地乡村振兴的进程。

案例表明，"双创"政策在农村地区的贯彻仍然存在较大问题，需要从政务环境、金融市场、基础设施、公共服务环境等方面进行提升。提升政府综合治理能力，加强相关部门间的协作，打造高效性政务；同时，完善相关创业政策和基础设施建设，打造良好的农村创业环境。C 县在农村创新创业推动过程中暴露的问题，也是广大农村地区在乡村振兴发展道路上共同面临的问题，要运用合理的理论进行针对性的处理，才能进一步推动乡村振兴的发展。

第十讲 "村、企、民"共治理,乡村发展可持续[①]
——以 L 村乡村旅游产业发展为例

 学习目标

- 了解基层党建引领在乡村旅游发展中的具体实际和作用,分析 L 村基层党组织在乡村旅游产业发展中的应用;
- 掌握多主体协同参与乡村旅游发展模式,能够分析 L 村开发企业、村集体、农户的利益联结与协调机制,实现利益"共享"的实践经验;
- 理解乡村社会治理体系的构建与现状,分析"三治合一"乡村社会治理体系的实现路径,总结并运用实现"共治"的实践经验。

一 案例主体

(一)引例

乡村治理是国家治理的重要部分,要实现国家治理体系和治理能力的现代化,就不能忽视乡村治理的推动作用。乡村旅游发展是全面推进乡村振兴的关键力量,要实现乡村旅游可持续发展,离不开党建引领、组织协同、村民参与的多元主体共同治理。

L 村重新定位自身优势,凭借优越的旅游资源,决定走旅游带动农村发展的道路;依托现有资源优势,进一步开发利用,将农业经济发展由局限单一的农业种植转变为多头并进的新发展格局,将传统农业向生态化、服务化转型,带动农业、旅游、零售和食宿等产业的全面发展;同时,依托村集体企业、村委会管理、村民参与的多方协同治理机制,对村落特色、农业生态、休闲餐饮、观光旅游等进行资源

[①] 案例采集人:李伟、李贝。

整合，有效盘活旅游资源，打造特色旅游景点，有效带动 L 村经济快速发展，实现乡村旅游可持续发展。

（二）案例描述

L 村在旅游景区开发前，因地处偏远，耕地面积少，贫困人口多，是百姓眼中的"后进村"，村中 70% 人口常年在外务工。近几年来，L 村积极发挥村党支部的领导力量，走出了一条"村、企、民"共商、共建、共治、共享之路，先后获得市"争先创优先进基层党组织"、全省第四批"新农村建设示范村"、首批"宜居村庄""生态村""全国乡村旅游模范村""省级文明村"等多项荣誉，具有一定的示范意义。

1. 山多地少欠发展，村庄逐步空心化

改革开放前，农民收入以农耕经济为主，L 村山多地少，仅靠农业作为生活来源，村民生活极其艰苦。那时候沿河两岸都是幽深的山谷，村民出行只能在半人高的野草间、在陡峭的山石上走出一条路来。据村中年迈的老人讲述，那时山谷中曾经有野猪出没，伤人事件时有发生。1966 年实行全村改田，这一措施奠定了村庄发展的基础。

20 世纪 80 年代，改革开放的春风吹遍祖国大江南北，虽然 L 村受到的直接影响不大，但包产到户政策的实施大大提高了农民的生产积极性；种子、农药、肥料等生产技术的改变更是促进了农业的大发展。但由于地理区位的局限性，L 村的发展仍然十分缓慢。

到 2000 年，L 村总人口已达 2000 多，留在村中的只有 900 余人，外出务工的比例高达 60%，L 村几乎已成"空心村"，基础设施建设投入艰难。在这一阶段，L 村还是出了名的贫困村，基础设施、教育医疗条件落后，村民们只能以传统农业作为支柱产业，日出而作、日落而归，家庭经济压力大的青壮年也会外出务工，赚取家用，那时村庄的面貌与现在不能相提并论。

2. 定思路，打基础，招商引资谋发展

M 书记是 L 村第七届、第八届村党支部书记，任期为 2008 年至 2013 年。M 书记于 2008 年底回到家乡后，展开全村情况调查，经过一段时间上山下地、挨家挨户的走访，总结出村庄发展存在的四大问题，一是农户思想封闭落后，耕地较少，种植困难，且山高林茂，沟壑纵横的自然资源被村民认为是穷山恶水；二是基础设施滞后，出行不便，与外界交流更是举步维艰，三是产业无龙头，缺乏科学规划，难以发挥自身优势；四是农民生活无盼头，缺乏投身于乡村发展中的积极主动性。

经过多次协商讨论，新一年的工作计划最终制定完成，2009年工作重心主要有三点：建阵地，扶龙头，打基础。在这一年里，M书记为L村争取到水土保持项目、文化路等项目，共计800万款项，L村启动道路硬化、坡改梯等工程，打开了改造新农村的突破口。基础设施建好后，村民的生活条件逐渐有了改善。这场翻身仗的胜利，让L村的村民们有了对未来新生活的美好憧憬。

M书记多次提到，要有长远的奋斗目标，维护和坚持全局规划不动摇，"东一榔头西一棒子"的建设不会有成效。在M书记带领下，村庄完成一组120亩坡田改梯田及相关配套工程；完成4个组的电信宽带网络建设；架通广电宽带，9个组农户开通智能广播。这一年，省直机关工委干部首次到L村联系开展"城乡互联，结对共建"活动。次年年底，省直机关决定将L村纳入全省小康工作队联系村，同时将L村定为全省"三万"活动帮扶村，这对L村近几年经济社会发展起了至关重要的作用。

3. "村、企、民"协商共谋，注重科学发展与民主决策

L村在乡村旅游产业发展过程中，以村党支部为核心，依托村民会议、村民代表会议、村民议事会议等多种形式，多方引智共谋乡村发展，逐步形成了民事民议、民事民办、民事民管的多层次基层协商格局。

1) 定目标：基层组织民主协商

起初，时任村党支部书记的M书记带领村"两委"干部展开村情调查，摸清家底，发现农户思想封闭落后、基础设施建设滞后、无产业无龙头企业与农民发展无盼头是制约本村发展的四大问题。经过广泛征求农村党员、村民小组长、村民等多方意见，村"两委"多次协商讨论，最终确定"建阵地，扶龙头，打基础"的工作重心。2010年L村在进一步调研谋划与民主协商的基础上确立了"生态立村，旅游兴村，产业富村，文化活村，队伍强村"的"五村"工作思路。

2) 定路径：借助外力支持科学决策

2011年起L村被纳入全省小康工作队联系村和"三万"活动帮扶村，L村积极主动对接"三万"工作组，介绍村情、反映诉求、寻求帮助。"三万"工作组通过进村入户，倾听民声，了解民意，提出了关于L村产业发展、环境治理等方面的意见，L村通过"三万"工作组将相关问题反馈给省直机关相关部门，相关部门采取措施来解决相关问题。此外，L村注重借助专业部门的力量，引入科学的规划理念与技术，结合本村实际与旅游扶贫发展规划对接，聘请对"农旅融合"有专门研究的W大学专家，根据相关专业人员提出的"农旅融合"发展模式的建议，编制了L村乡村旅游与村庄建设规划，并始终坚持规划引领，做到不越生态红线、不越耕地红线、不越规划底线，科学谋划L村的每一事项，从制度设计着手精心做好每一件事情。

3) 谋发展：村企共谋共商确定产业规划

在招商引资过程中，L村对资本并不是一味地妥协，而是秉持集体利益原则与开发商共谋共商景区发展。在集体利益引导下，L村在与开发商的谈判中占据了主导地位，在景区建设开发与运营管理过程中，确立了不定期的议事协商机制，共同面对协商解决景区建设与运营中的问题。开发商在景区发展规划与市场营销上更具专业优势，村集体在村情民情、乡村协调管理上更具地缘优势，通过景村共谋共商，发挥各自优势，优势互补，形成合力。

4) 定大计："一事一议"全民共商

对涉及村庄的重大决策和公益性事务，采取"一事一议"的方式民主协商。在景区建设之初，为确保项目快速推进，L村通过"一事一议"，先建后征，勇破征地难、项目落地难的难题，极大地增强了投资者的信心。采取"一事一议"的方式，全村表决通过了增加村集体企业资金投入、"美丽乡村"五个项目建设、助学育才实施方案等重要事项的决议。L村"一事一议"制度实践，增强了村民的集体意识与主人公意识，提供了村民参与村务治理的平台，促进了村民的自我管理、自我服务能力；通过筹资筹劳，提高了村庄基础设施水平，加快了公益事业发展，改善了人居环境。

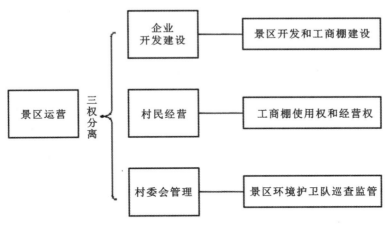

图 10-1　景区三权分离示意图

4. "村、企、民"三权分离（图 10-1），利益分享共营景区

建设初期，因为景区开发，地方获得一定的资源占用补偿，被征地农民获得征地补偿金。同时，开发企业优先录用本村村民参与景区的建设运营。在景区运营过程中，景区与村庄创新机制，实现利益协调与共享。2016年景区企业与L村达成初步意向：景区门票收入归开发企业，景区工商棚由景区企业负责开发建设，景区具有工商棚的所有权；工商棚建成投入使用后，由景区出租给L村村民，

L 村村民作为租户享有使用权与经营权；工商棚租户租金全部交给 L 村村委会，L 村村委会享有工商棚及租户的管理权，全权负责工商棚经营户的准入、退出、培训与管理，具体委托村集体企业执行。在景区工商棚管理上实现了 L 村主管、景区开发企业监管、商铺租户协管的"三位一体"管理模式。村委会牵头，村集体企业、开发企业、经营业主、村民等多主体参加，通过协商协调的方式解决景区运营过程中的问题。

随着景区的建设发展，把景村共建当作景区和村委会的发展战略来对待，村集体企业承担村里全部及景区内部分旅游服务配套管理，村集体组建了旅游发展环境维护工作队，全天候巡查、监管，确保旅游综合环境保持在最佳状态。全村累计发展农家乐 52 家，最高年收入已突破 20 万元大关，依托村集体企业的村级集体年纯收入达 30 万元。通过村委会和景区的培训引导，农民转型提升的步伐不断加快，具有地方特色的土特产很快转化为旅游商品，满足不同游客的需求。景村通过实施景区安置就业一批，依托旅游服务产业链的延伸积极扶持一批，发展壮大村级集体经济吸纳一批，超过 300 人从事旅游产业链上的各个就业岗位，劳动收入稳步提高。

公开招租景区工商棚，租金归集体所有，共收到租金 19.4 万元，全部用于全村 1581 位居民的医保费用，每人 150 元，共交近 24 万元，村民的获得感、自豪感进一步增强。与此模式类似的还有，景区出资在半山腰架起了山间餐厅，由村里的旅游公司自主经营，赚取利润作为村集体收入。村委会方面，聘请了两名村民担任景区内的维护队员，负责商铺占道经营的管理、商铺与餐厅收费价格的监督、"黑车""黑导"行为的打击等工作，维持村民在景区内依法依规开展经济活动，为景区的健康持续发展营造良好的氛围，全力发挥管理职责。

景区内工商棚由村控股企业所属，公司统一规定，统一管理，统一供货渠道，产品的价格和质量就都有了保障。景区农家乐餐饮住宿统一价格，遵循《农家乐服务公约》，自觉维护景区形象，24 小时接受游客监督投诉，通过乡规民约打造不宰人景区，在菜品、住宿上突出土家族特色，让游客吃得开心，住得舒心，消费不闹心。

近年来，随着互联网的进一步普及，景区被越来越多的人所熟知，小众景点摇身一变成为热门景点，吸引了越来越多的游客，游客入住成为新的发展契机。2020 年以来，L 村鼓励村民将闲置房进行改造，坚持党组织引领，村企一体，共同发力，打造出具有本地土家族特色的民宿，满足游客的多样化需求，让乡村旅游发展进一步提升。同时，景区开发企业发挥市场机制的作用，利用营销广告优势打造景区的品牌效应，村集体企业积极协调相关部门开展民宿活动、共同打造景区品牌。

5. "村、企、民"协同共治，打造和谐社会

为确保更好更快地发展产业致富群众，通过依法治理、健康发展的全面实施，

使全体村民的文化治理知识得到普及，全村无一人上访，办事不出组，大事不出村，乡风文明建设跨上了新的平台。

首先，文明创建条约化。一是以村规民约来规范。景区农家乐餐饮住宿统一价格，遵循《农家乐服务公约》，自觉维护景区形象，24小时接受游客监督投诉，通过乡规民约打造"不宰人"景区，在菜品、住宿上突出地方特色，让游客吃得开心，住得舒心，消费不闹心。二是以十星文明户创评活动为载体，积极开展各项文化、法律知识、生产技能活动，充分调动村民的积极性，不断强化自我发展、自我管理的意识。三是在村委会宣传栏上张贴"文明创建红黑榜"，展示优秀村民的先进事迹和不良行为。

其次，公共服务网格化。一要落实"一岗多责，一员多能"的服务。村主任助理负责村综合服务，既是人民调解员、法制宣传员、信访代理员、综治维稳信息员，又是流动人口信息采集员、民情民意快递员、社会事务服务员。二要强化社会服务工作责任。把村各项服务工作任务细化分解到村组干部，并与村组干部的年终考核及各项先进荣誉评选挂钩。实行村"两委"成员联组、组长包片入户，送关怀解民难，送调解化民怨，送信息助民富的服务机制，与村民拉近距离。三要组建村级旅游发展环境维护工作队，全天候巡查、监管，重点确保旅游综合环境保持在最佳状态。

最后，村庄整治制度化。其一，目标化。科学制订规划，明确整治目标。制订了详细的整治规划图、具体的整治方案和年度整治目标计划，把整治工作任务分解细化，做到整治目标明确，使村庄整治工作更具科学性和操作性，增强整治工作的实效性。其二，法治化。抓实"五五""六五"普法学习，推行民主管理村务财务，建立健全村级民主管理体系，切实做好村组纠纷调解等各项工作。其三，组织化。政府组建了由联村镇领导、城建服务中心主任、村干部为一体的督导组，负责确定施工队伍；按规划组织实施；落实整治资金，实行周检查、月督办、季小结的管理制度；成立了以村党支部书记、主任为组长的村庄整治领导小组，组建了由村委会副主任负责的3人工作专班，对村庄整治各项工作进行全方位的现场督促。

6. 村企一体，全民共享发展成果

在旅游发展的过程中，该村通过村企一体，发展壮大村集体经济，实现村庄内部的利益协调与利益保障。

1）村企收益惠及民生

村集体企业的收益主要用于民生事业。通过与公司的业务合作和安置就业，覆盖到全村贫困户。通过村级控股企业实现村集体创收30万元，全村建档立卡贫困户2017年度新型合作医疗费用由景区和村集体企业全额承担，实现了贫困户医疗保障全覆盖。此外，L村还制定《助学育才实施方案》，对于能考上重点大学的学生，奖励 5000 元/人，并立有具体的奖项来激励勤奋好学的学生。此外，还明确了生态种养殖奖励制度，对于严格按照标准散养的猪，奖励农户 500 元/头。

2)"四个一批"带动发展

第一，鼓励扶植创业带动一批。L 村鼓励有一定基础与实力的农户发展家庭旅社与农家乐，参与到乡村旅游产业链条之中，通过成立农家乐协会带动与管理。截至 2021 年，全村共发展农家乐 60 余家，村民通过经营农家乐，年均收入达 10 万元以上。第二，景区企业就业安置一批。在招商引资座谈时，景区承诺在同等条件下，L 的村民优先安排，实现工作人员和管理人员逐步本地化。景区安置村民近 40 人，主要从事表演、保安、保洁、电工等工作，工资在每月 2000 元左右，景区为他们购买社会保险。第三，发展集体经济吸纳就业一批。村级控股企业主要负责景区的部分运营管理与旅游产业及配套服务，同时积极开发民宿旅游，兴建了养生谷民宿体验馆，安置就业村内困难人员和残障人士 12 人。第四，异地扶贫搬迁安置一批。为了解决"一方水土养不活一方人"的困境，村委会积极依托景区，高标准打造易地搬迁点。走出一条"吃旅游饭、走旅游路、发旅游财"的易地搬迁模式，让贫困户搬得出、稳得住、能致富。

3) 村企担保引进资金，特色农业带动发展

发展初期，为了解决农户 5000 元以上的资金需求，村里与邮储银行签署了扶贫贷，可在邮储银行申请到 10 万元以下贷款，进一步升级了互助金模式，提高了农户的资金使用规模。这种"互助金＋银行扶贫贷"的金融模式有效化解了有创业愿望和创业能力的贫困群众创业资金短缺的问题，提高了贫困农户自我管理、自我组织和发展的能力，有效地实现了可持续发展。

第一，发展特色农业，服务旅游发展。一开始，村"两委"班子通过多方调研并征求广大群众意见，决定建设百亩四季果园基地，服务旅游发展。紧接着，由县扶贫办扶持价值 5 万元的 3500 株琯溪蜜柚树苗运抵 L 村一组，20 多名农户经过专业的技术培训后将树苗领回家中，标志着村庄百亩四季果园基地建设正式启动。目前，村庄种植 100 亩桃树、1000 亩银杏，计划在未来几年打造出更大规模的"桃园"和"银杏谷"。

第二，采取"村企＋合作社＋农户＋贫困户"模式，带动村民发展。2017 年初，村党支部在结合实际、广泛征求村民意见的基础上，决定引进蔬菜种植专业合作社的蔬菜种植能人，投资 60 多万元租地 130 多亩，建起连片蔬菜种植基地。合作社采取"村企＋合作社＋农户＋贫困户"模式，租赁农户、贫困户土地 130 多亩，每年每亩租金 300 元，农户"零成本"加入合作社，在合作社里参与劳作，拥有两份收入，即"工资＋租金"。整个蔬菜基地共种植 100 余亩西红柿、10 余亩四季豆、10 余亩辣椒。

第三，提供农技指导培训，为特色农业保驾护航。为让农户真正掌握种植技术，

确保基地建设成为当地农民增收致富的产业，村企专门聘请县农业技术推广中心高级农艺师常年提供技术指导和服务。专家为所有农户发放技术资料，就蜜柚树苗假植地的准备、假植方法和假植后管理进行了现场培训，受到了广大农户的赞誉。据悉，村庄百亩四季果园基地建设实行统一管理，统一技术培训，统一市场销售，严格按照蜜柚生产标准，实施现代化标准管理。

L村以党建为引领，因势利导，因地制宜，形成党支部、村委会、村企业同心协力的"三套马车"模式，依靠"村企一体、合股联营"的发展路径，激活了沉睡的农村自然资源、存量资产、人力资本，并以此积极招商引资开发旅游，通过构建"三权分离，三位一体"的机制，实现"村、企、民"共商共建共治共享的新局面，极大地释放了农村深化改革红利，实现了从国家级贫困村向"省级文明村"的华丽转身，为中西部地区农村脱贫致富蹚出了新路，积累了经验。

（三）思考题

1. 如何促进多主体协同参与到乡村旅游发展之中，尤其关注基层党组织引领作用的发挥，实现多主体的"共商"与"共建"？

2. 如何构建开发企业、村集体、农户的利益联结与利益协调机制，实现利益"共享"？

3. 如何在乡村产业发展过程中，健全自治、法治与德治相结合的乡村社会治理体系，实现"三治合一"，消解乡村经济社会发展中出现的新矛盾，实现"共治"？

10-1　L村简介　　10-2　秧庆村共建共治共享打造和美乡村　　10-3　"三治合一"探索乡村治理新路子

二　教学手册

（一）课前准备

1. 教师完成行政管理学、社区管理、公共政策学相关课程内容的教学。学生理解并且掌握政府职能、公共经济学、社区治理、公共服务等教学内容。

2. 学生提前阅读案例正文与教学手册。
3. 在案例讨论教学之前进行分组，明确教学目标与任务。

（二）适用对象

行政管理、劳动与社会保障、土地资源管理、政治学与行政学等专业本科生、研究生和公共管理硕士（MPA）。

（三）教学目标

追踪国内外公共管理改革实践，以提供多视角的思考空间，使学生掌握政府职能、公共经济、社区管理等理论与方法；开拓视野，更新观念，掌握行政管理改革的最新实践；增强个人适应社会、解决问题的能力，为进一步学习公共管理理论，提高公共管理的能力和水平打下坚实的基础。

（四）要点分析

在精准扶贫、农业供给侧结构改革与乡村振兴战略的引领下，国家积极引导企业采取市场化运作方式，到民族地区、贫困地区和中西部地区从事乡村旅游产业开发，建设美丽乡村。这些地区依托自身自然人文资源，积极制订乡村旅游发展规划，并努力招商引资发展乡村旅游。发展乡村旅游对实现一二三产业融合发展与乡村振兴具有重要意义。

当前乡村旅游发展实践中存在一些问题，不利于乡村旅游与乡村经济社会的可持续发展：一是农村村民总体参与度不高，农村村民的参与呈现出不均衡的特点。二是农村村民与旅游发展的利益联结单一，往往只能获取微薄的土地补偿及有限的低端就业机会。三是过度商业化不利于传统文化的保护，过度开发也破坏了生态环境。四是乡村旅游发展迅速，但也存在同质化的现象，在开发挖掘乡村旅游资源这座"金矿"的同时也有潜在的"大坑"。如何将农业与旅游业有机联结起来，促进"农旅融合"发展，构建农村一二三产业融合发展体系，是乡村旅游健康与可持续发展的关键。

1. 发挥党建引领作用，加强组织建设，促进社区参与

习近平总书记强调："'十四五'时期，要在加强基层基础工作、提高基层治理能力上下更大功夫。"基层治理是国家治理的基石，党的基层组织是党在社会基层组织中的战斗堡垒。学习贯彻习近平总书记"七一"重要讲话精神，推进党的建设新的伟大工程，必须把抓基层打基础作为长远之计和固本之策，发挥党建引领作用，建立健全党组织领导的自治、法治、德治相结合的基层治理体系。

目前部分地区乡村存在组织弱化、治理资源流失等问题，村社组织需要在乡村振兴过程中发挥主导作用，加强村社组织的建设，将分散的村民组织动员起来，最大限度地参与到乡村经济社会发展之中，形成村民个体与村庄产业发展的紧密型利益联结。在乡村经济社会发展过程中，需更加注重社区居民的主体地位。乡村旅游需要依托村民的生产生活、价值观念和当地的文化传统，这些旅游元素都是以村民个体作为"活态"载体的，当地人是旅游产品开发的文化主体，也就必然成为文化资源资本化的利益主体。为此，在村庄规划中，应该充分听取村民意愿与诉求，积极争取村民的支持，保障村民的知情权。在村庄产业发展中，应该通过相应的制度安排推动农村社区参与，维护社区居民的主体地位，实现乡村的可持续发展。

2. 构建乡村旅游发展的利益联结机制

自然风光是此类型村庄旅游发展的资源凭借，按照旅游资源分类国家标准属于地文景观，具有稀缺性与特质型。一方面，地方政府的主导推动，是资本引入的关键力量，地方有经济社会发展的需求，确立了旅游发展的思路，但囿于资金、技术、人才等要素匮乏的困境；另一方面，资本的逐利性需要不断寻求与开拓新的市场，在国家政策与旅游市场的双重推动下，资本与资源走向"联姻"。旅游资源开发是资本与村庄利益联结的起点。

在景区建设运营过程中，能否建立有效的利益联结，取决于开发企业、地方政府、村庄等多方主体。对于开发企业来说，不同的决策行为产生不同的结果。在支付给地方资源占用费与土地补偿以后，如果开发企业"画地为牢"，人为地将景区与村庄割裂开来，利益联结也无从谈起，这将不利于旅游的可持续发展；如果开发企业采取策略性行为，依托村社组织，不与个体村民打交道，建立二者的利益联盟，最终景区旅游发展也无法惠及村庄共同体。如果开发企业积极寻求下乡的社会基础，依靠乡村政治经济社会组织，吸纳村民到企业工作，形成稳定的雇佣关系，减少交易成本，从而能更专注于产业经营。对于村庄来说，因为自然风光资源地处该村村域范围内，村庄依据该重要"筹码"与外来开发企业协商谈判所达成的共识与初始性制度安排，很大程度上决定了景区建设运营的实施。村社理性的引领、村民的参与在很大程度上决定了村庄能否有序参与到乡村旅游之中。

L 村就是一个很好的案例。该村在确立了旅游兴村的发展思路之后，在招商引资过程中，面对众多的投资开发商，并没有来者不拒，而是坚守原则，严格筛选，最终确立了合作对象。在景区开发伊始，该村就与开发企业达成"村企共建"的意向，并通过村集体资产的注入成立村集体企业，吸纳村民入股，带动村民发展村集体产业。在景区开发运营过程中逐步明确村集体、开发商、村民等主体在景区开发运营中的职责定位。村"两委"主要负责协调村集体企业与外来企业、企业与村民之间的关系。外来企业专门负责景区规划建设以及运营中的营销管理；村集体企业承担村内全部和景区部分旅游服务配套管理工作；村民则全过程广泛参与到旅游发展之中。在景区建设过程中，在村委会的带动下，村民主动投工投劳参与到景区建设之中。在景区运营过程中，景区开发企业与村集体企业吸纳村民到企业工作，村民主要从事表演、保安、保洁、电工等工作，与企业形成稳定的雇佣关系，逐步实现工作人员和管理人员本地化。

3. 创新农村集体产权制度，发展壮大村集体经济

农村集体资产形式多样，包括农民集体所有的土地、森林、草原等资源型资产，用于经营的房屋、建筑物、集体企业等经营性资产，用于公共服务的教科文卫体等非经营性资产。农村集体资产是农业农村发展的物质基础。农村集体产权制度创新是保障农民合法权益、增加农民收入的重要保障。针对资源型村庄，特别是具有特质旅游资源的村庄，通过开发特质资源来发展旅游产业，必须做好制度设计，这种制度设计涉及两个层面：一是在旅游资源开发过程中，如何保证村庄与村民在土地占用、用工等方面的利益。二是在乡村旅游运营过程中，如何建立有效的村庄与村民参与机制与利益联结机制，将旅游发展与乡村发展、村民发展紧密联系起来，这些都是确保外来企业与村庄良性发展的关键

村集体企业是发展村集体产业的重要形式，在乡村旅游资源开发过程中不断发展壮大村集体经济，是实现村庄公共利益的重要保障。《中共中央 国务院关于实施乡村振兴战略的意见》对创新农村集体产权制度提出了明确要求，如对农村集体资产清产合资、集体成员身份确认、农村集体经济新的实现形式等提出了要求；同时提出坚持农村集体产权制度改革正确方向，发挥村党组织对集体经济组织的领导核心作用，防止内部少数人控制和外部资本侵占集体资产。

（五）课堂安排

1. 介绍案例发生的背景

案例村积极发挥村党支部的领导力量，走出了一条"村、企、民"共商共建共治共享之路，先后获得"争先创优先进基层党组织"、全省第四批"新农村建设示范村"、首批"宜居村庄""生态村""全国乡村旅游模范村""省级文明村"等多项荣誉，具有一定的示范意义。

2. 介绍案例村乡村旅游发展的过程

按照时间顺序，通过 PPT 等资料将案例村乡村旅游发展的过程呈现在学生面前。首先，简单介绍案例村的村情概况及历史沿革。其次，介绍案例村改革开放初期的发展状况。再次，介绍新村支书上任后，确定发展旅游的工作思路，以及招商引资进行旅游开发的内容。最后，详细介绍乡村旅游发展中"村、企、民"共商共建共治共享的过程。

3. 小组讨论

在小组讨论之前，教师提出思考题：如何促进多主体协同参与到乡村旅游发展之中，尤其是关注基层党组织引领作用的发挥，实现多主体的"共商"与"共建"？如何构建开发企业、村集体、农户的利益联结与利益协调机制，实现利益"共享"？如何在乡村产业发展过程中，健全自治、法治与德治相结合的乡村社会治理体系，实现"三治合一"，消解乡村经济社会发展中出现的新矛盾，实现"共治"？

学生以小组为单位，结合该案例与相关课程教学内容，课下通过自主阅读、小组研讨与小结，小组同学对理论教学内容与现实实践有了比较深入的认识。在课下研读讨论的基础上，选出小组发言代表到课堂上进行案例分析，班级所有同学听完分享后可以提出问题展开案例研讨，最后，教师对课程教学内容与案例进行小结。

4. 布置作业

将小组讨论的结果以报告形式上交。报告中除学生讨论的成果，还需要学生搜集与乡村旅游、利益联结、基层党建、社区治理共同体建设相关的文献资料以及国家出台的与社区治理相关的政策。理解当前乡村旅游可持续发展的困境，撰写相关主题的课程论文。

（六）其他教学手段

多媒体教学设备、多功能教室、白板等；中国知网相关研究文献；相关课程参考教材与专著等。

本讲小结

本讲展示了 L 村从"后进村"到省级文明村的发展过程。案例先揭露 L 村经济落后和逐步空心的现状，说明当今 L 村存在资源配置不合理、村庄发展缺乏动力等问题；然后以村党支部书记换届为转折点，简述 L 村如何通过村委主导、招商引资、民主协商、发掘资源等举措，形成"村、企、民"共商共建共治共享，助推乡村旅游可持续发展的格局，打造和谐的乡村治理体系；最后在村企一体化带领下，全村村民共享经济发展成果，释放了当地的发展动力，推动 L 村实现从贫困村到文明村的重大转变。

案例表明，多主体协同参与乡村旅游发展可以壮大乡村振兴的力量，同时注重基层党组织对发展方向等大政方针的精准把控，实现多主体的"共商"与"共建"；

构建开发企业、村集体、农户的利益联结与利益协调机制，实现利益"共享"，壮大村庄集体经济，整体提升村庄经济发展水平；健全自治、法治与德治相结合的乡村社会治理体系，实现"三治合一"，消解乡村经济社会发展中出现的新矛盾，实现"共治"，打造和谐、宜居的生活环境，提高村民幸福度。该案例为中西部地区农村脱贫致富积累了成功经验，提供了发展方向。

第十一讲　资源拼凑促进破旧渔村产业化嬗变[①]
——基于福州市同心村的案例解析

 学习目标

• 理解资源拼凑理论的概念、原理和实践意义，学习分析其在同心村产业发展中的应用；

• 掌握渔旅结合产业模式的特点与优势，能够分析同心村产业融合发展的成功经验和启示；

• 理解新时代农村地区产业振兴的实践路径和示范意义，总结农村产业振兴的思路。

一　案例主体

（一）引例

同心村是福建省福州市连江县的一个下辖村，位于黄岐半岛、安凯乡背面。辖区土地总面积为1348亩，其中耕地面积53亩、山地面积1295亩，滩涂总面积1000多亩，海岸线2200米。由此可见，同心村的地理位置决定了其产业发展需要依赖海洋资源的特质。2008年之前，同心村的形象总是与偏僻和脏乱挂钩，而如今同心村已经从一个破旧小渔村转变为揽获第六届全国文明村、省级"一村一品（鲍鱼）"示范村等多项荣誉的福州市乡村振兴示范村。每一项成就的背后，都离不开基层党建的引领为该村产业建设"搭桥铺路"。

同心村村民主要从事鲍鱼、海蛎、海带等养殖，属于纯渔业村。在过去，同心村传统养殖业存在养殖分散、低效、技术落后等缺陷，村党支部通过牵头办社，吸

---

① 案例采集人：李红玲、王琪琪。

纳渔户成为社员，再进行统一生产，党员上阵传授养殖技术，这些举措极大地提高了同心村的鲍鱼产量。同时，村党支部充分利用自身的优势资源，开展了以鲍鱼为主导的特色产业，如创立鲍鱼品牌IP、发展"渔旅融合"产业，实现了全村经济繁荣。

该村现有党员44名，分为3个党小组。在2008年以前，渔民党员因职业的特殊性需要长时间待在海上，没有固定的工作地点，常面临着"陆上找不到党员，海上找不到组织"等问题，导致群心涣散的情况出现。新任村党支部书记上台后面对同心村发展的众多问题，决定先从基层党建抓起，集中整合党员中该类人力资源，通过实行海上、陆域分类网格治理推进共建共治共享。打造"海上党支部"，开创"633党建模式"等活动，通过联合相关生产部门开展一线生产主题党课，促进党员扎实开展基层党建活动，丰富出海渔民党员的精神文化生活，利用现有资源，将党员的先锋模范作用转化为渔业生产、发展致富的干事动力。同心村村党支部塑造高效党建模式，充分利用现有资源，汇聚干群凝聚力和创造力，抓住新时代机遇，在特色产业发展致富方面收获显著，收到人民日报、新华社、中国组织人事报等权威媒体的播报宣传。

（二）案例描述

1. 渔村还是海边垃圾场：破旧渔村问题多，新任书记破困局

在2008年以前，同心村在村民口中是一个与偏僻、落后挂钩的"脏乱差"小渔村。村里垃圾遍地、苍蝇乱飞，村民们随意在门前空地上放置生产工具，街道环境杂乱无章，人居环境条件堪忧。同心村的村民评价道："以前的环境那是满地垃圾，门口东西也摆得乱七八糟，连隔壁沙沃村的亲戚都不愿意上门拜访。"同时，传统海上养殖的渔民缺乏环保意识，导致养殖产业所产生的垃圾在海面上四处漂浮，更有大量废弃木板和泡沫被海浪冲到岸上，沙滩沦为"垃圾场"。

彼时村中有八成村民从事养殖工作，虽然参与人员众多，但整体养殖规模仍较小，养殖分散，村民只是简单地养鲍鱼、卖鲍鱼，产品附加值低，渔民收入也有限，经济收益增长缓慢。在外人眼中，同心村是典型的落后村庄。

转机出现在2008年，林连忠被推选为同心村党支部书记，从而接下了这一烫手山芋。林连忠是一位有情怀、有抱负的中共党员。从小在海边长大的他，对海洋和养殖业有着浓厚的热情。早年林连忠在外求学，在养殖业方面掌握了许多先进的技术和理念。在担任村支书之前，他也是一名鲍鱼养殖大户，从培养鲍鱼苗到转型养殖鲍鱼的过程，让他透过表面看到了同心村海洋资源发展的前景。面对同心村产业质量低下、环境质量差等多重困境，林连忠决定先从村里的基础产业入手，先把鲍鱼养殖业这张名片发展起来。

2. 海上筏式养殖："单打独斗"是问题，党建助推共富裕

同心村虽有着 30 多年的鲍鱼养殖历史，而且所辖后才里海域属国家级鲍鱼健康养殖标准化示范区的主要承载地，但是历史的沉淀并未给同心村的鲍鱼带来质的飞跃，林连忠由此展开访谈调查。在走访养殖户的过程中，林连忠发现当地养殖户的养殖技术十分落后，落后的养殖技术不仅使得鲍鱼的发育状况不佳，还会对海洋生态环境造成破坏；个别养殖户规模较小，风险抵抗能力较弱，易出现"入不敷出"的现象。村民回忆道："以前夏天过得最心惊胆战，一阵台风刮过，半年的心血就全没了。"面对此情此景，林连忠心中浮现了一个想法，对村中现有的人力资源、技术资源、特色产业资源等进行整合，创建专业的养殖合作社。谈及这个做法时，林连忠举了一个通俗易懂的例子："老人常说一根筷子和一把筷子的故事，建立养殖合作社就是将分散的一根根筷子聚成一把筷子，从而发挥巨大的力量。"

这一想法很快便得到上级和群众的支持，村党支部带头成立"同心协力"养殖专业合作社，发动渔民党员带头起表率示范作用，积极加入专业合作社，从而吸引更多普通渔民，壮大集体经济。在此基础上，党支部通过 30 多年的实践探索，总结出一套适合当地环境条件、成熟的"1＋1＋1"海上筏式养殖体系，即"村统一规划，社专业运作，户分散经营"的同心模式。

"1＋1＋1"海上筏式养殖体系（见图 11-1）包含 3 个不同层级的主体。首先是村进行统一规划，村"两委"依法推进海域确权工作，收归海域使用权，将其划为集体所有，统一规划养殖区域，收取海域使用金，壮大集体经济。其次是合作社进行专业运作，一方面将党员渔民吸纳为合作社社员，以社员股份出资的方式兴建"海洋牧场"；另一方面，以合作社为纽带，吸纳更多"单打独斗"的渔民，将分散的渔民聚集起来形成统一规模，提高渔民养殖的抗风险能力，再通过专业养殖合作社进行统一信息技术服务、统一产品采购、统一产品销售、统一品牌打造、统一渔场安全管理，降低生产养殖成本，增加经济收入。最后是由渔户进行分散养殖，打造生态养殖结构。从近岸到远岸、分层次构建牡蛎养殖、海带养殖、鱼类养殖、鲍鱼养殖的阶梯养殖结构，提高海洋生态承载力，积极发展深远海养殖，避免海上养殖"过多过滥"。

在党建引领的作用下，同心村的养殖产业有了成熟的体系依靠，打响了产业振兴的"第一枪"，与此同时，更多的问题也接踵而至。

3. "惠农 e 贷"：产业融资较困难，党企共建来帮忙

"林书记，上一年我家鲍鱼进账蛮好，我想扩大规模多养一些，可是这个资金……""书记，我想升级一下鲍鱼养殖的设备，可是……"在"同心协力"养殖专业合作社的运作之下，同心村的养殖产业正在如火如荼地进行中。随着产业经济效益的提升，不少渔民有了扩大鲍鱼养殖规模的想法，但是新的困难又出现了。

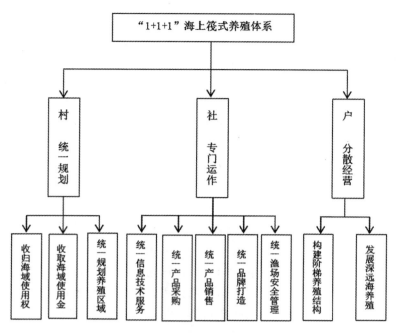

图 11-1 "1+1+1"海上筏式养殖体系

水产养殖资金需求大、融资难、融资贵已经是老生常谈的难题。面对渔民想要扩大生产规模，却缺少资金周转这一窘境，林连忠勇担重任，一方面扎根基层了解渔民融资需求；另一方面积极走访并对接大量金融部门，争取政策支持，终于为广大渔民取得了政策优惠。林连忠号召村党支部积极联手县农业银行开展"党建＋企建"，积极推出"惠农 e 贷"产品。中国农业银行党委书记、董事长谷澍前往同心村，与村党支部共同开展"我为群众办实事"调研，面对面听取村民的意见及金融服务的需求，现场研讨并解决提高"惠农 e 贷"额度、降低贷款利率、简化贷款流程等群众需求。基层党建用实际行动化解了产业融资困难的问题。谷澍在写给同心村党支部书记林连忠的回信中提道："同心村在乡村振兴道路上取得的可喜成绩，充分说明中央制定的政策好、各级党委政府执行得好。农业银行作为"三农"金融服务的国家队、主力军，将坚决贯彻落实党中央决策部署，始终把巩固拓展脱贫攻坚成果、服务乡村振兴、助力农民实现共同富裕的责任扛在肩上、落实到行动上。请您转告乡亲们，未来农业银行对农民的贷款优惠政策会延续下去，我们将不断丰富产品、简便手续、优化流程，让乡亲们贷得到、贷得快、贷得安心，帮助更多农民朋友走上致富路。"

眼下的贷款问题得以解决，但是鲍鱼养殖业是一门长期发展的产业，为确保日后同心村有稳定的融资来源，林连忠意识到诚信致富的重要性。为了让同心村建立起良好的信贷信誉，为了不让养殖户账户上出现不良贷款导致资金断裂，村党支部发动党员挨家挨户提醒还款，引导村民诚信还款。刚开始这一做法还引起村民的不解："又不是不还，一直催着早还款，早还款又不会给我什么好处，整天上门跟催债一样，整得人既烦又怪不好意思的。"可见在打造同心村"诚信品牌"方面，村民和党支部的意见存在冲突。面对部分村民因不理解而造成的阻力，村"两委"依旧选择坚持贯彻挨家挨户催款的做法，并且针对性地展开思想教育工作，向不理解该项措施的村民耐心讲解诚信对于维护自家生产活动、保证经济收益乃至全村鲍鱼养殖产业的重要性。最终在党员干部的集体努力和耐心劝导下，同心村成功做到全村无一人拖欠贷款。为了营造村庄良好的诚信氛围，同心村召开村民代表大会宣讲贷款融资知识和注意事项。同时，为了给予按时还款的村民一定的精神奖励，定期开展诚实守信村民评选活动，树立诚实榜样。这样一来，同心村在各大银行中形成了良好的口碑，产生了积极反馈，有更多的银行愿意与同心村合作并提供贷款优惠。截至2023年初，同心村有102户养殖户获得贷款3170万元，贷款覆盖率为75.55%，不良率为0。

4. 海上党支部：党建创新彰核心，干群携手先齐心

同心村中参与鲍鱼养殖产业的人数规模庞大，同心村全体党员也参与到鲍鱼养殖事业当中，由此显现了一系列的问题。由于地理位置限制，距离海岸线越远，交通越不便利，很难通过陆路联系到党组织。同时，许多党员渔民常年在海上工作，回渔村的时间并不固定，在海上联系党组织也存在一定的难度，导致党员难以进行集中学习。所以，"陆上找不到党员、海上找不到组织"成为困扰从事渔业生产的党员的首要问题。另外，加上平台载体的缺失，在党员的管理教育上有所疏忽，导致党员难以带头发挥先锋模范作用。林连忠认为："村委虽然算不上什么官，却是基层组织的主心骨。俗话说'村看村、户看户、群众看干部'，党员能不能起引领示范作用关乎党支部在这个村的凝聚力和战斗力。"于是，在乡政府和村党支部的联合组织下，他积极联络各位党员和村民，组织交流讨论会，最终海上党支部"633"党建引领模式应运而生。通过在海上建立党支部，主动拉近了党组织建设与党员生活发展的距离，为党员提供培训和学习的机会，提高党员的认识。同时，海上党支部作为一个联系平台，也为养殖工作者提供服务，加强组织联系，增强了渔民对党的信任和支持。

同心村实行"633"党建模式（具体见图11-2），优化当地党建运作方式和效能。"6"指"海上党支部"引领党员带头开展宣传教育、协商议事、安全生产、服务保障、疫情防控、抢险救灾6个方面的工作；第一个"3"是指海上网格（编队）党小组开展信息收集、意见反馈、联络沟通3个方面的工作；第二个"3"指党员、示范船、示范渔排在示范引导、人员管理、应急温控3个方面提供服务，落实落细。同时，还为每位党员配备"党建随身听"，根据时政热点定期更新，通过方言版党的方针政策、红歌、闽剧、红色故事等，丰富出海渔民党员的精神文化生活。对于发放"党建随身听"这一项举措，一位大龄党员说道："我平时还挺经常使用这个随身听的，基本上每天出海时都会打开，一边听一边开船。在海上休息时也会播一会儿。我年纪大了，喜欢简单的操作，跟手机比起来，这个随身听就方便多了。"同心村还

定期联合市、县海洋渔业等部门，在生产一线开展水产养殖、防范赤潮等技能培训和乡村振兴等专题党课（具体见表11-1），切实解决海上养殖户生产、生活中的实际困难，扎实开展乡村振兴、基层党建、海上疫情防控等方面的工作，将党员的先锋模范作用转化为推进渔业生产、抢险救灾、发展致富的干事动力，让党旗在辽阔的大海上高高飘扬。

在基层治理方面，推行村民自治和社会多方主体共同参与。同心村以党支部、村委会为轴心，按照"分片包户包人"制度，实行海上、陆域分类网格治理，共划分海上4个小网格，每个网格覆盖80余人；划分陆域6个小网格，每个网格覆盖50余人，广泛发动群众、社会组织、社工队伍参与，共同服务基层网格治理工作，促进信息互联互通，提高村民的满意度和获得感。把共建共治共享的"同心圆"越画越大。在生活保障方面，同心村产业发展逐步壮大，对外来务工人员的吸引力增加，但是，管理机制不够完善、信息沟通不畅等因素导致外来人员的生活问题频出，最终影响到生产。为及时解决外来务工人员的生活生产问题，设立"同心圆幸福之家"，积极开展生产技术扶持、入户慰问关怀等多种形式的救助服务，协调解决外来人员子女就学难等问题，打造有温度的"第二故乡"，村党支部联合安海派出所成立海上综治中心，为渔民提供广泛的法律支援。

党创新基础基层治理模式，致力于将群众纠纷与矛盾化解在基层，打造良好的生活环境，让渔民不为家事烦忧，将重心放置生产端，持续推进产业振兴。

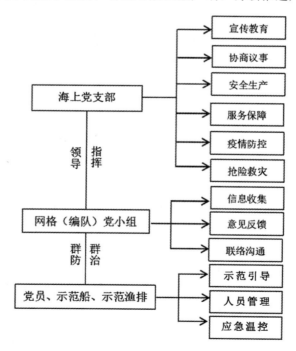

图11-2 "633"党建模式

表 11-1　2022 年同心村党课培训计划

序号	主题	完成月份
1	福建省第十一次党代会精神宣讲	1 月
2	乡村振兴主题党课	2 月
3	心理健康疏导专题	3 月
4	2022 年"两会"精神宣讲	4 月
5	海洋经济专题	5 月
6	普法宣传专题	6 月
7	"七一"党课	7 月
8	鲍鱼养殖技术专题	8 月
9	"全面从严治党"主题党课	9 月
10	"谁不说咱家乡好"县史县情专题	10 月
11	"平易近人"主题党课	11 月
12	党的二十大精神宣讲	12 月

5. "渔旅融合"：产业融合新局面，村民吃上"旅游饭"

当同心村渔民满足于养鲍鱼和卖鲍鱼带来的经济收益时，林连忠却认为现存产业还存在着产品附加价值低、产业链单薄等问题。在深入挖掘同心村海洋资源的价值后，他开创出一条渔旅产业融合发展的新路，让同心村的渔民也吃上"旅游饭"。林书记骄傲地表示："我们的鲍鱼不仅要能吃、好吃，而且还要具有观赏价值。做到好吃、好看两手抓。"

为扩大同心村的产业影响力，同时顺应连江县打造环马祖澳滨海旅游度假区的政策，村党支部第一步从品牌端入手，打造全国首个鲍鱼品牌 IP——"我要鲍鲍"鲍鱼文旅品牌 IP。党支部与专业养殖合作社通过与印象（连江）文化传媒有限公司印象众创空间合作，以鲍鱼独特的饮食习性为灵感，设计绿版"鲍帅"和红版"鲍美"两款卡通人物。第二步，村党支部认为，既然手上有了品牌资源，就要深入挖掘品牌的价值，于是同心村渔旅发展有限公司应运而生。林连忠说："我们村有了'我要鲍鲍'这个 IP，我们就要充分运用起来。有品牌，就要运营，创造出品牌的价值。"渔旅公司以股份制的形式运营，其中合作社股份占 70%，农户股份占 30%，从而将集体利益和农民利益相互捆绑，实现利益共享、风险同担，充分调动了农民的积极性。在 IP 利用方面，在利用现有特色产业与资源的基础上，充分考虑游客的消费需求，开设"我要鲍鲍"主题咖啡厅，打造与众不同的品牌形象和文化氛围。同时，由"我要鲍鲍"品牌 IP 衍生出特色的文创产品或用于同心村鲍鱼产品的外观设计，如鲍鱼罐头、干鲍鱼等，再将咖啡厅作为一个展示和销售文创产品的平台，拓宽鲍鱼产品的销售渠道。在 IP 宣传方面，利用社交媒体和网络进行宣传推广，与印象（连江）文化传媒有限公司达成版面合作，将"我要鲍鲍"形象植入印象连江公众号 LOGO 中，并且在每篇推文中进行展示，从而达到宣传效果，以此吸引更多消费者，增强知名度和影响力。

村党支部牢以"渔旅融合"为工作思路，一方面，深入实施家门清洁三包行动和海上养殖设施转型升级行动，改造塑胶渔排 2800 口，更换塑料浮球 8.8 万粒，并引导渔民退养 60 亩，促进海洋经济可持续发展，针对海漂垃圾治理难、保洁效果差的问题，引入连江县金凤环卫有限公司对海漂垃圾治理进行市场化运作，采取垃圾分类处理模式，加大海漂垃圾清洁治理力度，日均清理海漂垃圾达 5 吨，重现碧海金沙；另一方面，引入台湾地区专业团队发挥"智脑"作用，将"我要鲍鲍"IP 元素融入整村环境风景规划设计，借鉴台湾地区淡水渔人码头的做法，充分利用闲置地块，将脏乱的废弃养殖场改造成鲍鱼文化广场，依照沙滩分布完成观景平台、新绘海堤、主题公交站、爱情长梯等项目建设，完善旅游配套设施，对村庄进行整体视觉升级改造。实现品牌 IP 闯出去，美丽风景建起来，外来游客引进来，销售渠道多起来的"产、购、销、游"一体化模式，依托乡村振兴智慧平台，拓宽线上销售渠道，打响同心村鲍鱼产业的知名度。党建引领产业融合发展，打造致富"聚宝盆"。

6. 结束语

同心村从一个破旧渔村到全国文明村的美丽嬗变，离不开党支部书记研究探索、干部群众齐心协力、社会多方主体积极参与等多方面因素，归根结底离不开多方力量和资源整合所发挥的巨大作用。如今的同心村，一改往日破旧落后的面貌，依托成熟的养殖生产体系、稳健的养殖融资来源、全方位渗透的党建模式和"渔旅融合"的产业融合发展体系，成为新时代乡村特色产业振兴的创新示范。对于未来的发展，同心村将进一步融入环马祖澳滨海旅游度假区的创建，探索数字赋能的"渔旅融合"新模式，打造规模化、数字化、品牌化的鲍鱼全产业链。

（二）思考题

1. 什么是资源拼凑理论？该理论在同心村产业发展中起到了什么作用？
2. 同心村基层党组织在产业振兴中遇到了哪些困难和挑战，又是如何应对和解决的？
3. "渔旅融合"的产业模式有哪些特点和优势？同心村如何借助该模式实现产业融合？

11-1 同心村简介　　11-2 全国精神文明先进单位同心村的美丽嬗变　　11-3 《你好，连江》：奇遇安凯

二 教学手册

（一）课前准备

1. 教师准备

整理研究相关资料，通过实地访谈报告和多方访谈资料，了解同心村在产业振兴方面的经验和成果，准备好该村产业发展情况、政策支持、资源拼凑理论等方面的资料，根据相关资料安排相应的教学资源，并通过多媒体渠道呈现出来。针对不同知识层次和认知水平的学生设计不同形式的课堂活动，自由分组后介绍案例并分发资料。

2. 学生准备

学生在课前应阅读资源拼凑理论的相关文献，对该理论的基本概念、核心内容有初步的了解。结合同心村与产业振兴相关的新闻报道、政府公告等资料，对同心村形成初步的印象。

（二）适用对象

行政管理专业学生、政治学与行政学专业学生等。

（三）教学目标

1. 知识目标

通过案例教学使学生掌握基层党组织在资源拼凑理论指导下提高资源利用能力，实现农村特色产业振兴的成功经验，把握案例关键因素与策略，总结出深层次的、具有普适意义的产业振兴经验。

2. 技能目标

在学生理解有效拼凑、利用特色资源对产业发展的表现形式和关键作用的基础上，进一步引导学生将所学的理论知识和案例经验运用于其他地区党建工作和产业振兴的实践中，提高学生概括总结的能力和分析解决问题的能力。

3. 态度及价值观目标

本讲教学目标的价值观目标在于让学生了解和认识到农村党支部引领资源整合、突破资源困境对于产业振兴的重要性，培养学生的爱国主义、集体主义和社会责任感等价值观念，促进学生形成正确的道德观念和人生观念。同时，也需要引导学生关注乡村振兴战略，了解我国农业现代化发展的实践探索和经验总结，提高学生的综合素质和创新能力，为未来的社会发展积极做出贡献。

（四）要点分析

资源拼凑理论是一种解释创业者如何在资源匮乏的环境中利用手头的各种资源进行价值创造的理论。该理论认为，创业者不是被动接受有限资源带来的限制，而是发挥主观能动性重新定义和重组资源，发现及挖掘潜在的价值和用途。它强调创业者的机会识别、资源整合和问题解决能力。该理论为研究新型市场、社会创业、制度变迁等领域提供了一个有益的视角和分析框架。农村特色产业振兴旨在促进农村经济发展和社会稳定，它依托于农村的自然资源、人文资源和市场需求，培育具有地方特色和竞争优势的专业。在实践中，该理论在农村产业发展过程的运用广泛而深远。首先体现在背景条件的契合度上，农村地区在产业振兴初期往往受制于自然资源、人力资源、文化资源等方面，而市场机制、制度环境、技术水平等方面不完善，导致资源没有得到充分利用。因此，村支书、村党支部等"创业人"或"创业组织"需要通过拼凑和整合这些资源，形成优势互补、协同创新、共赢发展的产业模式，实现产业振兴，其大致路径如下。

1. 资源选择能力：有效整合内部资源，积极引入外部资源

第一，有效整合内部资源指农村地区通过对自身已有的人力、物质、技术、财务等各类资源进行优化配置和协调运作，从而实现内部资源的最大化利用。在资源匮乏的情况下，需要利用好手边仅有的资源，识别内部资源的优势与劣势是必不可少的环节。通过清楚知道可控制的各类资产、技能和关系，分析其在不同情境下所发挥的价值和作用。在此基础上，整合内部资源的匹配度，即根据市场需求和发展目标，将内部资源进行有效组合，从而达到相互补充或增强的效果，并排除或降低与目标相互冲突的内部资源。值得注意的是，内部资源的组合并不是固定不变的，

需随着外部环境和市场的不断变化，及时调整内部资源的配置方案，这样才能发挥内部资源的最大效用。

第二，积极引入外部资源指农村地区通过与外界主体，如政府、投资机构、客户等主体建立联系或合作关系，从而获取和贡献他们所掌握的各类信息，或者取得资金、技术等有价值资源的支持。因此，如何把握获取外部资源的机会成为关键，这要求村支书等主体具有敏锐的捕捉能力，及时把握外界隐匿的各类对自身产业发展有益或解决产业发展问题的方法，并采取及时行动。同时，也要注意分辨外部资源与本地产业的适应性，需依据本村产业发展的目标和条件选择实现可能性较高或效果较好的方案，不能盲目选择。

2. 资源拼凑能力：模仿学习优秀经验，创新开拓发展路径

一方面，模仿学习优秀经验指农村地区可以通过观察、借鉴其他地区产业振兴的成功案例，获取有用的信息、知识、技能和方法，实现提高本村产业在不同环境下应对问题和挑战的能力。在产业发展的初期阶段，模仿学习可以有效帮助农村产业振兴推动者提升自己的认知水平，发现更多潜在的机会和需求，还可以帮助农村产业发展节省时间成本和资金成本，通过前人的经验，避免重复犯错，提高产业振兴的效率。在模仿学习对象的选择上需注意所选对象与本村所处环境的契合程度，即学习与自己所处地理位置、行业环境、发展阶段相近或相匹配的案例对象。同时，注重分析其产业发展成功经验背后的因素与路径，在模仿学习上不能只是简单地复制表面现象，还需要结合自身资源的特点、自身所具备的条件，灵活改进模仿学习的内容，从而形成契合自己的产业发展或自己独特的风格与优势。

另一方面，通过创新来开拓自身发展的途径。农村产业通过不断尝试新颖、有价值的想法或做法，来开拓发展的途径，将自身手上现有的资源通过创新性利用和创新性转化，可以帮助农村产业增强自己在行业竞争中的主动性和先发优势，促进产业主动适应市场需求的变化发展，满足消费者的需求，提升客户的满意度和忠诚度。创新开拓能力要求保持对外部环境变化及内部问题反馈的敏感度和关注度，及时抓住关键节点促成创新。对外要培养对风险的抵抗能力和应对处理能力以抵御创新失败带来的损失；对内要建立有效的激励机制鼓励内部成员开展创新开拓活动，及时进行评估奖励。

3. 约束处理能力：适时回避约束条件，及时克服约束条件

第一方面，适时回避约束条件指农村产业在遇到难以改变或消除的外部条件时，通常表现为回避约束成本过高等形式，导致短时间无法处理，从而通过针对性地调整自身目标、策略和行为方式，从而实现在一定程度上减轻约束或规避约束带来的负面影响。适时回避策略有助于在发展初期"养精蓄锐"，有助于创业组织保持灵活性和敏捷度，在不同情境中做出合理选择和适度调整。上文提及的模仿学习也是适

时回避约束条件的一种策略。在面对竞争较为激烈或相关政策严格限制的情况下产生的产业发展约束力，可通过调整入场领域、转向其他领域发展等方式降低竞争压力和政策风险；在面临融资困难且资金短缺的情况下，农村地区可通过寻求政策帮助或寻找合作对象等方式，实现合作共赢，缓解资金压力，提高资金使用效率。

第二方面，及时克服约束条件指农村产业在面对可改变或有可能改变的产业约束时，该种约束通常表现为历史遗留的产业发展问题等形式，通过创新自身的资源组合以及提高能力构建，发挥积极应对和解决产业约束问题的能力，从而提升产业的地位和竞争力。农村地区产业应根据自身的资源状况和产业环境的变化，灵活选择适合自己的产业约束处理能力的提升路径，实现产业与产业、企业与产业之间的良性互动和共同发展。在农村特色产业振兴的实践中，限制生产力的约束条件主要在于生产技术落后，农村地区可以通过跨界搜寻、知识吸收或技术转移等方式，获取新技术、学习新知识或引进新设备；同时，农村产业发展的行动主体，如村"两委"、养殖专业合作社等，在组织结构僵化或组织文化不良的情况下，农村地区可以通过流程优化、团队建设或文化塑造等方式，提升组织效率、增强团队凝聚力或改善组织氛围。及时克服约束条件有助于创业者增强主动性和创造性，在不同阶段中做出有效改进和持续创新。

（五）课堂安排

1. 介绍资源拼凑理论

资源拼凑理论一种创业和战略管理的理论，它认为企业在面对机会或挑战时，不仅要依赖现有的资源，还要通过重新识别、整合、开发和利用各种内外部资源，创造出新的价值和竞争优势。教师在进行理论介绍时，可以从识别问题和机会、定义目标和策略、搜集和评估资源、组合和利用资源、调整和改进过程五个维度进行讲解。

2. 介绍案例发生的背景

案例村是位于福州市连江县的同心村。教师向学生介绍近年来的村庄发展变化，即从海边一个环境破旧、经济落后的小渔村，转变为如今年产值过亿、环境优美的全国文明示范村和市级乡村振兴试点村，引出同心村环境、产业转变的关键在于对当地特色产业资源的合理利用与充分挖掘，为本次案例讨论形成铺垫。

3. 介绍同心村特色产业振兴的全过程

按照时间顺序梳理同心村党支部在促进特色产业振兴过程中所遇到的困难及相应的解决措施，并通过多媒体PPT形式将所遇困难和解决措施一一对应，以更加直观的方式呈现在学生面前。然后，结合资源拼凑理论，介绍基层党组织如何在资源选择、拼凑能力、约束对应能力三个方面发力并作用于产业振兴。最后，引导学生总结与归纳案例经验。

4. 小组交流讨论

在进行小组交流讨论之前，教师引导学生结合案例分析材料、访谈记录及网络资料完成思考题：同心村基层党组织在产业振兴中遇到了哪些困难和挑战，又是如何应对和解决的？同心村基层党组织是如何发现和整合内部和外部的各种资源，形成产业发展优势的？同心村基层党组织是如何创新资源的使用方式，打造特色产业和品牌的？通过思考题，引导学生与小组内其他同学思考、交流讨论。教师可在适当时机进一步引导学生如何将理论运用于实践，提出更多提升资源拼凑能力的路径。

5. 布置课后作业

将小组讨论结果以报告的形式上交。报告内容须包括思考题讨论成果和一份以资源拼凑与乡村振兴为主题的课程论文。课程论文的撰写需要学生自行收集相关文献资料及近年来其他农村地区乡村振兴的典型案例并进行分析。

（六）其他教学手段

计算机 PPT 展示、小组讨论、拓展阅读。

本讲小结

本讲展现了"脏乱差"的破旧小渔村同心村在基层党组织带领下，挖掘与统筹各方资源，运用资源拼凑理论，完成"渔旅融合"的产业嬗变过程；此前，同心村的渔业养殖存在技术落后、养殖人员分散、融资困难、产业链单薄等问题；后续基层党组织积极探索利用同心村现有资源，通过形成系统性养殖体系，发掘海洋资源和鲍鱼产业的观赏价值，打造具有滨海特色的"渔旅融合"产业，成功带领全村走出一条因地制宜、第一产业与第三产业深度发展的乡村振兴之路。

案例表明，在新时代乡村振兴背景下，大部分农村地区面临资源匮乏的困境。但是，提升资源拼凑能力与水平是促进农村特色产业融合发展的重要举措。同心村充分激发内部资源的创造力，提升渔旅产业竞争力，是当代农村产业融合发展的典范，对其他农村地区的特色产业振兴具有示范意义。

第四部分

文 化 管 理

第十二讲 "别丢掉"①
——浙江景宁畲语保护措施研究

 学习目标

- 认识传统文化保护在当前经济社会发展中的重要性和必要性；
- 分析政府在语言文化保护当中发挥的职能，把握其文化职能与社会职能；
- 对语言文化保护提出新的想法，分析经济发展之中政府和个人如何保护传统文化。

一 案例主体

（一）引例

中国历来就是一个多民族多语言的国家，中国大地上一共有300多种不同的语言。在我国55个少数民族中，除回族、满族通用汉语言文字外，53个少数民族都有自己的语言，数量超过80种。2022年，云南傈僳族小伙发布的视频给人留下了深刻的印象。随着他"我是云南的"短视频爆火之后，各地掀起了翻拍的模仿热潮，内容都是展示自己的家乡话。

事实上，这样的少数民族特色语言正随着时代发展逐渐消失。"中国有55个少数民族，有130余种少数民族语言，其中有四成语言已经显露濒危迹象或正在走向濒危。"中国民族语言学会名誉会长、中国社会科学研究生院孙宏开教授担忧国内少数民族语言的发展。处于弱势的民族语言，面临着强势语言、全球化、互联网等外部因素的冲击，保护多样语言仍需社会各方的共同努力。

---

① 案例采集人：李红玲、蓝苹。

1985 年 4 月 22 日，即畲族传统的"三月三"，中国第一个畲族自治县——景宁畲族自治县（以下简称景宁县）成立，也是中国至今唯一的畲族自治县，有"中国畲乡"之称。畲族是我国南方地区一个古老的民族，全国现有 70 万人口，主要分布在福建、浙江、江西等省份。截至 2022 年 9 月，西坑畲族镇总人口 11731 人，其中畲族人口有 2480 人。畲族历史源远流长，民族文化绚烂多彩，拥有自己民族共同的语言——畲语。

畲语是一种奇特的语言，虽然广义的畲语以语言岛的形式零散地广布，但内部却保持着高度的互通性，都能交流。这种语言现象在中国南方是不多见的。畲语的保护对于南方语言发展具有重要意义，畲语在景宁县的传承与发展，给其他少数民族语言提供了经验。因此，希望借此案例可以帮助和启发其他语言工作者，对语言传承发展有所贡献。

（二）案例描述

小蓝是一名畲族少女，和大多数同学一样，爱笑爱美，说着一口利索爽快的普通话。多年前，她的爷爷同传统畲民一样，生于山里，长于山里，是个名副其实的"山里客人"。

小蓝本身难以熟练使用畲语，许多晦涩的词语难以满足她的表达需求。同样，随着越来越多畲族长辈走出大山，越来越多的年轻畲族和汉族交往交流，本族语言的发展受限。在学校，教学用语和同学交流等日常用语都是普通话，而畲语的交流情况少之又少。父母为了方便，也主要采用普通话沟通交流。当年轻人熟练地讲着普通话，当畲族只停留在简单的文本之上，当清脆悦耳的汉语音节取代了古朴传统的畲语时，畲语如何发展？畲族文化怎么传承？

1. 从畲民畲语到畲民双语

20 世纪 60 年代，小蓝的爷爷由于生活困难，不得已走出大山，迁居到县城。蓝爷爷很少说汉语，基本不会说普通话，不过，因为社会交往范围有限，可以应对日常工作生活所需。

小蓝的父亲于 1973 年出生。到了这一代，畲族孩子从小就和汉族一起生活、一起求学。这就要求他们这一代出了家门都必须使用汉语，否则根本行不通；而回到家里又都得说畲语，否则老人听不懂，这就导致他们的汉语和畲语都使用得非常熟练。

近代畲民经历过数次大迁徙，社会变化不断加快，畲民的生活环境和生活方式都产生了翻天覆地的变化，特别是畲汉混居、通婚现象不断增加，纯粹的同族聚居越来越少，这都或多或少阻碍了畲语的传承和发展。

2. 从畲民双语到畲民汉语

等到了小蓝这一代，情况进一步发展，与祖辈的沟通没有与父母的沟通密切，会不会讲畲语变得不那么重要，反而普通话用得越来越多、越来越顺。到了小蓝长到有记忆的年纪，在学校的时间比在家里的似乎更多，自然而然讲畲语的能力也不断下降。事实上，现在的小蓝也只是能基本听懂畲语，偶尔可以讲一些简单的日常畲语，仅此而已。但她的这种情况还不是最差的。小蓝的表妹比她小两岁，从小就生活在一个没有畲语的语言氛围中，在家或在外交流基本都是普通话或方言，这导致她完全不会说畲语，而且也一点都听不懂，同时也很难接触到有关畲族的文化传统，更不用谈接受和传承了。

小蓝的经历正是许许多多畲族年轻人的真实现状。2011 年 4 月，丽水学院教育学院雷艳萍组织部分师生对景宁县境内的畲族小学生和高中生的语言生活状况进行了全面的实地调查，调查对象涉及在景宁就读的畲族小学生 1108 人、高中生 395 人。问卷反馈的信息显示，三分之二的学生居住在畲族村；父母双方都是畲族和父母一方是畲族的比例基本持平，且大部分受调查者的生活足迹仅停留在景宁县。她在《畲族学生的语言生活状况研究——基于景宁小学生与高中生语言使用情况的同期调查》中提到，在小学生中，第一语言是畲语的同学占比 36.4%，而这一数据在高中生群体中已经降为 54.6%；在会说畲语的人中，小学生群体远低于高中生群体。畲语能力方面，超过半数的学生能够熟练掌握畲语，但完全听不懂畲语的学生比例也占到了 14.3%。家庭语言使用方面，日常家居生活使用畲语的学生约占 40%；校园语言使用方面，只有 10% 左右的学生表示，课后会使用畲语与同族老师或同学交流；而在公共场合，只有 8.6% 的学生会经常使用畲语，绝大部分学生很少或者根本不会在公共场合使用畲语。在畲语的喜好方面，小学生群体中有 36.4% 的人表明自己最喜欢说畲语，而在高中生群体中，这一数据为 28.2%。显然，调查结果显示，畲语在畲族学生群体的使用中出现衰弱趋势。从畲族小学生与高中生的对比数据中可以得出，随着年龄和环境的变化，畲族学生对待畲语的态度和使用情况也在不断改变；除了在家庭生活领域畲语占有一定的优势以外，在学校等公共场合畲语的使用情况不容乐观，畲民们似乎有一种在家以外的环境不使用畲语的默契。

3. 从畲语消失到文化消逝

不仅如此，随着畲语的使用者越来越少，丰富深厚的畲文化在传承中受到的阻力也越来越大。例如，唱山歌的人少了。畲族没有自己的文字，它的历史传承都依靠用畲语编成的山歌来完成。畲族是一个热爱歌唱的民族，畲民们习惯了以山歌代替语言，以山歌代替情感。

传统社会里，畲族男女青年通过唱山歌相识并建立婚恋关系；女孩子出嫁前去舅舅家做客，周围的男孩子都会蜂拥过来与之对歌，对不上会很没面子；畲民们对歌时喜欢一决输赢，输了就不服气，回家后要琢磨怎么才能唱得更好。就是在这样的环境下，畲语歌曲一度发展得非常好。但是由于现在懂畲语、用畲语的人少了，会唱的人也越来越少。一年一度的"三月三"时节，对畲歌这项传统活动也日渐零落，蕴藏在畲语山歌里的各种神话传说、族群史诗等文化信息也无人开发、领会。

又比如"问凳"。"问凳"是畲族民间早期的宗教祭祀活动，在还没有发现医学的上古时代，人们身染疾病或家里遭受灾难时，往往以"问凳"的方式祈求神灵保佑，以期待消灾灭邪、保全安宁。具体操作是这样的：在高1.2米的三脚架上设一形似跷跷板的长凳，两端各坐一人，上下跷动，同时左右旋转，边问边答，最终，有难者被告知除病消灾的方法。这一求神祭祀活动被形象地称为"问凳"。当然，所有的问答都是以畲语进行，随着畲语的受众越来越少，医疗卫生条件逐渐发展，人们遇到疾病时更相信科学而无须借助于神灵佑庇，问凳因此也逐渐从人们的视野中消失，后来演变为民间体育活动，失去了它原有的文化气息。不仅如此，绣满凤凰的畲族服饰在日常生活中也不多见了；如今畲民的婚丧习俗与汉族人无异，充满现代感；挽救生命无数的畲医更是寥寥无几。

就是在这样的环境中，传统与现代不断碰撞。先进的科学技术打破了传统医治方式，神灵气息逐渐消退；古老的对歌仪式受到自由恋爱思想的影响，高亢的歌声逐渐隐去；简单方便的普通话取代了变调流转的畲族语言……畲族的文化被落在了飞速发展的新时代之后。

4. 畲语抢救，文化留存

（1）强化理念，文化保护和经济发展不冲突。从文化保护的角度来看，对于没有文字的畲族而言，畲语既是畲族文化的核心内容，又是畲族文化最重要的载体。畲语失传将会极大地影响畲族文化的传承，保护和传承民族语言是民族文化发展的需要。当代民族学者石朝江先生在《中国苗学》一书中谈及苗族语言时就说："人们学习和使用自己民族语言的过程，也就是学习、继承自己民族文化的过程。"此外，民族语言是体现民族完整性的重要前提。民族语言是一个民族最重要的特征，也是对一个民族认同的具体媒介。蒋禹平在《富宁"红苗"语言失传引发的思考》中提出"没有了自己的民族语言，就谈不上一个民族的完整性"。因此，只有引起对畲语发展的重视，提升畲语使用频率，才有利于更好地传承发展畲族传统文化。

从经济发展的角度看，根据《2019年景宁畲族自治县国民经济和社会发展统计公报》，景宁县于2019年实现生产总值69亿元，按可比价格计算，比上年增长9.2%。其中，第一产业增加值6.41亿元，增长2.9%；第二产业增加值17.04亿元，增长2.9%；第三产业增加值45.55亿元，增长13%。在第三产业中，旅游业总收入为79.3亿元，增长20.6%，其中国内旅游收入79.29亿元。旅游业的收入相对于其他第三产业如内外贸易（全年社会消费品销售总额37.38亿元），邮政行业（全年收入1908万元），电信行业（全年收入9967万元）占更大比重。因此，旅游业的推动对当地经济发展起着至关重要的作用。而景宁县的旅游开发项目主要聚焦于畲族民族文化，包括畲族传统服饰文化、非物质文化遗产等。畲族文化是当地旅游业开发的核心。作为当地经济发展建设的重要来源，畲族文化起着至关重要的作用。但是，目前畲族文化的传承现状，需要政府从宏观层面采取措施进行保护。

（2）制度根据，让保护措施有章可循。2010年10月30日，浙江省第十一届人大常委会第十九次会议审查批准了《景宁畲族自治县民族民间文化保护条例》，通过立法的形式保护畲族的珍贵文化遗产和传统技艺。该条例规定：畲族语言及具有代表性的畲族民间传说、谚语、山歌、戏剧、曲艺、音乐、舞蹈、绘画、雕塑等均纳入保护范围；教育部门要将畲族历史和民间文化编入地方教材，中小学校应当开展民族民间文化教育，民族学校要开设畲语辅导课；同时，民族事务部门应当组织编写畲族语言读本，定期举办畲语培训班，旅游和对外接待的工作人员要接受畲语培训；设立文化保护区，且明确要求将畲语学列入学校教育、电视广播、农民培训等各个方面。

（3）从校园入手，从娃娃抓起。儿童和青少年时期是学习语言的重要时期，畲族儿童对畲族语言的学习不仅意味着畲语使用人口的增加，也意味着畲语能够继续传承下去。在景宁县有很多民族中小学都尝试将畲语引入课堂，由专门的畲族教师开设民族母语口语训练课。畲族教师不仅要传播本民族的文化，也要注重自身民族文化素质的培养，加强对学生的引导。

宁德市各民族中小学编写了校本课程读本，有《畲族文化简说》《畲族文化》《畲族小说歌》《畲寨风情》等。虽然教育部门编写了相关课程读本，但仍然集中于畲族文化介绍，并没有专门开设一门语言课程进行教学。

自2007年起，畲族自治县当地小学开设相关畲语、畲歌教学课程，开展"畲族文化进课堂"活动。学校专门开设"畲语选修课""畲语进课堂"等教学实践活动。编印畲语校本教材，组织畲语专家就畲语的基本发音、声母韵母、平仄规则、短语断句及会话等内容进行规范固化，编订符合景宁县地方特色和实际需要的教材。景宁县的各个学校通过"畲族语言说起来""畲族山歌唱起来"等载体，将畲语融入课堂，激发学生学习畲语的兴趣，也加深其对畲族文化、传统的了解。

（4）文化设施同步跟进，扩大畲语保护的社会参与。2006年7月，景宁畲族自治县人民政府开工建设浙江省景宁畲族自治县最大的畲族文化标志性建筑——景宁畲族文化中心，占地面积26500平方米，其中畲族文化中心占地面积4600平方米（建筑面积5450平方米），畲族博物馆占地面积3400平方米（建筑面积3354平方米），畲族文化公园占地面积18500平方米。展区包括博物馆、文化馆、图书馆三部分，是一座集民族艺术培训、文艺民俗展演、文化休闲娱乐、创作研究、文化经营性活动于一体的综合性文化标志性建筑，成为研究、传承畲族文化的主要基地和了解畲族人文历史、解读民族风俗的重要窗口。

2019年6月28日，景宁县畲族文化发展中心挂牌成立。

2010年7月27日，丽水市成立畲族文化研究会，组织了一批畲族专业文化骨干力量开展畲族文化资源普查，完成了畲族民间传统文化目录和分类目录，建立了畲族文化数据库，整理出畲族文化遗产等文字资料 230 多万字，编撰了《景宁畲族民间文学三大集成》。

2015 年，国家启动语言保护工程，畲语被列为第一批语种保护。景宁县组成保护领导小组，安排专项经费，由专人负责保护工程。

2016 年，景宁县与浙江师范大学合作，开展"畲语进校园"课题研究，为畲语传承工作进行理论梳理，让专门的人员对畲语进行系统化的研究，同时，扩大"畲族三月三"等传统畲族节日的影响，鼓励更多的人来参加畲语山歌的对唱。景宁县教育系统一直致力于畲语的传承工作，让畲语进校园。

2018 年 12 月 30 日，由浙江书局、浙江省景宁畲族自治县人民政府联合举办的景宁畲语教材编纂会议在景宁县召开。与此同时，景宁畲族自治县高级人才联合会把畲语发音标准化列入重点研究课题，以推动畲语在当地的发展。

2019 年 8 月 2 日下午，暨南大学汉语方言研究中心主任甘于恩教授一行，来到浙江省景宁畲族自治县民族宗教事务局，与景宁畲族自治县教育局，一起签订三方合作协议，协议确定由暨南大学汉语方言研究中心牵头，编写景宁畲语系列教材。

2020 年，暨南大学汉语方言研究中心和浙江省景宁畲族自治县民族宗教事务局共同发起"畲语系列教材审核研讨会"。

2021 年，景宁县举办"喜迎二十大·浙里石榴红"第六届青少年儿童畲语大赛。

（5）运用现代媒体，让科技为文化保护赋能。景宁县广播电视台推出畲语新闻，主持人穿着民族服装，用畲语报道畲乡的新闻。文化频道推出《我要学畲语》专栏，采用场景教学法，推广常用畲语，鼓励学生及普通民众体验畲语，学习畲族语言。

景宁县将常用的"畲语三十句"制作成手机应用程序，要求当地运管、交警等一线窗口和执法单位工作人员下载学习，并将畲语运用同"文明示范岗"等评先评优有机结合到一起，将畲语的运用作为优质服务的重要方面，让畲语更好地传承和发扬。

5. 尾声

德国语言学家威廉·冯·洪堡曾经指出，语言仿佛民族精神的外在表现，民族语言即民族的精神，民族的精神即民族的语言；一个民族无论如何不能舍弃的，就是它的语言，因为语言是一个民族所必需的"呼吸"，是它的灵魂之所在，通过一种语言，一个群体才得以凝结成一个民族，一个民族的特性只有在其语言中才能完整地铸刻下来，要想了解一个民族就要从一个民族的语言开始。语言来源于该民族的社会生产和生活，反映了该民族的社会现实，体现了民族特有的文化内涵。

我们常说要保护文化资源，但这种资源并非博物馆里展出的静态事物，活生生的人才是文化的载体，只有在人与人的交流互动中，文化才得以生动地演绎。通过人与人的对话，我们感受到讲话者在其中蕴含的情感、思想和价值观，并理解这其中蕴含的文化逻辑。换句话说，通过人与人之间的交流，我们每个人都在演绎着文化，传承着文化。因而语言的重要性不言而喻，语言是大多数人相互交流的基本手段，也是了解不同民族的文化和传统最直接的手段。我们保护畲语的传承就是在保护其民族的传承。我认为，一个有一千多年历史的民族，在不断发展传承的过程中，只有语言见证了整个民族的历史变迁，并且在整个过程中，畲语不断加深畲民们对畲族强烈的民族认同感，不断地推动畲族向前发展。

（三）思考题

1. 浙江景宁当地政府采取了什么措施防止畲语的失传？
2. 这些措施的实现需要哪些公共管理部门相互配合？
3. 畲语的失传对当地经济、文化发展产生什么影响？

12-1 畲族非遗引游人

12-2 畲族介绍

12-3 畲族文化保护近期发展

二 教学手册

（一）课前准备

1. 教师准备

整理案例当地的背景及目前的文化传承情况，并以多媒体形式呈现出来，分析文化传承的意义与方式。

2. 学生准备

学生在课前阅读与文化传承相关的资料，对文化传承的意义及基层政府推动当地文化传承的工作有所了解。

（二）适用对象

MPA 专业学生、行政管理专业学生。

(三)教学目标

1. 知识目标

通过案例,使同学们了解文化失传对当地经济、社会发展的影响以及当地政府为应对这些问题会采取哪些措施。

2. 技能目标

通过案例,分析当地政府如何推动文化传承,提升学生对问题的分析能力,使其学会挖掘问题背后的起因和影响因素。

3. 态度及价值观目标

引导学生理解文化传承的重要性和意义,通过案例激发学生通过个人层面传承中华文化、民族文化。

(四)要点分析

1. 畲语失传的主要原因

从各种数据可以看出,在景宁县,大部分畲民都是会说畲语的,但其使用情况对于文化传承来说不容乐观。影响畲语使用的主要原因如下。

(1)语言价值观。在幼儿时期,畲民教授给孩子的第一语言一般都是畲语,但在其子女不断长大、与外界交往逐渐增多的过程中,大部分的孩子都会渐渐偏向于汉语方言或者普通话,畲族父母也没有及时强调畲语的重要性。越来越少的畲民会在正式场合使用畲语,这使得畲语的使用价值大大降低。在原先较为封闭的环境中,畲语是大家交流的基础手段,每个畲民都知道它的重要性及价值。但随着不断发展,整个区域环境是开放的,畲语不再是畲民们必需的选择,人民有了更加便利的语言选择。如果畲民无法认识到甚至忽略畲语所承载的畲族历史文化,那么畲民们的语言趋势就会变成从畲民畲语到畲民双语,再到畲民汉语。

(2)"大散聚,小杂居"的景宁畲族居住特点。景宁县有约1.99万畲民,但这些畲民都是分散居住的。无论是在乡村还是城镇,聚居的畲民都很少。畲民们长期与汉族混居在一起,因为汉族人口众多,大部分畲民就会选择"入乡随俗",学习汉语,使用汉语,畲语的使用频率在这个过程中大大降低。另外,由于长期和汉族混居,畲汉通婚现象十分普遍,这也很大程度上阻碍了在这样家庭里的畲族小孩学习畲语。在女方是畲族、男方是汉族的家庭，孩子的母语就通常不会是畲语，孩子长大后学习畲语的机会就更少了。

（3）社会经济的发展。其实，社会经济的发展对于畲语的传承与发展有利也有弊。弊在于社会的发展使畲民入乡随俗，畲民为了适应新的环境、新的生活而逐渐放弃讲畲语。小众的畲语阻碍了他们与外界的交流，更多的畲民走出了原先生活的封闭的环境，走向更为多元的城市，有很多的年轻畲民外出求学或者打工，他们接收了更多的外来信息，这在很大程度上导致这些年轻的畲民放弃了畲语。不过，在政府相关单位的畲民逐渐意识到语言对于民族的重要性，有更多的力量去保护畲语的传承，而且现代科技的发展使得我们有更多的技术手段来保护语言的传承，并且能够更快速更广泛地传播语言文化。

（4）没有系统化、规范化的语言教育。千百年来，畲语都是依靠畲民们口口相传而流传至今的，所以畲语的传承是需要语言环境的，当这种语言环境受到现代社会发展的冲击之后，畲语就面临着失传的危险。所以，我们需要有系统化的语言教材及可以进行专门的畲语教育的地点，从而避免这种因缺少语言环境而导致某种语言消失的困境。

（5）受到汉语方言影响。比较福建地区畲民的畲语与浙江地区畲民的畲语可以发现，两地畲民所说的畲语有所不同。这是由于畲民们很容易受到当地口音的影响并且也在一定程度受到汉语的影响。这使得畲语面临一种尴尬的境地，畲语的发音开始接近当地的方言发音。

2. 拯救畲语失传的措施

近年来，国家开始采取一些措施来拯救濒临失传的语言，而景宁县人民政府开始意识到当地畲语所面临的种种困境，开始做出一系列的努力。

在宣传方面：景宁县广播电视台开设畲语新闻栏目，让畲语变成一种可以在公众场合使用的语言。与此同时，让一些一线的执法人员、基层干部学习畲语，这都大大地提高了畲语的实用性。这也可以鼓励很多年轻的畲民继续学习使用畲语。编订畲语教材，让畲语进校园，这些举措都规范了畲语的学习，让其有了除口头教授之外的学习方法。畲族学生可以在校园内使用畲语，不仅可以增加其畲语的使用频率避免遗忘，还能够吸引汉族学生学习畲族文化及语言。景宁县政府大力发展旅游业，努力打造中国畲乡，不仅是有利于当地百姓的生活水平的提高，更是在传承畲族文化，发扬畲族文化，使得当地的畲民不仅能够体会到畲语的文化价值还能够享受其带来的经济利益。

在具体实践当中：政府公共部门日常的办事执法融入畲语，这样增强了当地县政府的畲乡特色。畲民们会因此对政府产生一种更为强烈的认同感，这对政府各项工作的顺利进行有着重大的意义。

从制度法规范围来讲：政府建立相关规章制度，畲民们能够重视起畲语的传承，社会上也会有更多的个体和专业的语言研究团队注意到畲语，从而扩大畲语的影响。

但总的来说，畲语传承的主体依然是畲族人民，必须让畲民重视自身语言的传承和文化的发展。成立专项的畲语监督实施委员会，委员会成员可以由政府领导、普通执法人员及其他畲民和汉民代表组成，成员无须在该委员会中担任全职，而是通过在日常工作或者生活中，发现各种没有明确落实工作的行为或者落实效果不佳的措施，进行总结后将意见交给专门的部门，使得政府能够更加有效率地保护畲语的传承。

在文化素质方面：景宁县的畲民大多分散居住在农村地区，城镇中居住的畲民比例较低，很多畲族年轻人的受教育程度在高中及以下，外出上大学的畲族青年人数低于外出打工的人数。畲民们的平均文化素质水平使得人们只看到眼前的益处，而忽略了长远的价值。景宁县政府可以不断加强乡镇地区的畲族教育水平，增加对该地区的教育资源输送，也可以定时在畲乡地区开展各种讲演活动，设立畲乡图书阅览室等，增强畲乡地区全体畲民的文化素质。同时，景宁县不断加快经济发展，努力提高全县人民的生活水平，尤其是要提高畲民的收入，不断减少外出打工的年轻畲民的数量。

最后，政府在文化传承中扮演引导者、规范者的角色。在畲语传承保护上，政府给民众以明确的信息——政府正在努力保护畲语的传承，让大部分的畲民意识到传承畲语的重要性。政府能够采取辅助性的措施，提高畲语的使用价值，并且让更多的人意识到它的文化价值，然后引导畲民们去重视自己民族的语言的传承。

畲语的传承保护离不开一个浓厚的畲族文化环境。在景宁县畲民人数较多的村落建立畲语保护区，强化畲语的人文环境。畲族丰富多彩的文化价值体现在民风民俗、民歌民舞、民族服饰、民族节日等方面，我们要以保护和传承民族文化为目标，开展畲族文化的教育和学习，请当地畲乡的畲族文化传承人编写一套既能够学习畲语，又能够了解畲族优秀传统文化的乡土教材，内容可以涉及具有畲族特色的民间故事、歌谣、民俗活动、传统手工艺等各个方面，让年轻一代的畲民认识到本民族的特色、民族发展的历程，通过对这些基本的民族文化和传统的了解，从而培养对畲族文化保护与传承的意识和观念。

（五）课堂安排

1. 介绍案例发生的背景

畲族是中国南方的游耕民族，已有一千多年历史，现主要居住于福建、浙江、江西等地，居住较为分散，且人口数量规模不大。小蓝的老家浙江景宁县是一个畲族聚居县，于1984年建县，也是中国唯一的畲族自治县，当地畲族人口约1.99万人。

2. 介绍畲族文化失传的现状

通过案例的引入，体现畲族语言目前失传的情况，并且通过对畲族文化的补充，使学生们了解畲族语言失传对于传承畲族传统文化的影响。

3. 小组讨论

教师提出问题：为何浙江景宁当地畲语会出现失传情况？当地政府可以采取什么样的措施防止畲语失传？

4. 小组分享

学生分享自己的观点，共同探索背后具体的原因。

5. 总结

教师根据学生的分析，进一步引导学生们认识到文化失传的深层次原因，并介绍案例中景宁县当地政府采取了什么措施推动文化传承，以及这些措施在哪些层面和哪些领域发挥着作用。

（六）其他教学手段

PPT 展示、小组讨论。

本讲小结

本案例介绍分析了浙江省景宁畲族自治县面对畲语日渐失传的现状所采取的一系列措施。随着时代变化，科技飞速发展，传统语言文化在不知不觉中受到影响。随着大山里的人们走出来发展，传统的畲语使用场景和使用人数不断减少，畲语作为一种文化符号，急需挽救。如何妥善处理传承文化和发展经济之间的矛盾，当地政府充分发挥自己职能，在平衡经济和文化之间做出了诸多努力，通过立法、校园课程建设、建立文化传承基地、搭建畲语平台等方式对畲语进行挽救。当地政府的实践探索也可以为其他少数民族的语言及其他传统文化保护提供借鉴。

第十三讲　公共艺术"搭台"　民族团结"唱戏"[①]

——以公共艺术推动民族乡村团结发展为例

学习目标

- 了解公共艺术对于乡村振兴的作用，认识文化和经济发展的相互影响；
- 掌握政府主导、村民参与治理模式的优势，理解"乡村治理新秩序"中"新"在哪里；
- 思考公共艺术在实现促进经济发展的过程中，政府如何发挥作用、解决难题。

案例主体

（一）引例

公共艺术又称为社会艺术或公众艺术，指的是以人为本位，以公共性为依归，通过对空间结构和功能的设计，面向大众提供的各类艺术形式的总和。作为一种新型的艺术形式，它可以改变民族乡村的风俗风貌，重塑缺失的民族文化和乡村文化，重新发现乡村的美丽。

作为我国社会治理体系的重要部分，民族地区乡村治理的有效性与我国社会的稳定、民族的团结紧密相连。因此，要以铸牢中华民族共同体意识为引领，充分发挥公共艺术对民族地区乡村治理的积极作用，提升乡村治理的有效性。

S村是一个少数民族聚居村，有大量由多样介质构成的艺术性景观、设施及其他公开展示的艺术形式，如雕塑、壁画、门楼、牌坊、廊亭等，并在不断探索和发展的过程中，提升村民对公共文化建设的重视，实现乡村经济高质量发展，推动民族团结，形成了具有本村特色的乡村治理路径。

[①] 案例采集人：方堃、王妍妍。

(二)案例描述

S村是一个豫北少数民族聚居村,现有居民3100余人,其中回族人口占总人口的比例高达98%以上。该村历史十分悠久,文化底蕴深厚,村域出土文物的年代可追溯到宋末元初。几百年来,历史上生存的艰辛、邻里互助的传统以及遇到灾害危机时周边村庄守望相助的经历,淡化了村民的家族观念,增强了凝聚力和民族认同感。改革开放以后,制革产业兴旺使S村从一个封闭的回族穷村蝶变为远近闻名的小康村。伴随人口快速流动,不同地区间经济社会交往频密,该村也不可避免地处于同外界文化的碰撞融合之中。该村历来重视公共文化建设,兴建了球场、露天大舞台、新时代文明实践广场、回族文化博物馆、铸牢中华民族共同体意识石碑、民族团结先进事迹宣传栏;成立了文艺志愿服务队,定期邀请艺术家教村民唱歌跳舞、表演武术。每逢古尔邦节、开斋节等传统节日,乡亲们都会在清真寺升国旗,举办缤纷多彩的民俗活动,吸引了大量游客。村"两委"精心打造示范展厅,向群众呈现民族团结创建活动剪影、民族团结一家亲等内容丰富又蕴含时代气息的工作情况;利用党员群众活动中心制作宣传海报、墙体绘画、上墙版面,通过多种载体深化拓展民族团结进步宣传教育。S村先后被授予"全国民族团结进步模范集体""全国先进基层党组织"等荣誉称号。

1. 物质与精神发展失衡,谋求新发展路径

十一届三中全会后,S村抓住发展的机遇,由村支书M牵头,先后通过贷款和集资的方式成立了自己的村办企业。在企业正规化后,S村又成立了民族经济开发公司,协同村中各村办企业和工厂的生产,年产值一度破千万,成为当地有名的"小康村"。

但是,经过数十年的发展之后,S村逐渐陷入发展困境。一方面,由于本村的企业大多是粗放型生产,严重污染了当地的环境,同时,由于S村位于沁河上游,政府为了保护水源安全多次关停S村污染企业,这也无疑加深了S村村民与市政府的矛盾;另一方面,S村在精神文明建设上也显出颓势,在重商理念的影响下,许多未成年人在完成九年义务制教育后便辍学在家跟随父母经商,导致S村村民的文化程度普遍不高。此外,长期重视经济发展的村民忽视了本民族的民族文化和宗教文化,村内大量历史建筑得不到有效的维护,残破不堪。

为了扭转这样的发展局面,在S村长大的D主动放弃镇内职务,以正科级的身份担任S村党总支书记。面对家人朋友的劝说,D斩钉截铁地表示:"我是S村人,我有职责担起这个担子,在家乡危难的情况下我能退缩吗?不!不能!"最终,在D的带领下,S村开始寻求新的发展路径。

2. 尝试公共艺术介入，挖掘民族文化宝藏

D上任后，首先在经济上进行改革，推行企业改制和土地流转，但由于村民思想不够开阔，改革遇到了很大的阻碍。于是，D认识到要想实现发展，必须先补足精神文化的短板，但到底如何建设，成为困扰S村村委的难题。此时，正逢市政府组织去浙江学习乡村振兴经验，D在浙江莫干山的乡村建设中发现了破局的关键——公共艺术。

在公共艺术建设中，可以实现政府与村民的互动，双方可以相互理解对方的意愿，从而实现和解，消除对立；也可以实现其他民族与S村村民的互动，使双方了解彼此的文化，增进认同；还可以实现村民与村民的互动，使村民了解更多本村的历史文化，补足自己的精神文化的短板。此外，公共艺术所开发出的巨大文化资源，也可以发展乡村旅游，推动S村产业转型升级，走出粗放发展的困境。

于是，在2018年S村将公共艺术建设纳入本村的发展规划中，每年从集体资产中划出专项资金用于公共艺术建设，并与省艺术研究院、河南大学美术学院等机构合作，对本村公共艺术的布局进行设计；与市、省文物局及时沟通，对本村的牌坊、清真寺、石碑等进行修复；鼓励村民传承和发展各种民俗文化、举办民族文化节等，公共艺术的介入工作如火如荼地在S村开展起来。但是，建设过程并非一帆风顺。

3. "造血"能力不足，"输血"效果不力

一开始，S村村"两委"将公共艺术建设的重心放在了政府主导的投资建设中，希望通过外部"输血"来达到目标。在中共中央、国务院印发的《关于实施乡村振兴战略的意见》提出"保护农村地区少数民族文化、塑造社会主义核心价值观、加强农村公共文化建设"后，S村村"两委"积极申请当地政府文化建设项目，如"艺术兴乡""文化下乡"等，按照"一个文化活动广场、一个文化活动室、一个简易戏台、一个宣传栏、一套文化器材、一套广播器材、一套体育设施器材"的七个一标准，修建了文化广场、社会主义核心价值观宣传栏、农家书屋、公益电影放映室等公共文化设施。S村由文化场馆建筑围合所构组的空间，强调显性的政治宣传和道德教化功能，使"爱祖国、感党恩、听党话、跟党走"的正确导向以文艺演出、作品展览、墙绘海报等形式浸入，在村民观念中被形塑出来。政府部门的文件精神通过公共艺术将社会的统一要求或规范传达到乡村民族成员中，起到润物于无声、育人于无形的效果。但是，S村农闲时大部分人选择在家看电视、上网，尽管夏季村民喜欢跳广场舞，冬季则大多在屋前聊天或打牌，公共文化场所的利用率不高，乡村公共艺术遇冷的现象较为普遍。村民Y回忆道："刚开始搞文化活动室的时候，只有周一到周五的上午九点到下午五点开放，可是那个时候许多村民正在上班，没时间去使用，另外还有许多设备都落灰了也不让使用。"究其原因是部分村民外出务工，文化艺术的需求不足；缺乏对公共文化设施的管理，缺少值守讲解、组织活动

的人员，群众艺术馆常是"铁将军把门"；相关设施建设多为短期投入，没有及时更新内容、维护升级。

另外，S村村民在自身发掘公共艺术的过程中也出现各种状况，导致内部"造血"能力不足，陷入围城困境。以S村的查拳民族武术文化为例，起初S村乡贤十分重视查拳文化的发展，当时皮毛厂副厂长N特意赴河北等地聘请多位专业拳师对查拳的磨、勾、挑、蹬、盘、弹、撑、拨、踢等技法进行再创作和示范，总结出一套姿势舒展、发力顺达、动迅静定、协调流畅、开合分明的大众化动作，帮助S村的传统体育文化复兴。S村的查拳非遗传承人D在家门口创办"武术研习院"，醉心于查拳文化传播，在其带领下，村民自发组建的查拳武术队在省、市多项竞赛中屡获佳绩，推动形成了S村独具特色的民族公共艺术品牌。然而，查拳传承者却长期坚持不传外的祖训，其发展范围一直受限在S村内，从本村的查拳传承脉络中可以看出，回族传承者高达九成。在所开办的武术研习院中，一百多名学员也都是回族。校长也承认："最开始的时候思想比较狭隘，认为我们的教门拳不能传给外人。"此外，查拳拳师在传承过程中也极力维护查拳的优越性，不愿意与其他传统武术门类和现代武术进行交流，有些甚至排斥现代武术的发展，最终导致查拳武术向公共艺术转化的进程受阻，无法发挥其文化功效。

面对内外双重困境，S村"两委"白天进行调研，晚上连夜开会，认真分析内部发掘和外部输入公共艺术建设的优势与不足，决定不模仿他人的老路，因地制宜，根据本村实际情况制定了公共艺术建设实施细则，重新规划建设内容，最终在修复清真北大寺时迎来转机。

4. 内外合力，走出公共艺术介入新路径

S村清真北大寺始建于元代，在明清两代不断增修，是第七批全国重点文物保护单位，但由于年代久远，加之忽视对其的保护，清真寺许多房屋破损、倒塌。于是，S村"两委"在制定公共艺术建设方案的过程中将清真寺的修复工作作为首批项目。在这次修复工作中，政府、回族村民和其他民族群众在观念和行动上达成统一，彰显出公共艺术潜移默化影响人心的功能。

首先，政府主动为修复工作保驾护航。在前期调研阶段，为了更好地还原清真寺的样貌，县市省三级文物专家对清真寺进行了为期一年的考察，考证相关文物的历史，对古建筑的破损程度进行评估、对房屋进行测绘等，这些工作都有政府的资金支持。在建设阶段，Q市政府聘请回族历史学者L作为领队制定修复方案，对修复材料、修复重点、修复人员等方面都进行了详细的规定，确保清真寺修复工作万无一失；在后期维护方面，Q市政府充分评估各种环境因素对清真寺文物的影响，进行古建筑本体病害测绘，形成相关风险危害档案，例如，对于该清真寺保存的石碑，重点检测降水和风化的变化情况；而对于木质结构的礼拜堂，则需要重点监测风力的影响。通过建立科学的风险危害档案，让修复保护工作更具科学性。与此相对应的是，村民也从清真北大寺这一公共艺术的修复保护工作中感受到政府为保护

民族文化和促进民族团结所付出的努力，村民和政府的关系开始从对立、疏远逐渐走向合作，如造纸厂副厂长 Z 就提道："之前因为污染问题，我们厂被关停过好几次，当时认为就是政府的人针对我们，于是我们各种不配合工作，可是通过清真寺修复这件事，我发现我想多了，政府并没有刻意针对我们这群人，于是我们就在污染问题上开始主动沟通，在 Q 市政府的帮助下也建立好污水处理设施，今后也会从其他方面继续支持工作。"政府通过营造符合民族乡村要求的公共艺术，大大提升了自己在少数民族群众中的公信力。

其次，各民族也在修复工作中通力合作。由于 S 村的清真北大寺是中国古典木制建筑形式而非阿化建筑，因此当地回族群众中没有熟悉相关技术的工匠。在这种情况下，村委牵头招募了一批修复工匠，汉族工匠 W 就是其中一员，在 W 看来，修复清真寺是一项神圣的工作，因为它是一个村子的精神寄托。于是，他在修复过程中格外认真，保证每一个细节都不出纰漏，同时，为了如期完成，加班加点。即使经常加班，W 也十分开心，因为在工作中他也看到了 S 村村民对他和工友的热情款待。"曾经有一次因为加班到很晚，加上下雨，我和另一个工友没办法回宿舍休息，正准备在工地凑合一晚的时候，村三街的 L 就打着伞跑过来邀请我去他家落脚，我还记得那天晚上，T 担心我们感冒特地给我们煮了羊杂汤送过来，当时真的感受到回族群众的热情，而且平时许多村民只要一有空就会过来帮助我们搬建材。"像 W 和工友这些汉族工匠之所以在短短一年的时间中与 S 村村民亲密无间，正是因为在修复该公共艺术的过程中，不同民族感受到彼此的友善和热情，并也做出友善的回应，各族人民在这种良性互动中感情不断升温，最终形成民族团结的价值符号。

最后，S 村村民也在修建中实现共建共治共享。作为公共艺术工程，村民的参与是必不可少的。在清真寺的修复中，S 村特别重视村民的参与，无论是修复过程，还是运营项目的开展，几乎每个活动都有村民的身影。比如，在清真女寺的修建上，当地民族事务部门与寺管会、信教群众、附近居民反复民主讨论、协商，并征求设计师的意见，经过充分的民意收集，确定在修复原有清真寺的基础上，为女性信教村民建设清真女寺。S 村各界人士积极响应，捐款累计超过 800 万元，许多汉族群众出资帮工，展现出民族间的深厚情谊。再如，在建设民族博物馆的过程中，许多村民自发地将自己家中的老物件贡献出来作为藏品，村中的学生也主动报名成为馆内的志愿者，认真学习自己民族的历史文化。在 S 村清真寺修复完成之后，每逢村外游客到来，村民都带他们去参观清真寺和旁边的民族博物馆，因为村民认为这是真正属于自己的公共艺术，它寄托了村民的情感，凝聚了全村的力量，村民觉得十分自豪。

清真寺的修建让 S 村找到了属于自己的公共艺术介入民族乡村发展的路径：政府与民间、回族与汉族等多主体协同合作进行公共艺术的建设、维护和运营，克服了单一内部发掘与外部输入的不足，集成了内外两条路径的优势，扬长避短（见表 13-1）。之后，S 村沿着该路径继续建设更多的公共艺术，真正发挥出其带动民族乡村团结发展的作用。

表 13-1　S 村公共艺术介入乡村建设路径比较

介入路径	互动模式	公共艺术形式	目标	优势	不足
外部输入	政府是互动的主导者，以自上而下的形式开展	文化广场、宣传栏等	弘扬核心价值观，促进民族乡村文明和谐	有公共艺术营造的强力组织和资金支持	可能导致资源闲置，村民参与度不高
内部发掘	村民是互动的主导者，以自下而上的形式开展	查拳武术等	表达公共文化需求，传承保护民族文化	激发群众的文化自觉；公共艺术的生命力强	"草根"力量有限，难以可持续维系和发展
内外合作	政府与村民是对等的主体，通过上下互动的形式开展	清真寺等	满足双方诉求，实现政策推动与审美创造有机结合	公共艺术共建共治共享，共同体意识增强	无

5. 公共艺术发力，推动民族乡村团结发展

在清真寺修复工作顺利完成之后，S 村先后完成了民族团结大牌楼、艺术廊道、民俗艺术文化节、谷子丰收文化节等实物与非实物公共艺术，使得 S 村由内而外发生各种"蝶变"。

回顾 S 村转型发展之旅，公共艺术的介入发挥了巨大的作用。一方面，在公共艺术的影响下各民族更加和谐交融。S 村的民族记忆、节日仪式、文化遗产等通过公共艺术呈现出来，群体符号就孕育在互动的行为逻辑之中。群体符号可以是公共艺术中抽象的表达，也可以是图标、文字等具象的代表，其作用是与互动中的积极情绪能量相关联，成为下一次互动过程中积极情绪能量生成的线索。群体符号的逐步累积直至包容性更强的符号集合出现，使民族乡村共同体成员因共享文化符号增强对中华民族和国家的认同，形成文化合力，铸牢中华民族共同体意识。另一方面，公共艺术也给 S 村带来了巨大的经济价值。由于公共艺术的艺术性加上少数民族文化的独特性，S 村以此为契机，打造了集农业观光、工业旅游、娱乐休闲、民族节日体验等项目为一体的田园观光的沁水风景区，每年吸引大量的游客前来游览参观，每年带动当地村民平均增收超 2000 元；村民看到了公共艺术的经济收益，自觉对环境和艺术作品进行维护，保护村容村貌，真正实现了"绿水青山就是金山银山"的愿景。通过公共艺术的营造，S 村从之前污染严重、冲突迭起的"问题村"转变为和谐发展、共建共治共享、人与自然和谐共生的"小康村"，先后被授予"全国民族团结进步模范集体""全国先进基层党组织"等荣誉称号。

6. 结束语

2022年10月，S村开启了第二轮公共艺术建设工程，将项目重心放到了非物质文化等抽象公共艺术上，目前，前期的准备论证工作正在如火如荼地进行。其成功经验也被诸多民族地区学习借鉴，成为新时代民族乡村振兴的典范。未来，S村将继续发挥公共艺术的作用，实现民族乡村的和谐共荣。

（三）思考题

1. S村在运用公共艺术介入的过程中有何独特之处？
2. 公共艺术怎样在民族乡村的团结发展中发挥作用？

数字资料13-1　S村简介

13-2　相关对象访谈实录

13-3　用公共艺术促进城市文化生长

13-4　博物馆里的"文化盛宴"

二　教学手册

（一）课前准备

1. 教师准备

整理实地调查报告和多方访谈资料，并以多媒体形式呈现出来。对学生进行分组，介绍案例后分发访谈记录文件。

2. 学生准备

学生在课前应阅读与民族地区基层治理相关的文章、论文及书籍，并对民族团结与社会治理有初步的理解。

（二）适用对象

MPA 专业学生、行政管理专业学生、政治学与行政学专业学生等。

（三）教学目标

1. 知识目标

通过案例使学生理解民族团结与社会治理融合的难点以及公共艺术在民族团结进步发展中的重要意义。

2. 技能目标

在学生理解当前民族团结与社会治理难点的基础上，进一步引导学生思考公共艺术介入民族地区基层治理的作用和优化对策，锻炼学生的概括总结能力和对问题的剖析解决能力。

3. 态度及价值观目标

让学生就案例进行小组讨论，在交流的过程中了解到"铸牢中华民族共同体意识"是民族地区基层治理的重要目标和价值导向。

（四）要点分析

本案例将公共艺术视为民族乡村建设中政府与村民之间的互动仪式，探讨如何通过公共艺术的介入生成长期稳定的正向情绪能量，重塑乡村公共空间活力，促进文化"善治"与乡村振兴互动发展，以揭示民族乡村"铸牢中华民族共同体意识"的逻辑理路。在公共艺术介入的过程中难免面临诸多困难和挑战，主要表现在以下几个方面。

1. 忽略村民主体地位，脱离村民艺术诉求

首先，政府在推动艺术乡建的过程中，将乡村特色文化产业发展作为脱贫攻坚、乡村振兴政绩考核的指标，在政绩考核"锦标赛"的体制机制作用下，政府部门严

格按照上级领导部门下达的文件精神进行艺术乡建。村民话语权旁落，这大大削减了村民参与艺术乡建的积极性，甚至产生排斥和抵触心理，可能导致公共资源闲置。其次，艺术家是外来的异乡人，因此无法很好地以村民的立场去思考村民的实际文化艺术诉求，在公共艺术创造中遗漏村民的文化需求，忽视村民具备的艺术感受与接受能力，以至于大量外来公共艺术介入不能真正融入乡村建设。此外，脱离本土的公共艺术也会进一步加大艺术家与村民之间的艺术鸿沟，招致村民的抵触。地方依恋是文化的、艺术的供给和需求双重作用的结果，仅仅改善文化基础设施是不够的，脱离本土的公共艺术，无法真正在农村扎根，也会因为与村民能力诉求的错位，无法发挥作用，最终闲置在乡村之中。

2. 村民艺术素养不足，参与积极性不高

一方面，村民缺少参与公共艺术建设的能力。受城乡二元结构的影响，民族乡村村民为谋生计外出务工，这导致空巢老人和留守儿童是村中生产生活的主体。然而，由于区域发展不平衡和家庭结构不完整，大部分留守儿童难以接受良好的教育。许多村民的艺术与文化教育素质处于比较落后的状态。尽管在乡村振兴战略的部署下，民族乡村村民的物质生活水平大幅提升，但是面向农村的艺术教育远未普及。这就导致许多村民在公共艺术建设中处于有心无力的状态，成为公共艺术建设中的旁观者。

另一方面，村民缺乏主观能动性，难以推动乡村公共艺术的实践。费孝通先生曾指出，学者扎根农村就是为了"记录农民生活，发现农民创造，寻找农民出路"。这句话肯定了农民是乡村文化的创造主体，代入到公共艺术的视角来看，公共艺术的建设离不开村民自己的创造力，以及他们的共同参与、思考和行动。然而，在真正的实践中我们发现，公共艺术介入乡村建设早期，本地村民对其是否成功没有把握，大部分村民都持观望态度，加上村民的艺术修养和知识内涵有限，很难真正融入艺术乡建的过程中。

3. 公共艺术缺少维护，非物质艺术缺失

其一，公共艺术作品的日常维护不足。在调研中发现，与热火朝天建设新公共艺术作品相对应的是原有公共艺术的破旧，造成公共艺术进入"喜新厌旧"的局面。这不仅与公共艺术需要长久存在才能发挥润物无声、"成风化人"作用的特性相违背，也会导致大量公共资源的浪费。究其根本，是因为没有形成长效维护机制，缺少日常监管维修制度。同时，没有将职责明确到个人，导致公共艺术建设完成后村委会、村民和政府在后期运营上职责不清。

其二，非物质公共艺术介入强度不够。公共艺术不仅包括看得见摸得着的实物，也包括存在在思维和内心的抽象文化。相较于物质公共艺术，非物质公共艺术的积极作用更为明显。但是，非物质文化转化为公共艺术的难度大、收益期限较长、成

果不易转化，这导致村民在建设公共艺术的过程中过度重视物质公共艺术的建设，而对更具有艺术价值和文化价值的非物质文化"望而却步"。

其三，公共艺术产品的质量参差不齐。村民欠缺对公共艺术的认识，因此形成了只要是民族文化都可以转化为公共艺术的错误认识，导致一些本就落后的、不符合主流价值的落后文化和习俗借助公共艺术转化的东风死灰复燃、沉渣泛起，这反而阻碍了公共艺术介入民族乡村后发挥出促进民族团结、实现共荣共享的作用。

4. 政策启示

回顾 S 村公共艺术的介入过程，我们不难发现公共艺术的介入不再停留在一个"为艺术而艺术"的纯粹审美层面，而旨在嵌入到复杂的社会结构与社会过程的互动仪式中。公共性是社会互动的基本价值所在，公共艺术在民族乡村的实践不应囿于孤芳自赏的形式，而要在高度情境化的互动仪式中，促进政府和社会双方的行为接触和情感互融，强化共有的感受与体验。现代公共艺术对民族乡村传统文化具有再造功能，只有民族文化、生活习惯、族际认同与公共艺术发生良性"触媒反应"，才能驱动民族乡村治理现代化转型，构建"人人有责、人人尽责、人人享有"的乡村治理新秩序。

公共艺术互动性从关注自我审美功能到突出互动仪式，从象征性题材到融入日常生活，再从单一的感官传导到立体式情感交融，这些变化折射出其在公共环境建构、公共文化滋育、公共精神培养方面的重要价值。为实现公共艺术有效介入民族乡村建设，提出以下建议。

第一，政府主导公共艺术介入乡村生产、生活与生态，传承创新乡土文化，重构民族乡村发展格局。要鼓励学者、艺术家、建筑师等在政府指引框架内，将乡土的内生智慧与艺术创意设计结合起来进行艺术创作。依托传统村落、特色村寨的自然资源和人文资源，通过室外装饰艺术、建筑艺术、园林艺术等景观再造，改善人居环境，打造以"文化＋艺术＋生活＋高颜值建筑/特色节日/手工"为一体的文旅目的地。坚持因地制宜、因村施策，科学编制民族乡村建设规划，不搞"面子工程""形象工程"，减少盲目旧村改造等建设性破坏，将和谐共生理念与公共艺术作品有机融合，走可持续发展的乡村振兴之路。

第二，尊重村民主体地位，构建高质量的民族地区乡村公共文化服务体系。无论是艺术家进村开展创作实践，还是群艺馆、美术馆等公共艺术教育活动深入村社，拓宽公共文化服务领域，都让人们看到了公共艺术在民族乡村建设中的更多可能性。要将公共艺术纳入公共文化服务体系，满足各族群众多层次多样化的物质文化需求，拉近艺术与村民的距离，实现供需精准对接。艺术家并不是专业的乡村管理者，在乡村长远发展的过程中，需要"政府搭台、村民编剧、社会唱戏"，创新多元主体合作模式，构建艺术与生活、本地人与外地人协调发展、繁荣与共的民族乡村建设共同体。

第三，以公共艺术传达公共精神，构筑民族乡村共有精神家园。公共艺术的介入性必须立足于精神文明塑造的优势之上，要在倡导艺术对日常生活生产赋能、提高物质生活水平的同时，从精神层面全方位增进各族村民的获得感、荣誉感和成就感。公共艺术是公共的，因而在民族乡村公共艺术创作中要以当地民族文化为基础，融入中华文化符号，以特定的艺术形式诠释中华民族内涵，展示中华民族形象，使各族村民基于公共艺术场域的符号互动形成和改变自我概念，建立和发展认同关系，进而培育维护民族团结的群体道德感。

（五）课堂安排

1. 介绍案例发生的背景

案例村 S 村是一个豫北少数民族聚居村，改革开放之后，S 村成为远近闻名的小康村，但与此同时，该村精神文化建设陷入困境，物质与精神发展失衡，村民文明素养偏低、排外思想严重。为扭转此局面，S 村村"两委"主动学习借鉴其他地区重视文化建设的成功经验，并在 S 村开拓和发展公共艺术。在公共艺术介入过程中，各族村民、村民与政府之间都起到了良性互动的作用，起到促进民族团结发展的作用。揭示课题：公共艺术"搭台"，民族团结"唱戏"——以公共艺术推动民族乡村团结发展。

2. 介绍 S 村公共艺术的介入过程

按照时间顺序，通过 PPT 将公共艺术介入的过程呈现在学生面前。首先，介绍 S 村物质与精神发展失衡的困境。其次，介绍公共艺术介入后的具体成效，着重介绍公共艺术建设中各主体之间良性互动的过程，并描述公共艺术起到润物于无声、育人于无形的效果，进一步促进民族团结发展。最后，介绍 S 村公共艺术有效介入的路径。

3. 介绍公共艺术介入的互动体系

通过 PPT、文献资料、补充案例等方式向学生介绍公共艺术的互动体系。分析 S 村公共艺术介入的互动体系，分析各族村民之间、村民与政府之间如何产生良性互动，形成积极的情绪价值，并总结其特色。

4. 小组讨论

在小组讨论之前，教师应提出思考题：S 村在民族乡村治理中有哪些创新？如何通过公共艺术的介入来推动民族团结发展？通过思考题和学生手中的案例资料和访谈记录、文献资料等，促使学生与小组内其他成员交流和讨论。教师在适当的时机引导学生由浅入深思考当前公共艺术有效介入的路径，分别从民族地区基层治理困境和公共艺术在促进民族团结、铸牢中华民族共同体意识层面发挥的作用来进行阐释。

5. 布置作业

将小组讨论的结果以报告形式上交。报告中除学生讨论的成果，还需要学生搜集与民族地区基层治理相关的文献资料和国家出台的关于民族工作的相关政策。理解当前民族地区治理的困境，撰写以民族地区基层治理为主题的课程论文。

（六）其他教学手段

计算机 PPT 展示、小组讨论、报告模板。

本讲小结

本案例描述了豫北某民族乡村 S 村通过将公共艺术介入本村建设，实现乡村经济发展的同时促进民族团结的具体实践。为解决民族矛盾和乡村发展困境，S 村村委加强村内公共艺术建设，通过公共艺术的介入，各族村民之间、村民和政府之间实现合作共赢。在乡村治理新秩序中，充分发挥政府主导、村民主动的作用。最终在多方的共同努力下，形成了本村特色的公共艺术建设路径，呈现了通过艺术推动民族乡村发展团结的有效经验。在当前传统文化日渐受到侵蚀的客观环境下，该案例的实践创新具有一定的借鉴意义。

第十四讲　义务教育岂容乱象丛生？[①]
——W市校外培训机构治理案例分析

 学习目标

- 理解校外培训机构在义务教育中的作用和地位；
- 认识治理校外培训机构的必要性和治理思路；
- 思考在现行"双减"政策下，应该如何规范治理校外培训机构。

一　案例主体

（一）引言

无资质办学、超纲教学、提前教学、强化应试、不合理收费、场地安全隐患……近年来，校外教育培训机构呈现出鱼龙混杂、良莠不齐、乱象丛生等问题，社会反映多、群众投诉多的问题集中在中小学生校外培训机构的教学质量、收费、教学进度等方面。为此，W市多次进行校外培训市场清理整顿。早在2003年，W市就规定，禁止在职教师有偿家教，禁止学校委托社会培训机构组织学科能力测试，或者通过培训机构的竞赛成绩挑选生源，禁止校外培训机构提供学生考试成绩，不得与中小学校招生入学挂钩。但是，校外培训机构的乱象并没有得到遏制。

据统计，截至2018年7月，W市有校外培训机构一万余家，其中教育部门审批的文化教育培训机构480多家，劳动人社部门审批的职业技能培训机构200余家，工商部门直接登记注册的教育类企业约8000家，未经任何部门审批登记的"无证无照"培训机构，据不完全统计，约1600家。

---

① 案例采集人：王志华、祖丽哈比热。

2013 年开始，W 市持续发力开展专项治理，不断优化校外培训市场环境，引导培训机构依法依规发展。9 年来，W 市针对校外培训机构审批登记的不同情况推行分类整改，解决存在的各项问题，分类治理近 9600 家无证校外培训机构。

（二）案例描述

1. 2013 年：分类整改、持续发力

H 中学在 W 市如雷贯耳，也是誉满全国的知名高中。它让学生和家长们趋之若鹜，也吸引了许多培优机构的攀附。H 中学位于三环线外，交通谈不上十分便利，但该校周边云集了大大小小有名称的培优机构 20 多家，还有一些无名机构藏身居民楼。这些培优机构大多声称由在职名师授课，有的甚至承诺所有科目都由 H 中学名师授课。

HM 教育的招生人员出示了一对一授课的收费标准，以初三学生为例，每节课（1 小时）247 元，一次性购买 500 节课以上，可以打八折。500 节课打折后总费用为 98800 元。ZY 教育工作人员介绍，该机构授课老师分为全职和兼职两种。在职的兼职老师只提供一对一培优，按老师的"星级"收费。如 H 中学的在职老师，最低收费为每节课 700 元；该校竞赛班老师每节课收费超过 1000 元，学生报名时，至少要购 100 节课（50 次）。某精英教育机构更是报出了天价课时费：一次 2 小时的课，收费 5000~7000 元！"我们请 H 中学的奥赛金牌教练一对一授课，特别适合有奥赛需求的学生。"BD 教育机构参加培优的学生在五星级酒店住宿，实行全封闭管理，时间一个月，每人收费 1.6 万元。

还有不少培训机构隐身在居民小区里，基本是没有挂牌的培训机构。有一家机构的组织者以前是陪读家长，孩子毕业后，他看中培优市场的商机，于是干脆续租陪读房，只是简单装修了一下，就把陪读房变成上课的地方。

2013 年，W 市政府开展专项摸排，重点加强对存在安全隐患、证照不全、超前超纲教学等问题培训机构的治理，以净化校外培训环境。

1）分类整改

W 市全面规范"有照有证"培训机构的办学行为，展开"有照有证"培训机构全面落实《W 市民办培训机构管理暂行办法》情况的大检查，对存在重大消防安全、房屋安全隐患的培训机构，责令停办整改；对存在其他不规范办学行为的培训机构责令整改。

在治理"无照无证"培训机构违规办学行为方面，W 市指导具备办理证照条件的"无照无证"培训机构依法依规办理相关证照；对不符合办理证照条件的"无证无照"培训机构，依法责令其停止办学。

2）初步规范办学内容

在分类整改的基础上，为了规范"有照无证"培训机构，W市指导具备办证条件的"有照无证"培训机构依法办证，并依据办学许可证的"办学内容"变更营业执照的"经营范围"，不再保留"办学内容"以外的其他业务；对不具备办证条件的"有照无证"培训机构，依法责令其在经营范围内开展业务，不得再举办面向中小学生的培训活动。

2013年，整改主要涉及三个方面：一是针对校外培训机构的办学资质，依据机构办理证照的情况进行分类整改；二是针对校外培训机构的办学环境，对存在重大消防安全、房屋安全隐患的机构进行整改；三是针对校外培训机构的办学内容，对超前超纲教学及超出办学许可证的"办学内容"进行规范。

2. 2018年：部门联合、内外兼治

2018年，教育部办公厅等四部门联合发布《关于切实减轻中小学生课外负担开展校外培训机构专项治理行动的通知》（以下简称《通知》）。为落实国家关于开展校外培训机构专项治理的工作要求，W市出台《W市民办培训机构管理暂行办法》，规范的重点内容和方向与《通知》一致，并明确了具体的违规处罚力度。同时，按照标本兼治、公办民办并举原则，迅速启动了专项治理。

"本次专项治理要内外兼治，最主要的目的，是要落脚到切实减轻中小学生课外负担上来。"W市教育局相关负责人表示，除了对校外培训机构进行整治，在内部管理上，还要斩断中小学校及其在职教师与校外培训的利益关联。

1）多部门联合整治

由于校外培训机构数量大、涉及部门众多，监管工作单靠某一部门难以有效推进。为此，W市成立校外培训机构专项治理联席会议办公室，在市政府统筹下，教育局、人社局、工商局、民政局、公安局、消防局、发改委（物价）、房管局、街道等职能部门和单位，联合开展整治行动，并明确了时间表：2018年6月30日前完成对全市培训市场的拉网式分类排查摸底，2018年12月底前完成集中整治，公布校外培训机构白名单和黑名单。

2017年9月起实施的新版《中华人民共和国民办教育促进法》规定，民办校外培训机构应首先向教育主管部门申请并取得办学许可证，之后，营利性机构还要向工商部门申请登记为公司，非营利性机构向民政部门申请登记为民办非企业法人。这意味着教育培训机构同时受教育部门、工商部门、民政部门监管，而且必须取得办学许可证。

2018年，W市共摸排校外培训机构2933个，其中"有照有证"类机构491个、"有照无证"类机构1427个、"无照无证"类机构1015个；发现问题机构2465个，整改机构676个，整改率27.42%；列入黑名单的417个机构整改216个，整改率51.8%。

2) 内外兼治

一方面，明确校外培训资质及培训内容。根据《通知》要求，联合整治行动要求对于存在重大安全隐患的校外培训机构，立即停办整改；对于未取得办学许可证和营业执照但具备办理证照条件的校外培训机构，指导其依法依规办理相关证照；对于不符合办理证照条件的，依法依规责令其停止办学并妥善处置。对于领取了营业执照但尚未取得办学许可证的校外培训机构，具备办证条件的，指导其办证；对于不具备办证条件的，明令禁止举办面向中小学生的培训。

纠正校外培训机构开展学科类培训（主要指语文、数学等）中"超纲教学""提前教学""强化应试"等不良行为；校外培训机构开展学科类培训的班次、内容、招生对象、上课时间等，要向所在地教育部门进行审核备案，并向社会公布。在校外培训机构的课堂上，不少内容是"提前教学"，大量内容超出教学大纲。"我现在有点后悔，没有让孩子早点补习。"家长黄女士说。她的儿子四年级才开始培优，比起那些二、三年级甚至一年级就开始培优的同学明显跟不上，特别是数学和英语方面。黄女士是初中老师，她发现，儿子所在培优班的大量教学内容超纲。"拔高部分大约占七成，剩下三成是奥数。到了提高班、尖子班，甚至变成七成奥数、三成拔高部分。"她说。至于英语，很多参加培优的孩子小学五年级就学完了《新概念英语》第二册。"里面的不少语法，甚至是中考知识点。你让那些不上培优班的孩子怎么办？"黄女士感叹。"今后，培训机构的教学内容将受到监管，授课时间也有限制。"J 区一所小学校长说。

此外，W 市的一批"奥赛"都由社会培训机构自行组织，未经 W 市教育局批准。事实上，即使是 W 市教育局批准的义务教育阶段竞赛活动，其结果也不得与义务教育新生入学挂钩。但是，对于这些未经批准的"奥赛"，一直没有明确的部门进行监管。此次整治，明确严禁校外培训机构组织中小学生等级考试及竞赛，查处将校外培训机构培训结果与中小学校招生入学挂钩的行为，并依法追究有关学校、培训机构和相关人员责任。

另一方面，强化中小学校内部整治。在规范校外培训的同时，提出依法从严治教，查处一些中小学校不遵守教学计划、"非零起点教学"等行为，追究校长和有关教师的责任；查处将校外培训机构培训结果与招生入学挂钩的中小学校，并依法追究相关人员责任；禁止公办中小学、公办幼儿园在职教师在民办教育培训机构兼职；查处中小学教师课上不讲、课后到校外培训机构讲，并诱导或逼迫学生参加校外培训机构的培训等行为，一经查实，依法依规严肃处理，直至取消教师资格。

2018 年 6 月底前，W 市各中小学校负责全面普查登记每一名学生报班参加学科类校外培训的情况，为专项治理工作提供参考。《W 市中小学生参加学科类校外培训调查表》的调查项目包括学生姓名、年级班级、学籍号，以及培训课程数、培训时间、每月培训金额，细化而具有针对性。

经过多部门联合整治，到 2019 年底，全市共摸排校外培训机构 4431 个，累计发现问题机构 2443 个。全市共取缔问题校外培训机构 558 个，终止培训业务 1177 个，通过整改达标 708 个。2018 年至 2019 年，共发布 3 次黑白名单。

2018 年开始的整治工作一方面延续了 2013 年整改的基本内容，即规范校外培训机构资质和办学内容；另一方面，体现出更强的整治力度和更加细化的监管内容及监管措施。此外，从治理思路看，一是注重内外兼治，对中小学校依法从严治教进行监管；二是注重在专项整治工作中各相关政府职能部门和单位的联合整治；三是注重治理结果的信息公开，通过发布黑白名单的方式实现政府与社会的共同监督。

3. 2019 年：屡禁不止、乱象依旧

2019 年 12 月，在 W 市开展多轮校外培训机构的专项治理之后，巡查员对培训市场进行回访，发现新政的落地并不理想。

国家规定，校外培训机构不得聘用中小学在职教师。然而，巡查员在 H 区购物广场 XN 教育暗访发现，违规情况仍然存在。还有培训机构公开宣称，有在校教师前来兼职，以此来吸引家长报名。面对家长咨询，XN 教育工作人员宣称，该培训机构的老师都是在职的老师，而且有的还在重点小学任教。

巡查员调查发现，有些培训机构张贴了"不得一次性收取超过三个月费用"横幅进行宣传，而在内部收费价格单上依然标注的是超过三个月的课时，不少机构还是按年收费。不少培训班打起了政策擦边球，收一年的费，却只报三个月的价格。不仅主科存在这类情况，中小学各种兴趣班更是打起了政策的擦边球。

据工作人员介绍，该培训机构是按照一个完整的课程来收费，有 80 多个小时，而上完这些培训课，需将近一年的时间。另一家艺术培训机构工作人员称，该培训机构也需要报年卡收费。

在实地调研中发现，校外培训机构虽然经过多轮整治，诸多乱象依然没有得到根治。

（1）机构合法性方面。为了规避监管，一些校外培训机构从公开运营转向"地下"运作，隐藏在居民楼内，具有一定的隐蔽性。而且中小学在职教师在家中开设补习班，高收费补课现象普遍存在。

（2）师资方面。中小学教师在校外培训机构违规兼职的情况依然存在，并且成为吸引家长的重要因素。一些个人、自由职业者、体育艺术特长人员、高校教师和学生等单师单科培训现象也比较普遍，监管对象分散、体量小、分布广、数量多，对纳入规范化监管带来一定的困难。此外，培训机构教师专业能力和素质参差不齐，对培训机构教师的执业资格和教学经验等缺乏明确具体的师资条件设置标准。

（3）违规收费情况屡禁不止。培训机构为了多收费，通过各种"上有政策，下有对策"的"变通"做法，故意曲解政府政策，逃避合法监管。

（4）校外培训机构在教育理念、教学策略方面仍然以应试教育为主。校外培训机构培训结果与中小学校招生入学挂钩的现象未得到根本改变，无法有效落实中央关于切实减轻中小学生课外负担的政策目标。

4. 2021年：重拳出击、集中整治

2021年6月，教育部成立校外教育培训监管司，承担面向中小学生（含幼儿园儿童）的校外教育培训管理工作。2021年7月，中共中央办公厅、国务院办公厅印发了《关于进一步减轻义务教育阶段学生作业负担和校外培训负担的意见》（以下简称《意见》），提出坚持从严治理，全面规范校外培训行为，坚持从严审批机构、规范培训服务行为、强化常态运营监管。2022年1月，为深入贯彻落实《意见》精神，教育部、中央编办、司法部联合印发了《关于加强教育行政执法 深入推进校外培训综合治理的意见》，明确到2022年底，教育行政部门对校外培训监管行政执法制度基本建立，各级各有关部门之间的统筹协调机制基本理顺，执法力量得到明显加强，执法质量和效能大幅提高。到2024年，基本建成权责明晰、管理规范、运转顺畅、保障有力、监管到位的校外培训监管行政执法体系。

中央政策层面进一步对各级教育行政部门履行校外培训监管的法定职责进行了明确，同时也从执法机构设置、执法力量配备、执法人员素质、执法经费保障、制定执法清单、规范执法流程、创新执法方式等方面对强化各级教育行政部门校外培训监管行政执法力量提供了政策保障。

1) 政策方案全面细化

为了贯彻落实中央政策，2021年7月，W市教育局和市场监督管理局印发《关于进一步开展校外培训机构违规行为集中专项整治工作方案》（以下简称《方案》），开始对校外培训机构进行新一轮整治，重点开展六个方面的集中专项治理。

第一，进一步规范办学资质。校外培训机构必须经审批取得办学许可证后，登记取得营业执照（或民办非企业单位登记证书），才能开展培训。非学科类培训机构不得违规开展学科培训。未经批准，不得擅自设立分公司或教学点。未经批准，任何机构不得以家教、教育咨询、文化传播等名义面向中小学生开展培训业务。

第二，进一步规范收费管理。对收费标准、收费时长、收费账户、缴费发票等进行了规定。校外培训机构的收费项目、标准及退费流程、时限应在培训场所显著位置张贴公示。严禁校外培训机构提前超期收费，其时段与教学安排应协调一致，不得一次性收取或通过拆分合同等形式变相收取时间跨度超过3个月或60个课时的费用，并主动开具与办学机构名称一致的合法票据。校外培训机构应按规定畅通退费渠道、优化退费流程，妥善处理退费纠纷。坚决打击虚构培训原价、虚假优惠折价等价格欺诈行为。

第三，进一步规范培训合同。校外培训机构开展线下或线上培训均应与消费者签订培训服务合同。W市校外培训机构原则上使用市教育局、市市场监督管理局联合制作的合同示范文本《W市文化教育类民办培训机构培训服务合同（WF-2020-P8301）》，使用自制格式合同的应与合同示范文本内容保持一致。严肃查处利用合同不公平格式条款侵害消费者合法权益的违法行为。

第四，进一步规范广告宣传。校外培训机构发布的招生简章和广告内容应当准确真实、规范合法，不得有虚构教师资质、虚构执教履历、夸大培训效果、夸大机构实力、用户评价不真实等虚假宣传行为，不得明示或暗示与升学、考试相关的保证性承诺，不得擅自变更或者简化培训机构名称，宣传内容不得有歧义或者误导消费者，不得通过渲染教育竞争等制造教育焦虑，不得通过低价倾销等进行非法营销。

第五，进一步规范培训行为。严禁校外培训机构超前超纲教学。任何机构不得对学前儿童违规进行培训，培训机构不得开设针对学前儿童的全日制培训班，不得为学前儿童提供食宿服务，其培训内容不得有"学科化""小学化"倾向，坚决杜绝把培训机构办成"准幼儿园"或者"准小学"。校外培训机构线下培训结束时间不得晚于20：30，严禁以课前预习、课后巩固、作业练习、微信群打卡等任何形式给中小学生留作业。校外培训机构不得组织或者参与学科类考试、竞赛活动，不得通过举办"小升初"政策解读、家长论坛等活动变相招揽生源。校外培训机构的教师应遵守中小学师德规范，不得体罚或变相体罚学生，校外培训机构不得违规聘用在职教师。

第六，进一步规范线上培训。线上校外培训在教师资格、招生收费、广告宣传、合同使用、课程内容、作业要求等方面应与线下执行同一标准，其培训结束时间不得晚于21点。其中，单纯的线上校外培训机构通过省级教育等行政部门审核备案后方可开展培训。

2）监管措施多方跟进

W市按照"以区为主、属地管理、部门协作、综合治理"的管理原则贯彻落实《方案》要求，主要通过专项整治、执法检查、信息公开等监管措施跟进，推进政策执行。

专项整治。2022年1月W市市政府教育督导室和市教育局开展全市校外培训机构违规行为专项整治，整治内容涉及：禁止寒假开展义务段学科类培训；打击隐形变异学科类培训；整治无证非学科类培训。同时，明确了专项整治的时间表，要求各个区公示执法查处结果，对违规培训机构以黑名单的形式予以曝光。

执法检查。2022年6月，W市对校外培训机构重点随机抽查，抽查内容包括：校外培训机构证照情况；培训内容设置和课程安排情况；招生对象和课程时间设置情况；资金监管情况；教职工资质情况；收费执行情况；广告发布情况；安全管理情况；信息公开情况。同时，明确加强结果的应用，对在抽查过程中发现的违法违规行为，依法依规进行处理，抽查情况及查处结果在政务网站上对外公布，接受社会监督，抽查结果与机构当年年检结果挂钩。

信息公开。W 市对专项整治及执法检查的结果在各级政务网站进行了信息公开。2022 年 3 月，W 市教育局对 122 家义务段学科类校外培训机构开立预收费资金托管账户情况进行了具体信息公示，并公布了各区的监督电话，明确了社会公开监督的内容：未在规定时间内教学；未将托管账户作为唯一收费渠道；收费标准高于政府指导价；未使用教育部和市场监管总局联合印发的规范合同文本；未开具合法票据；一次性收费超 3 个月或 60 个课时。

3) 政策执行问题依旧

为了了解 W 市一年多以来相关政策执行情况，于 2023 年 3 月 5 日—2023 年 3 月 8 日对一些校外培训机构及家长进行了调查。在此次调查中发现，在 W 市的重拳整治下，"双减"政策的落实取得了明显效果，校外培训市场的运行较之前也更规范，但仍存在如下问题。

第一，不具备办学资质的培训机构依然隐蔽运作。W 市校外培训机构的培训项目类型有学科类、非学科类及小语种类等。根据 2021 年 7 月 W 市教育局和市场监督管理局印发的《方案》，校外培训机构必须经审批取得办学许可证后，登记取得营业执照（或民办非企业单位登记证书），才能开展培训业务。但实际上一些不具备资质违规营业的培训机构仍然存在。一些机构以 QQ 群的形式吸引家长加入，然后安排一些在职或非在职老师进行授课，授课地点往往是租用公寓，甚至隐身于居民区，只有桌椅等简单设备。一些机构专门从事家教中介，主要业务模式是给有需求的学生或家长安排合适的家教老师上门服务，他们会根据家长的需求给大学生编造简历，接单流程颇为复杂且隐蔽。某实习大学生说："这种中介主要是负责提供家教信息并收取信息费用，而且信息费用还很昂贵，把我们介绍过去补一次课拿不到钱，补两三次只能拿到三分之一左右的钱，总之，头一周赚得的钱全用在信息费上了。除此之外，他们只提供信息和收取信息费用，不负责人身安全、权益保障和纠纷调解。"

第二，收费管理不规范情况仍然较为普遍。校外培训机构普遍存在直接或间接的提前超期收费情况以及信息不透明现象。当问及"该机构课程是怎么收费的呢？收费项目、标准以及退费流程有没有进行公示呢？"某教育培训机构的一实习员工表示："一般是先让孩子参与每个科目为期一周的体验课，主讲老师一般会在体验课期间进行课程推荐，同时也会讲解课程安排及费用，然后让家长自己选择是否报名课程，报名课程后会一次性收取一学期的课时费，若中途退出可以申请退费，工作人员会按照孩子剩下的课程情况进行退费。"而另一种间接提前收费情况则是利用课时为单位，以"多买多送"的形式进行间接诱导消费，从而提前收取多个课时的费用。某家长说："课程费用都是按课时算的，他们这边没有最低标准，一般就是我们买几个课时，就签几个课时的合同协议，价格公示我倒是没有见过。课时买得多就会赠送课时，比如三十个课时送两个课时，六十个课时加送六个课时，我本来想买六十个课时比较划算，老师也更推荐优惠方案课程，说长时间的坚持才能让孩子培养一定的学习方式，才会看到更好的效果。"

第三，未与消费者签订培训服务合同的现象依然存在。W市校外培训机构原则上使用市教育局、市市场监督管理局联合制作的合同示范文本，使用自制格式合同的应与合同示范文本内容保持一致。但仍有校外培训机构使用应用程序与消费者不明确签署合同协议，直接使消费者在培训机构的应用程序中进行所有操作，签署的合同协议并不规范。某教育培训机构员工介绍："该机构有自己的应用程序，所有的缴费、收费以及上课等事宜都会在应用程序上进行，一般退费的情况是由家长在系统里提出申请，工作人员进行确认后会进行处理。至于合同，好像没有与消费者签订合同协议，我实习期间是没有听过与消费者签订合同这么一回事。所有事情都是在应用程序上直接进行。"

第四，招生宣传过程中存在诱导消费的情况。在调查访谈过程中发现，培训机构中一些普通教师也被捧上优秀名师行列，甚至包括刚刚获得毕业证书、没有任何授课经验的应届本科生。一些机构用各种精彩的名师简介进行包装，以孩子自身需求为切入点，用贴合消费者心理的方式进行诱导消费。还有一些培训机构以高收入兼职诱导大学生分期购课，大学生报名后发现课程质量差、提供兼职量少、收入低，而要退课退费则容易产生纠纷；部分培训机构甚至通过编造学成后可获取高薪职位等虚假案例，诱导大学生超出自身承受能力贷款购买高价培训课程。除此之外，一些家教类培训机构以提供家教信息为由，集中大量的大学生资源，从中收取较为苛刻的信息费。对此，某大学生说："中介的接单流程很是复杂，有时候为了赚钱做家教反而还亏了。"

第五，校外培训行为不规范的情况普遍存在。所调查的培训机构或多或少都存在培训课程不规范、培训方式单一、内容同质化严重等问题。有些校外培训机构存在"系统班""优化班"等，甚至存在以"名师指导""考点分析"等方式突破教材内容，进行"能力拔高"的培训业务，以此变相地进行超纲教学。当问及相关课程层次时，某教育培训机构某员工表示："机构是有系统班的，针对优秀的学生会教更难一点的知识。"另外，有些机构仍然存在利用寒暑假进行学科类培训服务的现象。除此之外，调查发现大部分的培训机构仍未完全从应试教育向素质教育转型。培训教师的授课内容和培训方式非常相似，缺少特色化的教学方法，依旧进行灌输式教学，学生处于被动学习状态。然而，在对家长进行采访的过程中也能发现，应试教育未能成功向素质教育转型的原因也有部分家庭教育观念的影响。据某家长表示："我们家长把孩子送到培训班就是想让孩子的学习有所提升，不要输在'起跑线'上，除此之外，把学校布置的作业解决了就是大事了。"因此，这种普遍的教育观念也使得培训机构教育模式的转变非常缓慢，培训方式难以创新和个性化。

第六，线上培训普遍打政策擦边球。某教育培训机构某员工表示："我们一学期有九十个课时，主讲老师会录好课程，学生报名购买课程后即可观看录播，对于同学们的疑问以及主讲老师留的作业由二讲老师进行答疑。二讲老师会负责学生到课情况和学习情况的跟踪记录。"在调查过程中发现，正规培训机构基本上能够遵守政策关于线上培训直播时间的要求，但线上培训基本都采用录播课程进行补课，没有互动性，缺乏对学生的有效管控以及对学生学习状态的有效跟踪。此外，每节课时长过长，缺乏合理的休息缓冲时间，学生的学习效率低下。

W市针对校外培训领域中社会反映多、群众投诉多的问题，近年来多次对校外培训机构展开专项治理，多措并举、从严监管，不断引导校外教育培训市场规范发展。但同时也应当看到，多轮专项整治过后，诸多问题仍屡禁不止、乱象依旧，并未达到预期的治理效果。2021年7月，继教育部新政之后，W市展开了新一轮针对校外培训机构的集中专项整治，对规范校外培训机构办学资质、收费管理、培训合同、广告宣传、培训行为及线上培训提出要求。此次政府的治理力度前所未有，监管内容也更为全面、具体，但整体监管思路还是延续了此前的监管模式，政策执行过程中也依然存在各种问题。W市校外培训能否就此降温，校外培训机构能否就此进入规范发展的良性轨道？

（三）思考题

1. W市对校外培训机构的监管经历了几个阶段？分别采取了哪些措施？这些措施有何共同特征？监管效果如何？
2. W市对校外培训机构的监管存在哪些问题？为什么存在这些问题？
3. 政府应如何优化对校外培训机构的治理？

14-1 调查培训
机构基本信息

14-2 相关对象
访谈实录

14-3 "双减"政策

14-4 《校外培训机构财务管理
暂行办法》答记者问

二 教学手册

（一）课前准备

1. 教师课前准备

（1）对班级学生进行分组，并指派组长负责分配和协调团队合作任务；
（2）为学生提供相关理论资料及延伸阅读资料。

2. 学生课前准备

（1）通读案例全文，并结合案例思考题对案例中展现的问题进行初步分析思考；
（2）查阅公共管理学相关理论及相关背景资料，分析与理解案例材料所反映社会现象的内在逻辑及经验启示，对于案例所反映的实际问题提出相应解决方案及理由；
（3）按照案例思考题的要求，提出个人的初步分析报告和个人发言提纲；
（4）学生应主动参与小组内部的组织分工，认真完成小组所分派的任务，积极参与小组内部课前预讨论与分析活动。

（二）适用对象

该案例适用公共管理专业学生。

（三）教学目标

1. 认知目标

通过课程学习，学生能够掌握本案例所涉及的知识点，包括：治理理论的理论内涵及主要观点；该理论对公共事务管理的借鉴意义；我国政府对公共事务管理的基本方法及主要特征。

2. 实践能力目标

通过本案例的学习，学生应了解传统公共管理方法及管理过程所面临的基本问题，并探讨我国公共事务治理模式的改革与优化。

(四) 要点分析

1. 理论基础：协同治理理论

1）治理理论及其发展

治理理论是在 20 世纪 90 年代继新公共管理理论和新公共服务理论之后兴起的有关政府与市场、政府与社会关系的新视角。该理论兴起的社会背景是政府和市场之外的第三部门，即非政府公共组织的飞速发展，并对社会结构、公共生活乃至政府职能都产生了重要影响，进而成为引领公共管理发展的重要学术思潮。

关于其理论内涵，学者俞可平认为，治理是指在特定范围内行使权威，是在实施某项计划的过程中，相关的多元利益主体共同发挥作用，并且建立一致或取得认同。全球治理委员会将治理界定为或公或私的个人和机构经营管理相同事务的诸多方式的总和。它是使相互冲突或不同的利益得以调和并且采取联合行动的持续的过程。它包括有权迫使人们服从的正式机构和规章制度，以及种种非正式安排。而凡此种种均由人民和机构同意或者认为符合他们的利益而授予其权力。因此，治理是一种多元主体共治的公共管理活动和公共管理过程。

治理体现出不同于传统公共管理过程的一些特征：首先，治理不是静态的规则体系，也不是一种活动，而是一个动态的过程；其次，参与治理过程的主体不仅包括政府，而且包括非政府公共组织、企业等公私部门及家庭和公民个体；再次，治理过程的运行不同于传统统治过程的命令支配与服从，而是强调不同利益的协商与调和；最后，治理过程不意味着一种正式的制度体系，它的运作依靠参与治理过程的各个主体之间的持续互动。

治理理论延伸出诸多形态，包括多中心治理、合作治理、整体性治理、网络治理、协同治理等。其中，协同治理理论借鉴了社会生态学的整体性和协调性思维，强调多元主体共同参与治理，使得社会生态结构下的要素获得公共性内涵，各主体在治理过程中的关系是平等参与、信息与资源共享、优势互补、协同合作。

2）协同治理理论的内涵

首先，协同治理理论重点关注两种协同关系：一是政府、企业、非政府公共组织、公民个人等跨部门多元主体彼此之间的协同关系，以及政府在其中发挥的功能；二是单一主体系统内部的协同问题，如区域合作协同治理，府际间的协同合作，政府部门间的功能整合问题。协同治理旨在发挥各治理主体的能力优势。政府在协同治理过程中起主导性作用，包括确定治理目标、确定治理各主体之间的协同程度，以及促进治理主体之间的协调合作关系。其主导功能的发挥主要体现在制定制度规范并确保其顺序实施等决策、执行及监督功能，提供信息、资金及技术支持，确立治理主体之间的沟通协调机制等。非政府公共组织、企业、公民等主体在治理过程中则通过发挥各自的功能优势弥补政府失灵。多元治理主体通过资源共享和功能协同，以达成共识性治理目标，实现公共利益。

其次，协同治理的运行过程包括了动因协同、过程协同和结果协同。动因协同是协同治理的前提和基础，当一项社会问题涉及社会公共利益时，治理主体在共同目标的驱使下，会产生协同治理的意向，引发协同过程；过程协同需要治理主体发挥各自解决社会问题的功能优势，并不断优化彼此之间的治理能力和治理行为，协同人力、物力、财力、信息等资源，协调各主体之间的利益矛盾冲突；结果协同建立在前两者的基础之上。只有具备充分的动因协同和过程协同，才能够产生预期的协同结果。

协同治理理论适用于解决复杂、开放的社会系统中的公共管理问题，该理论对于改善治理效果、促进社会协同发展、达成公共利益具有较强的指导意义。

2. 案例问题分析

1）治理主体方面

第一，政府监管部门内部协同难。一是缺乏内部协同的制度基础。校外培训机构治理既属于教育问题，又需要政府各部门综合治理，政府监管涉及教育局、民政局、生态环境局、卫生健康局、市场监管局、网信局、公安局、体育局、文化和旅游局、消防支队、街道办等多个部门和单位，各部门和单位之间需要在政策执行过程中进行全过程协作，但在法律层面上，还没有细化规定各个部门的监管权限，因此存在各部门监管职责配置不合理，以及职能交叉重叠的现象。二是内部协同的动因不足。当前政府各部门和单位对于校外培训机构的协同治理更多地依赖于上级政府的行政权威推动，在协同过程中也更多地被动依靠上级进行协调。从被动协同到主动协同则需要更多公共层面的驱动力，以满足社会需求、追求社会效益和公共价值为导向。

第二，社会治理主体参与不足。协同治理的优势在于能够发挥$1+1>2$的效果，但在校外培训机构治理领域，传统行政模式居于主导地位，非政府公共组织和公众充分参与治理过程面临着政策支持和信息不足等问题。

随着校外培训市场的快速发展，政府监管信息不对称的问题日渐显现，政府监管明显滞后于行业发展。政府传统的依靠行政力量自上而下的监管模式存在社会力量参与不足的问题。一方面，从当前校外培训机构监管的实际运行情况看，行业协会在传统的行政化监管模式下难以发挥应有的行业自律功能；另一方面，社会公众监督机会较少。由于政府对政务信息的披露不平衡，社会公众参与校外培训机构治理面临着信息方面的障碍。在W市校外培训机构的监管中，政府更注重展示治理成果，而忽略了对工作过程的公开，例如，在校外培训机构的治理中不定期公布黑名单和白名单，但其评价标准却没有向社会公众公开，也没有接受公众意见反馈的平台，导致公众只了解治理成果，而难以真正参与到治理过程中。

2）治理内容方面

第一，未体现出分类监管。为了在激烈的市场竞争中获得比较优势，校外培训机构普遍对教学内容进行了细分，推出了不同类型的培训产品，以提高培训服务的个性化和针对性。培训机构教育培训类型不同，对师资力量、培训方式、培训时间及场地等提出的要求也存在差异。因此，对校外培训机构实施标准无差异化监管已经无法适应培训市场发展的需要。政府监管部门应围绕不同培训内容制定不同标准，实施差异化的监管模式，而由于分类监管需要以充分的信息资源和人力资源为基础，当前W市政府的监管措施并未区分不同类型教育培训产品的不同监管需求。

第二，信息公开待完善。W市在校外培训机构专项治理工作中，建立了白名单黑名单制度，但目前公布的黑白名单只有培训机构名称及是否合法等简单信息。全国中小学生校外培训机构管理服务平台上，也只公布机构名称、统一社会信用代码、法人、办学许可证号、办学许可证审批部门，以及是否合法等基本信息，社会公众更为关注的其他有效信息，如培训范围、开设科目、教师资质等关键信息并没有标注，公众可获取的有关培训机构的真实和有效信息量较少。

3）治理工具方面

第一，监管手段单一。面对急速发展的校外培训市场，W市政府近年来也采取了一系列措施不断强化监管力度，但目前的监管手段仍然较为单一。长期以来，政府的常规化监管工具主要是准入审批和年度审查，非常规化监管工具主要是集中整治和专项整治。随着校外培训市场的快速发展，政府的监管任务量和监管难度将不断提升，校外培训机构的治理效果将更难以得到保障，应当适时引入新的、更加丰富的治理工具。当前行政执法检查加行政处罚的"命令—控制"式监管方式是最基本的，但还远远不够。要实现有效治理，政府与社会的协同治理不可或缺，需要充分发挥行业协会等社会组织的自治功能，还应当充分结合公众引导制度、柔性执法、信息披露制度、第三方评估和认证制度等工具，在政府、市场、社会三方之间建立起有效的协同治理机制。

第二，常规化监管不足。近些年W市针对校外培训机构的监管主要是通过集中整治、专项整治等运动式监管，日常的常规化、制度化监管措施不足。政府履行监管职能应将集中整治与常规化监管相结合，通过集中整治，保证校外培训机构某一方面或者某几方面的突出问题得到解决；通过常规化监管，使校外培训机构在日常运作的各个环节都能依法规范运营。

3. 优化W市校外培训机构治理的建议

在校外培训机构的治理过程中，仅仅依靠行政力量进行监管已经无法适应复杂公共事务的治理需要，必须充分发挥多元治理主体的作用，优化治理工具和治理方法，协同协作，共同提升校外培训机构治理工作的效果。

1) 充分发挥行业协会功能

行业协会是现代社会公共事务治理的重要主体，它是介于政府、企业之间，商品生产者与经营者之间，发挥服务、咨询、沟通、监督、自律、协调功能的社会中介组织，对于促进整个行业的自治与自律，维护良好的市场环境具有不可取代的作用。在校外培训机构治理领域，政府应支持和培育民办教育培训机构协会发挥自律规范、沟通行业、资源共享、协同发展的功能，使行业协会在行业管理、行业指导、行业监督、行业服务等方面成为政府监管的有益补充。

第一，制定行业标准。政府监管部门可以转移部分行政职能给行业协会，利用其在行业领域的信息优势，由其根据校外培训市场的实际情况、物价标准、社会需求等设定相关行业标准，在教育行政部门进行备案。

第二，行业自律。行业协会的自律功能可以有效弥补政府监管部门他律的不足，提高监管效率。有关校外培训机构的专业评估、信誉评级、监管信息发布等工作，可以充分发挥行业协会的自主作用，通过行业自律促进校外教育培训机构内部治理的提升与完善。

第三，行业服务。行业协会可以通过组织行业内的教学交流、教学比赛、培训机构评比等多种形式促进校外培训机构教师提升专业能力，为校外培训市场教学质量提供保证，促进培训机构间的交流沟通，推动行业间互相学习、共同提升。

第四，沟通协调。行业协会可以协助教育行政部门通过政府购买公共服务等方式，引导校外培训机构向中小学校提供个性化的教育资源，满足一些学生及家长的特殊教育需求，并且在教学改革、课程研发、教学管理等方面与有需求的全日制学校展开交流合作。

2) 建立教育培训行业质量监管体系

协同治理的基础是治理规则的明确。校外培训监管部门需要对培训机构的教学质量和社会需求展开调查，并针对培训机构的教学服务建立健全行业质量监管体系，这是实现常规化、制度化监管的重要制度基础。

首先，建立完善的质量标准。针对校外培训机构的办学理念、资质、教学、师资、管理、环境等方面制定质量标准，建立包括社会评价、顾客满意度、教学内容、教学过程、师资力量、专业建设、设施设备、教学管理、环境氛围、培训质量、办学效益等在内的质量评估指标体系。

其次，进行定期考核评估。通过鉴定、定级、评分等形式定期对校外培训机构进行审核评估，并将评估标准、评估过程、评估结果等向社会进行全面信息公开，以此强化制度化、常规化监管，加大动态监管力度。

3) 实施精细化分类治理

协同治理是一个充分发挥和整合各主体治理功能优势的过程，只有对治理对象进行精细化分类，才能针对治理主体的治理优势进行精确匹配。

首先，针对校外培训机构的性质进行分类治理。校外培训机构提供的培训服务具有准公共物品的特性，但机构本身有追求利润目标与追求公益目标之分。因此，政府监管部门应区分机构性质，有针对性地开展分类监管。《中华人民共和国民办教育促进法》规定，民办教育机构的举办者可以自主选择设立非营利性或者营利性民办学校。因此，W市校外培训机构既有在政府工商部门注册登记的营利性商业机构，也有在民政部门注册登记的民办非企业单位，前者受《中华人民共和国公司法》规范，后者受《中华人民共和国民办教育促进法》规范，这是对校外培训机构进行分类治理的直接法律依据。政府监管部门应该对两种性质的培训机构加以区分，在办学条件、办学内容、师资力量、收费标准、社会效益等方面制定不同的监管标准，这样才能促进校外培训机构的规范健康发展。

其次，针对校外培训机构的培训对象和培训内容进行分类治理。比如，针对培训内容可分为学科教育、非学科教育、素质教育、技能教育、社会实践等类别；针对培训对象可分为成人教育、高中教育、中职教育、义务教育、学龄前教育等不同类别，掌握培训对象的身心特点，遵循教育规律，在明确分类的基础上，根据不同类别制定不同的监管制度规范，从而增强治理的针对性和有效性。

4) 强化信息化网络监管平台建设

公共事务协同治理过程中，信息资源的公开共享是一个重要方面。针对教育培训市场的乱象，近些年来从中央到地方政府都出台了一系列的规范文件，例如，针对各地多次发生的校外培训机构资金链断裂，机构卷款消失等公众反映得多的问题，2018年国务院发布的《关于规范校外培训机构发展的意见》就规定培训机构一次性预付费用的时间跨度不得超过3个月。但由于信息不对称，政府监管缺乏准确的信息来源，社会公众则存在对政府政策不了解、对培训机构的"变通"操作不清楚等问题。因此，对中央政策文件的执行情况进行有效监管成为政策落实的难题。

对此，解决问题的关键是信息资源的公开共享。2021年10月教育部建成全国校外教育培训监管与服务综合平台。W市可以依托信息化管理手段，由各级教育行政部门牵头、行业协会协同，建立统一的全市校外培训机构网络监管平台，社会各界通过平台了解政府监管政策和监管动态，掌握培训机构的实时信息，对培训机构资质、培训内容、培训材料、教学管理、培训对象、收费情况等进行实时监管，在信息对称的前提下引导社会理性选择。同时，将校外培训机构收费、退费统一纳入该平台，及时预警防范办学风险，通过政府与社会力量的协同治理强化过程监管，引导校外培训市场规范发展。

（五）课堂安排

1. 案例介绍

对案例背景及案例发展的过程进行概述，引导学生思考：为什么经过多次治理整顿，校外培训机构乱象依然屡禁不止？最近的重拳出击、集中整治能否收到预期政策效果，为什么？

2. 小组预讨论

将学生分为若干小组，每组 6~8 人，以小组为单元，小组成员之间围绕案例思考题进行群体讨论分析。

3. 情景模拟

由学生模拟案例中的主体角色，从在案例材料中扮演的角色出发，模拟案例发生发展过程，演示其可能的发展趋势。

4. 课堂群体讨论

从各小组挑选代表参与课堂群体讨论，小组代表总结阐述各个小组预讨论的主要观点及争议点。

5. 课堂总结

教师对本次案例讨论与分析过程进行总结。一方面对学生个体及案例讨论小组的准备、实施情况及效果进行较为全面的分析，肯定与奖励积极表现，指出其中不足；另一方面，总结案例的整体分析思路与结论，对争议点提出分析思路，并且阐明理由。对学生的进一步提问进行解答，提供思考方向。

（六）其他教学手段

计算机 PPT 展示、小组讨论、报告模板。

本讲小结

近年来针对校外培训机构不规范发展引发的诸多社会问题，中央及地方政府进行了多次专项治理。W 市分别于 2013 年、2018 年和 2021 年展开了三轮整治，多部门联合，内外兼施，在政府机构的治理下不断优化校外培训环境，引导培训机构依法依规发展。"双减"政策的出台，对校外培训机构的治理提出了新要求。本案例通过对政府监管过程及监管措施的解析，希望探索校外培训机构监管背后的政府治理之道，为优化政府公共事务管理模式提供思考。

第五部分

危机管理

第十五讲　协同治理如何为大学校园保驾护航？①
——基于一起校园运动性猝死事件的分析

 学习目标

- 掌握危机管理的概念，明确校园安全管理中危机管理的重要性；
- 学习多部门协同发展对促进危机解决的积极作用；
- 掌握危机发展不同时间段的特点；
- 思考在本危机的各个时间段如何更好地预防、处理、解决危机。

一　案例主体

（一）引例

运动性猝死，是在运动中或运动后即刻出现症状、6小时内发生的非创伤性死亡，其发生时间短，情况紧急。数据显示，我国心源性猝死率为每10万分人中41.8例。其发生概率较高而且有突发性特征，给家庭和社会带来的伤害巨大，应予以高度重视。

大学生是热爱运动的群体，他们往往对个人运动时长和运动时机把握不准，因此大学生运动性猝死的风险高于平均水平。据2021年数据统计，我国各类高等教育在学总规模4183万人。各大高校是校园生活的主要领导者和管理者，应该在各类公共性突发危机中履行责任，处理好校园安全的相关问题。校园管理应该将此类危机事件纳入管理范畴，避免恶性事件频繁发生。这不仅仅需要医学、体育学等学科保障基础生命安全，也需要从公共管理、社会学等社会学科上分析事件形成原因，探讨防范和处置方法，最终从各个方面妥善解决。

---

① 案例采集人：吴开松、蔡赵冠宇。

（二）案例描述

1. 事发突然，危机显露

Z大学位于C市，是一所具有70余年办学历史、学科建设齐全、管理制度健全的综合性大学。2021年9月4日正值Z大学2021年秋季开学返校期间，当天下午6时40分左右，该校某学院大二学生江某在该校体育馆东侧室外篮球场运动时，突发心脏疾病倒地猝死，立即被送往医院，经过抢救，于当日晚上8点死亡。

为弄清楚事情发生前后该同学的活动轨迹，公安部门和学校保卫部门联合调查，逐渐摸清该同学的流调情况。

9月3日，江某从外省返校。由于江某所住宿舍当天仅其一人返校，当晚，江某独自在寝室。据周边宿舍同学反映，江某当天晚上有熬夜行为，较晚熄灯。

9月4日下午，受所在学院篮球队队员邀约，江某准备前往事发地点打篮球。下午5时55分，江某走出宿舍楼栋大门，骑电动车前往篮球场。

9月4日下午6时左右，江某到达篮球场，事发地点未布设摄像头。与其一同运动的同学说："我们一起打篮球，在集体运动十几分钟内，我们与江某都没有明显的身体接触，但他自己突然感到不太舒服，于是独自一人到球场旁边的水泥台坐下休息，我们其他人继续打球。"

下午6时15分，球场上运动的同学发现江某手捂胸口，呼吸急促，表现出明显痛苦的表情，并逐渐躺倒在地。与其一起运动的同学第一时间拨打了"120"急救电话。

下午6时30分，"120"急救车医护人员赶到现场，立即对江某展开心肺复苏急救，将其抬上救护车，并于6时35分出发前往最近的三甲医院。学校保卫处安保人员与江某所在学院的辅导员先后到达现场，在了解基本情况后，辅导员前往江某所在医院进行陪护。

在对江某进行半小时抢救之后，医生表示江某已脑死亡；晚上大约8时，正式宣布江某死亡。

9月5日凌晨，江某遗体被送往殡仪馆。其父母、姐姐、2名家乡当地干部在当地2名公安机关人员的陪同下，于9月6日凌晨乘飞机抵达C市。Z大学将其家属安置在距离殡仪馆较近的酒店，由保卫处、江某所在学院共同派人在宾馆负责联络。

之后两天内，江某家属反复在殡仪馆、事发地、宿舍等地方察看。由于事发所在地是一个篮球场，并未安装摄像头，江某家长对此表示疑问。对此，校方和公安进行了耐心解释，最终江某家属表示理解，对警方通报的"猝死"结论无异议。

2. 校方处理，危机缓解

事件发生后，首先，Z大学努力做好系统内部协调，迅速启动应急预案。学校主要领导、校党政办公室、学工部、保卫部、宣传部、相关学院的相关负责人及时赶赴现场处理，同时立即成立工作专班负责统筹协调；保卫处联系公安系统，在第一时间对事发现场展开详细调查，在最短时间内摸清楚江某的生活轨迹，特别是通过查看监控、走访调查等方式，了解该同学事发前的情况，为后续工作做好准备。

其次，采取异地政府联动的形式，Z大学向省教育厅积极申请协调涉事学生当地政府，以做到家校同步，共同参与安抚学生家属工作。江某家属方面，其父母均为农民，其姐姐为当地大学生村官，具有良好的政治意识，较为通情达理，为学校、家属开展善后工作奠定了基础。江某父母在得知儿子死讯后，也曾一度因为情绪激动而意欲组织亲戚到学校"要说法"。Z大学、省教育厅等部门迅速联络当地政府寻求支持，当地政府对其家属进行安抚，并派遣两名法院干部和两名民警全程陪同家属来校。生活方面，Z大学始终遵循和秉持着人性化的原则，在校外提供优质的住宿、饮食，给予死者家属充分的人文关怀，向其传递哀悼和悲痛之情，与家属建立共情的心理纽带，为取得家属谅解奠定基础。

然后，尊重当事人家属意愿。时值疫情常态化防控期间，Z大学所在城市各项防疫措施较为严格。秉承人性化解决问题的原则，经学校驻地公安部门批准，允许其父母在市郊公墓安葬江某。安排外地人员来校、保障人员交通、安葬等工作，都需要Z大学做大量协调工作，也正是他们的积极争取和努力，让死者家属看到了校方的诚意，感受到了被尊重和理解的善意，同时保护了死者的尊严，这在极大程度上推动了事情的妥善解决。

最后，帮助出事方减轻经济压力。虽然从公安部门给出的死亡结论我们可以看出，Z大学在江某猝死事件中并无明显过错，根据教育部出台的《普通高等学校学生管理规定》《学生伤害事故处理办法》等规章制度，Z大学在此次事件中无须承担任何责任，但Z大学出于人道主义关怀，主动提出给予死者家属10万元慰问金。此外，Z大学的学生安全保险机制也发挥出积极作用：学校早在2002年就引入了"校方责任险"，对被保学生在校期间发生的各类意外伤害、突发疾病等能够提供最高达20万元的理赔额度。事件发生后，Z大学以安慰抚恤的名义，一次性支付江某父母10万元，此举也让死者家属得到了一定的经济补偿。

总之，在该起猝死事件的应对处理过程中，政府、学校等多元行动主体，通过协调、合作的方式，参与到事件治理过程中，最大限度地减少学生猝死事件给社会和学校带来的负面影响。

3. 协同机制，长效永固

这起事件能得以妥善解决，跟该校长期以来的危机治理长效机制有密切关系。为此，本案将进行详细解析。

1）Z大学内部协同体系建设情况

Z大学在平安校园建设方面非常重视，历年来从多方面加强相关建设。

在组织保障方面，Z大学成立了以校领导为组长、各部门协同抽调人员组成的领导小组，定期召开党委常委会、校长办公会和各类专题会议，研究解决重大安全问题。组织形成纵向多等级、横向多部门的协作管理队伍。事发后第一时间，学校启动相应的领导小组，由校领导、二级单位领导、保卫专职干部组成的三级值班责任体系依照此前制定方案，对此突发情况进行处理，保证在事故发生时，相关部门有人到场、分工明确、处理高效。坚持制度框架，秉持人性化原则。

在制度管理方面，基本做到有据可循，预案体系完善。Z大学结合学校实际情况，制定了《Z大学学生手册》《Z大学学生管理规定》《Z大学突发事件处理办法》等一系列预案办法10余项，开展相关演练年均10余次。Z大学结合学校实际，在二级学院的相关建设中，内部出台了班导师负责制等制度，有效加强了学生管理队伍力量。与此同时，在外部多方开源，使用以退伍军人为主体的应急处分队，实行一岗双责，以此形成学校学院二级结合、点面结合、群防群动的合力处置局面，构建起较为完善的快速反应联动机制。

在技术建设方面，Z大学使用电子化OA系统进行信息传递共享，从2015年开发网上办事服务大厅信息门户并使用至今，建设"人工排查＋智能检测"的校园安全预警监测系统，形成了信息留痕、高效传递的信息管理体系。2016年，学校建成的高技术应急指挥综合调度中心，加强出入口门禁控制、人脸识别系统、电子巡查和入侵报警装置。截至2022年，各类安防摄像头覆盖率已达到98％以上，与公安机关报警平台进行实时互通。

2）Z大学与政府部门协同工作情况

Z大学是国家部委与H省、C市共建学校，与R区签订《两型社会建设战略合作协议》。校地双方紧密协作，构建了严密防护网，遭遇突发事件可以及时与公安、消防等部门取得联系，迅速掌控信息，果断采取行动。在校园突发事件发生后和各关键时间节点，学校提前研究、提前部署、提前预判，启动关键节点应急值班制度和巡防巡控工作制度，通过加强部门联动、信息收集、重点人员管理和教育引导、隐患排查等措施，确保校园安全稳定。

学校联合公安机关，积极开展校园周边清理工作，注重做好校园周边日常安全巡查，以及开学时期校园周边交通安全整治。所以，在此次事件发生之后，可以及时有效地处理，同时，集合专业力量，进行全流程管控。

Z大学联合政府各相关职能部门制定较为详细的全过程工作预案，从安排人员陪护伤者入院抢救到积极接洽死者父母来校，再到全程配合其家属察看现场、分析案情。按照校方在事件中无明显责任的相关规定，对该事故责任进行划分，从而制定出校方无责的善后方案。在突发事件处置的各个环节，Z大学都基本做到了有计划、有方案、有对策。

3）Z大学与医疗系统协同工作情况

Z大学直属校医院是一所集预防、医疗、保健、康复、健康教育、计划生育技术服务等工作为一体的非营利性综合医院。医院设有内科、外科、中医科、妇科、五官科、保健科等；具有大型 X 光机、B 超机、心电图机、全自动生化仪、全自动血球分析仪等先进设备；配有急诊抢救室、注射室、观察室、换药室、理疗室、乳透室等辅助科室。校医院承担着全校学生、教职工、离退休人员的健康医疗工作。

此外，Z 大学校医院与 H 省中医院、C 市第三医院及周边大学校医院经常开展会诊交流，多次邀请校外医院来学校开展慢性病防治、医疗救援培训等任务；与 H 省中医院、Y 社区医院等单位签订合作协议，定点开展包括狂犬病疫苗注射在内的急诊救治等工作。同时，C 市"120"应急救援中心与 Z 大学密切合作，将校医院门面房建造成"C 市急救中心 Z 大学急救站"，以应对学校及周边"120"急救需求。

4）Z 大学与社会媒体协同工作情况

按照校内职责分工，Z 大学与社会媒体方面的对接部门为党委宣传部。学校现已形成以学生为主体、辅导员为骨干、信息处理人员为核心的多层次、全覆盖的信息员队伍网络，整体呈现"点、线、面"三层结构。校党委宣传部利用"人民网""新华网"网络舆情系统及第三方机构联合研发的独立舆情搜集系统，对校园内各类突发事件进行舆情跟踪。同时，在上级网信部门、宣传部门的组织下，联络相关媒体公司，争取予以舆情管控协助。

例如，在本次事件中，Z 大学和本地舆情系统能够积极联动，较好地监控了该事件舆情传播途径。对猝死学生江某的篮球队队友、所在班级、专业、学院学生进行了专题教育，在积极、全面、如实通报事件进展的同时，避免了负面舆情大规模爆发的情况发生。

4. 危机处理，问题反思

（1）大学生对自身健康状况盲目乐观。在 Z 大学的问卷调查中，Z 大学的 73.8% 的学生对自己的健康状况评价为"很健康"或者"比较健康"，此调研结果符合权威机构发布的《2020 中国大学生健康调查报告》结论：大学生对自己整体的健康现状较为自信。在 Z 大学案例中，经访谈，相关人员平时未发现当事人江某有身体明显不健康的表现。事发当天，在身体不适和前期生活作息不当的前提下，江某仍上场剧烈运动，这恰恰说明当代大学生无法客观评价自己的身体健康状况。

（2）大学生入校健康普查机制不健全。由于医疗条件有限和经费不足，Z 大学只能针对新生入学进行一次体检。这样便产生了在校学生健康状况监测的盲区。由于常规体检项目的有限性，检测到疾病风险的条件相当有限，这为学生在体育运动过程中发生突发事件埋下了严重的隐患。

（3）社会有效动员不足。从面向 Z 大学学生的安全防范动员来看，低频率的专业知识讲授导致学生缺乏应急管理理念。当前高校对学生进行的安全教育未形成有效考核体制，少有学校设置实践环节培养学生的应对能力，在学生群体面对突发状况时，易发生群体性恐慌现象。在校学生个人心理素质普遍较差，容易惊慌，加之专业知识与技能缺乏，很少能够运用所学的急救知识对同学开展营救。

5. 危机已过，启示长鸣

大学生猝死事件，实质上是一种对以高校为主体的行政决策部门提出的应急管理问题。现阶段大学生的猝死事件处理存在许多困难，对高校的正常发展形成了明显的阻碍。协同治理理论为治理大学生突发事件提供了一个符合社会协同治理发展方向的框架，同时结合危机管理理论中对危机酝酿、爆发、扩散、消亡等各个阶段的相关知识，可以做到有的放矢、精准施策，将大学生猝死事件牢牢控制在可控制的阶段，甚至从根本上减少此类事件的发生，从源头上进行控制。

1）在高校管理方面

首先，引导高校做好课程建设，保障大学生体育运动时间，提升身体素质。我国高等院校在全面落实和执行新的《普通高校体育课程指导纲要》的同时，要依法立法全面推行每年一次体质测定，即进行检测、调整，鼓励高校开展体育健康教育。在学校方面，重视学生体检，对学生健康档案进行严格审核。新生入学时，高校应该加强入口关，减少前端缺口；可以依托入学体检，扩大体检项目覆盖面，通过现代科技建立新型健康追踪数据库，分析所存在的风险，提供合适的运动建议；与高校体育活动相关负责部门通过此系统进行信息沟通。在进行体育活动的指导时，事先了解学生是否有影响该项体育活动的既往病史。体育学习过程中，要做到针对化、差异化指导。在了解学生健康情况的基础上，为存在特异体质学生专门设立档案进行跟踪关注，建立健全班导师、辅导员、校安全部门联合的跟踪关注队伍，设计差异化运动方案，减少风险发生的可能。

其次，加强本单位突发事件处置预案。应急处置类预案体系通常由突发事件伤害报告制度、伤害病员伤情跟踪制度、家长的告知制度、相关部门的协调处理制度等组成。突发事件伤害报告制度有助于迅速了解突发事件发生的性质、原因、伤害程度，并进行应急干预，掌握事件处理的主动权；伤病员跟踪制度可以准时了解体育突发事件的进展情况，有助于及时处理随之而来的损害赔偿事宜；家长的告知制度是为了保障家长正当的知情权，使家长可以准确理解体育突发事件发生的原因及学校处理情况，有助于纠纷的解决；相关部门的协调处理制度在于学校各部门在发生体育突发事件时协调配合，减少不必要的阻碍，为体育突发事件的处理争取宝贵的时间。只有将这些制度规范化、成文化，并予以监督执行，才能有效应对突发事件。

再次，加强大学生日常生活安全管理。具体可以从以下几方面入手：做好器材和场地保障；作为安全主管部门，学校应该充分考虑学生运动时可能发生的各类安全风险，相应地做好保障措施；在建设标准运动场时，优化资源配备，选择环保、安全的新材料，还要注重材料的耐磨、方便维护性，尽量减少材料老化造成的安全事故风险；加强专业化师资力量建设及梯度培养机制。预防大学生运动性猝死事件，需要做好相关责任老师的安全能力培训。

最后，加强财政储备，保障事件善后协同工作。校园安全作为一种准公共服务，高校可以通过设立专项储备金等方式，加强专项财政储备，并设立相关使用和补充制度，为高校突发性事件的善后工作提供物质保障和坚实基础。在专项财政储备过程中，学校方面需要建立合理的资金使用审批流程和相关标准来指导资金使用。在专业部门充分调研的基础上，学校决策层应合理设置专项财政储备金金额，做好开源工作，通过学生群体、企业赞助、社会赞助广泛寻求资金来源。学校方面要寻找科学的补充渠道。可以与保险公司合作，加强突发事件责任险设计。商业保险机构应该根据学段特征，设立针对在校大学生群体的运动特别险种，与高校进行谈判协商，努力构建起政府财政兜底、高校财政配合、商业保险加强的在校大学生运动专项保险体系，具体可以表现为构建"政府＋高校＋学生"合资购买的投保模式。

2）从学生和家长方面

需要继续主动接受安全应急处置教育，对可能发生的各类灾害事故做好充分准备，例如自救、互救等相关知识。不论是在家里，还是在学校，一旦有猝死迹象，学生可以通过科学方法挽救自己的生命，减少发生猝死的可能。对于具有较大心脑血管疾病隐患的学生，家长可以为其配备速效救心丸等药品或其他相关设施，增加孩子获救的概率。

针对在校大学生群体，学校在运动前后应该教育学生应明确、清晰地了解自己的身体状况，通过医院体检或是和家长沟通了解自身是否患有特殊疾病而不能参加体育活动，并如实地向辅导员、体育教师汇报自身的体质状况；同时，经常与学校医务室联系，根据医生的建议和自身的体质状况选择合适的运动进行锻炼，消除因自身原因而引发的体育突发事件；引导学生根据自己的身体状态科学调控自己的运动负荷，这样可以在一定程度上降低猝死事件的发生概率。

（三）思考题

1. 高校危机管理需要哪些部门协调？
2. 在大学生猝死事件的应急处置中，哪些环节制约了施救效率？应该怎么提升？
3. 应急管理的基本原则有哪些？高校应急管理有哪些特点？

15-1　法国的校园反恐与危机管理

二 教学手册

（一）课前准备

1. 教师准备

整理事件进程和 Z 大学基本情况、学生安全教育问卷等资料。了解猝死机制和突发性，并以多媒体的形式呈现出来。对学生进行分组，并于案例介绍结束后分发事件进程资料。

2. 学生准备

学生在课前应阅读与危机管理、公共政策、治理理论相关的资料，了解学校协同机制和危机处理方案，并对危机管理有初步的理解。

（二）适用对象

MPA 专业学生、公共管理类专业本科学生、政治学与行政学专业学生。

（三）教学目标

1. 知识目标

通过案例教学使学生了解高校危机管理的特点、处置原则及危机背后的深层次原因。

2. 技能目标

在学生理解从政府角度思考公共危机管理的基础上，进一步引导学生主动思考社会组织参与公共危机管理的方式和方法，提高学生分析问题和解决问题的能力。

3. 态度及价值观目标

让学生就案例进行小组讨论，在交流的过程中对高校公共危机管理形成自己的态度及看法，进一步激发学生的兴趣。

（四）要点分析

1. 该事件具有典型的公共危机特性

（1）该事件具有突发性。主要指事件发生极其突然，在爆发前往往都被人们认为是不可能的。当事学生从运动开始到猝死发生只有 15 分钟左右的时间。此外，该同学生前并无任何心脑血管病史记录，并且加入了学院篮球队，在同学眼中体质较好。他人对该同学的猝死显然没有预见能力。

（2）该事件具有紧迫性。事件处置过程中决策者、管理者必须在有限的时间里做出决策。从此次危机的爆发期开始，以及后续的持续期、解决期阶段，江某的猝死都迫使 Z 大学管理者们面临艰难抉择。例如，抢救时期，学校既要考虑为了患者不能耽误太久，又要在组织现场业余救援、等待专业救援之间快速取舍；在事件发展至协商时期时，学校要控制事件整体解决进程，避免持续发酵造成恶劣社会影响；在事件的善后解决时期，学校还要对死者家属临时提出的安葬要求迅速提出对策。对以学校为主、政府参与、社会监督的协同治理模式提出了相当高的要求。

（3）该事件具有不确定性。该事件发生时人们由于缺乏经验很难对其走向进行准确预测。从江某倒地开始，周边同学无法判断昏迷原因，会因为过度紧张而影响对客观情况的判断。闻讯赶来的学校安全管理人员面对错综复杂的信息，在这种状态下，学校安全管理人员也难以做出准确的预测和判断。此外，在家长极端心理紧张的环境下，学校、政府与家长之间正常沟通的难度增加，使信息无法有效地传达。这些造成该事件的每一步发展都具有不确定性，而且这一特性普遍存在每一个涉事主体身上。

（4）该事件具有威胁性。事件对过去的校园安全稳定状态构成了破坏。该同学猝死事件发生在公共场所——高校运动场上，旁观者众多，而且学生身份也较为敏感，具备一定的社会影响性。该事件后续处置中，家属在与校方的协调中多次提出疑问，对该生后事处置带来一定的困难，如果不能妥善处理，必将造成较为严重的社会危害。

综上所述，结合公共危机突发性、紧迫性、不确定性和威胁性的共同基本特征及《中华人民共和国突发事件应对法》对突发事件突然发生、影响重大、危害严重和需采取紧急处置措施这四个构成要素来看，江某的猝死事件应该是一场典型的具有公共危机特性的高校突发事件，具备利用公共危机理论来诠释的范本特质。

2. 该事件具有清晰的危机事件生命周期划分

根据危机管理理论，危机事件的生命周期一般可分为四个阶段：危机潜在期、危机突发期、危机持续期和危机解决期。根据四个阶段的主要特征和案例中的具体表现，将案例发展进行梳理，具体如表15-1所示。

表15-1 案例发展过程

阶段	时间	表现
危机潜在期	9月3日晚	学生到校并单独就寝，存在熬夜行为
	9月4日下午6点前	接受邀请，前往球场
危机突发期	9月4日下午6点15—30分	学生自述身体不适，独自一人休息；表情逐渐痛苦，倒地不起，同学拨打急救电话
危机持续期	9月4日下午6点30分—8点	120急救车实施现场抢救并将其送往三甲医院；学校保卫处到达现场，了解基本情况；该同学辅导员前往其所在医院进行陪护
	9月4日晚8点	医院正式宣布江某死亡
	9月5日凌晨	江某遗体被送往殡仪馆
	9月6日	家属到达，被安置于殡仪馆附近宾馆住宿；学校保卫处、学院负责人进行联络慰问；家属察看现场，提出疑问，校方进行解释
危机解决期	9月7日—9月8日	按照家属要求在市郊某公墓安葬江某；校方以安慰抚恤的名义，赔偿江某父母10万元，取得谅解，江某父母无意继续追究校方责任；江某父母在学校驻地办理户口、学籍等注销手续；江某父母乘飞机回家，事件处理结束

由表15-1可知，第一阶段为危机潜在期。学生返校后单独就寝并熬夜至深夜，打破了正常生活规律，第二天接受邀请前往球场，猝死风险客观存在，但由于存在不可预测性，在危机潜在期，难以采取相关措施。

第二阶段为事件突发期。该阶段事件最短，因为猝死发生突然，给予的反应时间较短，且无专业人员进行准确判断。

第三阶段为危机持续期。该阶段危机按照时间顺序主要存在两个，一是事件后果的危机处理，即保护当事学生生命。二是后续处理危机，能否查找出事件真相并给出合理解释。在该事件中，客观产生了具有危害性的事件后果，当事学生失去了生命；后续处理危机中，学校寻找证据、接受疑问，与公安机关合作解释。

第四阶段为危机解决期。该阶段危机主要是跟进相关不良言论的扩散以及能否做好后续的安抚工作。该事件中学校本着人性化原则进行安葬工作，及时与当事学生家长达成谅解协议，在较短时间内解决了本次危机事件。

(五) 课堂安排

1. 介绍案例发生具体情况

详细介绍 Z 大学主要情况，结合案例具体背景，让学生了解 Z 大学已有的内部和外部协同情况，带领同学们了解此次危机解决的重点难点。

2. 引导同学发言，了解危机管理的相关知识

借助案例表达，引导同学自我学习，从书中寻找相关知识点，并且在此基础上假设自己是危机处理主体，设想应当怎样运用协同系统，有效化解此次危机。

3. 学习该案例危机处理方法，总结经验教训

结合本案例中内部外部协同发展的情况，了解危机发生之前的预处理和危机发生之后如何积极调动协同系统发展。让学生了解危机的全过程理论、危机生命周期性理论、人本主义思想等理论。老师进行总结，让学生了解到学习危机处理的重要性，以及危机管理在公共管理中的重要影响。了解高校突发事件管理现状，分析其管理原则、组织机构、运行机制，用理论指导实践。

(六) 其他教学手段

PPT 展示、小组讨论、报告模板。

本讲小结

危机管理是校园日常安全管理中不可缺少的一部分，Z 大学某学院大二学生江某在该校体育馆东侧室外篮球场突发心脏疾病倒地猝死。本案较完整地介绍了该学生猝死事发前、事发中、事发后的全过程；通过介绍该案发生后校方处理问题的制度依据和机构协同情况，解释其有效化解危机的机理；同时进一步以此为突破口，从协同治理视角，剖析了该校的应急管理机制的建设和运行情况，涉及部门包括外部医疗系统、社会媒体、政府相关部门等。该案对当前我国高校如何运用协同治理做好校园危机管理，具有一定的参考价值。

第十六讲　危机管理如何确保"健康跑"健康发展？[①]

 学习目标

- 进一步巩固政府职能理论，理解治理体系和治理能力现代化的内涵；
- 思考并认识城市转型发展对公共管理的新要求、新挑战；
- 能对该案例实践进行反思，学习和了解如何提高公共事务管理中的应急管理能力。

一　案例主体

（一）引例

近年来，各地纷纷探索经济发展方式的转变，服务业特别是现代服务业成为地方经济发展的新动力。然而，在这种转变中，地方公共管理和服务能否跟上经济发展方式转变的节奏、能否在传统经济增长模式和现代经济增长模式之间自由切换，成为重要挑战。

2021年5月22日，在甘肃省白银市景泰县黄河石林景区举行的黄河石林山地马拉松赛遭遇极端天气，事后统计发现，这场172人参加的比赛已确认21人遇难，其中包括宁波"江南百英里"冠军梁晶、中国跑圈知名的曹朋飞、黄印斌和残奥会冠军黄关军在内的精英跑者。事后调查发现，事故发生原因主要是政府相关部门管理经验不足、固有管理模式不能满足现代产业需求。本案例旨在借助对马拉松事件危机发生和处理的解析，为其他正在转型期的地方政府和相关公共部门提供经验借鉴。

---

① 案例采集人：周华、姬雨禾。

（二）案例分析

甘肃省白银市，别名铜城，地处黄河上游、甘肃中部，是全国唯一以贵金属命名的城市，曾获"国家循环经济示范城市""全国科技进步先进城市""国家知识产权试点城市""国家卫生城市""全国文明城市提名城市"等称号。白银市矿产资源丰富，境内发现矿产 45 种，金属矿藏有铜、铅、锌、金、银等 30 多种，被列为国家级地质找矿整装勘查区。近年来，随着矿产资源储量减少、开发受限，白银市坚持"不放弃老工业基地转型"的理念，一手抓改造提升传统产业，一手抓培育接续替代产业和战略新兴产业。

自 2017 年起，白银市政府注重丰富三产育动能，推广"智慧＋"商业消费新模式，打造线上线下融合发展新业态。线上以引进全球化创新创业数字企业中创博利为重点，通过直播带货等模式打通网络销售渠道；线下以唐道文化城市综合体为引领，打造"人文＋商业＋旅游"消费新模式。为顺应地区产业转型的需要、推动城市建设，在市政府的布局带领下，白银市文化广电和旅游局开展了很多宣传工作，使得很多景区流量处于向好发展的态势，其中就包括"健康跑"活动。自 2018 年至 2020 年，"健康跑"活动已经开展了三届，除第三届未获得中国田径协会认证之外，其他两届的举办十分顺利。

黄河石林山地马拉松赛由中国田径协会和白银市人民政府主办，白银市体育局和景泰县承办，赛事从 2018 年到 2021 年已经举办了四届。这是一场经中国田径协会批准，由白银市委、市政府主办的特色体育赛事。在官方的介绍中，"征战黄马·问鼎石林"是这次赛事的主题。白银市将这次马拉松赛事作为一个平台，希望通过这个契机向外界全方位展示本地区黄河风光、特色旅游、城乡建设和人文精神。

1. 事件发生，"健康跑"演变为重大灾难

2021 年 5 月 13 日，白银市景泰县委办公室、县政府办公室向白银市委办公室上报了《关于 2021 年（第四届）黄河石林山地马拉松百公里越野赛暨乡村振兴健康跑实施方案的报告》。

2021 年 5 月 19 日，白银市委办公室、市政府办公室印发《2021 年（第四届）黄河石林山地马拉松百公里越野赛暨乡村振兴健康跑活动方案》，明确了白银市委、白银市政府作为赛事主办单位，白银市体育局、景泰县委、景泰县政府作为承办单位，白银市委办公室、市政府办公室、市委宣传部、市文广旅局等协办单位共同负责。

根据活动流程制定，比赛项目分为 5 公里乡村振兴健康跑、21 公里越野赛、100 公里越野赛三个组别，其中 5 公里乡村振兴健康跑的参赛人数为 1700 人；21 公里越野赛的参赛人数为 93 人；最具挑战性的 100 公里越野赛的参赛人数也有 172 人。从参赛数据上看，社会对本次赛事给予了很高的支持度。纵观赛道全程，

从起点出发，主办方共设置 9 个打卡点，除 3 号打卡点外，其他各打卡点均设有补给点。全程共配备志愿者 73 人，医护人员 33 人，救护车 11 辆。

但是，进一步分析发现，赛道全程 96.07 公里，前半程中从 2 号打卡点开始，海拔逐渐攀升，加之自然环境险峻，使得这一段成为整个过程中挑战性较高的一段，风险也比其他路段高很多。可是，主办方在其他打卡点都设置了补给点，唯独 3 号打卡点没有，综合因素最难的 3 号打卡点的后勤保障却最弱。

2021 年 5 月 22 日，第四届"黄河石林山地马拉松百公里越野赛暨乡村振兴健康跑"如期而至。

2021 年 5 月 22 日比赛正式开始后，5 公里乡村振兴健康跑和 21 公里越野赛在中午 12 点半前均已顺利落下帷幕。在这个时间段，本赛事的重头戏 100 公里越野赛开始陆续出现一些状况。

10：42—11：46，2 号打卡点 131 名参赛选手通过。

11：50，参赛选手罗词华通过 GPS 定位设备发出求救信息。

12：03，白银蓝天救援队队长张龙同意赛段现场驻守的 1 号队员张伟因自身体力不支的撤回请求，并安排人员支援。

12：17—12：30，多数选手出现体力不支、惧寒失温的不良反应，部分参赛选手主动退赛。

12：56—13：56，现场支援队进行支援救助工作。

14：10，大批参赛选手退赛，赛事被迫中止，赛事组织机构开始实施救援，但未宣布停赛。

15：10，石林公司环卫部部长刘文贵接到牧羊人朱克铭电话，报告称发现有 2 名参赛选手倒地，可能死亡。

14：27—16：18，3 号打卡点 4 名参赛选手通过。

17：00，救援人员发现 4 名无生命体征参赛选手。

19：00，赛事组织机构经过排摸，确认 139 人安全或已返回，33 人失联。

20：35—20：45，白银市消防救援支队调集 5 个消防站、11 辆救援车、75 名指战员投入救援。甘肃省消防救援总队总队长陆军调集总队全勤指挥部 10 辆车、20 名指战员赶赴现场增援。同时，调动兰州及兰州新区支队 15 辆车、100 名指战员携带搜救犬和搜救设备赶赴现场。武警白银支队出动 34 人投入救援。

21：26，白银市消防救援支队先后搜救出 4 名被困人员，其中 3 人死亡、1 人受伤。

次日凌晨 1：30，白银市消防救援支队发现 4 名遇难者遗体。

次日凌晨 2：30，33 名失联人员中，20 人确认死亡，12 人获救，1 人仍然失联。

次日上午 9：10，白银市消防救援支队找到最后一名失联人员张凤莲，已无生命体征。最终确认 172 名 100 公里越野赛参赛选手中，151 人被接回或搜救转移至安全地带（其中 8 名伤员在医院接受治疗），21 人遇难。

次日中午 12：00，现场指挥部宣布应急救援行动结束。其间，各救援部门、单位共投入救援人员 1680 余人（次），救援车辆 200 余台，救援设备 9000 余件（套）。

本次比赛的前六名选手只有一人获救，遇难者有一半都是圈内的著名跑者，国内越野跑顶尖选手梁晶、深圳马拉松名将吴攀荣、中国残疾人田径运动员黄关军等大神级人物赫然在列。这场健康跑深深遭到质疑！

2. 管理变成"面子工程"，与现实脱节

事情发生后，省委、省政府高度重视，时任省委书记尹弘、省长任振鹤第一时间主持召开专题会议，作出安排部署，启动应急预案；省长任振鹤紧急赶赴现场指挥救援，成立现场指挥部，集中力量开展人员搜救、伤员救治和善后处置工作。同时，决定成立联合调查组，依法依规依纪、严肃认真开展调查工作。

1）天气预报为何未能有效发挥预警作用

甘肃省地处黄土高原、青藏高原和内蒙古高原三大高原的交汇带，高海拔加四面环山的地形使得当地气候复杂多变——日温差显著且天气非周期变化明显。按照当地人的生活经验，正常情况下，五六月鲜少出现高影响天气。

通过查看当地事发前一天的天气预报，可以看到 5 月 21 日夜间到 5 月 22 日白天，景泰县大部地方阴有阵雨、北风 4 到 5 级。其中，黄河石林景区阴有阵雨、北风 4 到 5 级，最低气温 12℃，最高气温 22℃。

在赛事举行的前一天晚间，当地气象台发布了大风蓝色预警信号。景泰县气象台也向赛事组委会发布气象信息专报，对黄河石林景区天气进行了预报，并通过 12379 平台、手机短信、工作微信群将大风预警信息进行了发布。这些预警信息并未引起主办方的重视。极端天气预测是大型体育赛事应对突发状况的前提之一，此次事件最大的失误是主办方没有对气象部门提供的预警做出正确预判。由于没有对极端天气进行预判，大家按照马拉松赛事相关经验及当地人员对白银市景泰县天气的了解，都把注意力集中在了防暑工作上，而忽略了预防失温的措施安排。大多数参赛选手仍穿着短袖短裤，未随身携带冲锋衣等保暖装备则直接进行越野。

2）赛道保障和补给站设置是否完备和合理

组织这样强度和环境的赛事，除了要对天气进行预判之外，在赛事保障和支援上也应有严格的要求。根据当地赛事地形及该山地马拉松的赛事路线可以看到，出事的线路位于 20 公里到 31 公里之间，也就是 2 号打卡点之前到 3 号打卡点附近，这两个打卡点间相隔 8 公里，全部是爬坡路段，而且都是石头与砂土混合的路况，很多地方都非常陡峭。赛事官网显示比赛赛道的总体海拔区间在 1500 米到 2300 米，累计爬升约 3000 米。有参赛人员回忆，过了 2 号打卡点，风大得只能双手抓地，冻得浑身发僵，裹上保温毯也没用，直至晕厥失去意识。

此外，组织这样的比赛，在装备方面应该按照最低自然条件、最差环境气候进行保障。在赛事官网上看到组委会要求参赛者的强制携带物品包括：号码布、计时芯片、电子轨迹、GPS跟踪器、照明设备（头灯）、水具、救生毯、口哨、手机。除了救生毯，并没有抵御极端天气的装备要求。根据国际山地马拉松赛事相关规定，冲锋衣是"强制装备"，可在本次赛事手册中，风衣、冲锋衣和保暖内衣只是建议装备，并不是强制要求。没有强制监管，大多数选手为了提高比赛效率、保存体力，就放弃随身携带冲锋衣，选择提前将衣服收集在换装点。所以，很多选手当时并没有准备应对恶劣天气的装备，安全措施没有做足。另外，据知情人士透露："组委会收集转运包的时间是在赛前一晚，如果是比赛当天早上，可能很多人就会把冲锋衣穿在身上了。"

3）赛前应急预案是否完备

5月22日11：50，第一个求救信号通过定位设备发出，组委会并未回应；12时有人在微信群进行求救，这时主办方开始安排救援工作；14时主办方才叫停比赛。中国应急管理学会体育赛事活动与安全工作委员会副主任委员兼秘书长李圣鑫说："与往常马拉松赛事不一样的地方是，此次马拉松越野赛更具有极限运动的特点。对于这类比赛，遭遇特殊天气情况应该有暂停或中止比赛的预案。而事实是，在多数选手主动返程退赛之后，主办方才宣布停赛。极限运动项目的赛事安全管理与应急救援应该引起高度重视，应该加强对救援预案的赛前审查。"

白银市委市政府、景泰县委县政府对此次重大活动均未召开专题会议研究；白银市委、市政府作为主办单位，在开赛前3天才下发活动方案，致使相关部门单位准备不足，未能采取有效落实措施；景泰县委、县政府作为承办单位，实施方案只上报未下发，导致部分相关部门职责任务不清；景区管委会的执行方案照抄照搬，未制定专项应急预案和安保方案；晟景公司组建的赛事运营机构专业人员力量严重不足，11名工作人员负责43项赛事工作，其中最多的有1人负责9项，赛事医疗、安保、志愿者服务3个总指挥均由1名临时聘用人员担任。由于赛事组织管理不规范，事前风险防范不足，事发后应对处置不力。

4）赛前救援力量分布是否科学

从此次救援情况看，救援保障无法第一时间抵达，也是这次赛事造成严重后果的重要原因。此次事件中发生参赛选手伤亡事件的位置集中在赛段2号打卡点至3号打卡点之间，这是100公里越野赛爬升坡度最大的高海拔赛段，参赛选手11点50分发出第一条求救信号、12点17分赛事机构收到蓝天救援队和参赛选手发出的求救信息后，赛事机构开始组织救援，当地乡村、县级、市级和省级各级救援力量相继投入救援，动用了大量的人员、装备器材，尽全力进行援救，但仍然造成了21人死亡的严重后果。

从调查情况看，主要有三个方面的原因。

一是事发场地环境恶劣，救援难度大。该赛段是此次越野赛中最难、最险的高海拔赛段，总长9.5公里，海拔高度最高为2230米，海拔高差约883米，属于景区周边自然山地路线，车辆无法到达2号打卡点和4号打卡点之间，致使后期救援的难度增大。在后续救援中，白银市消防救援支队指战员用担架救援一名参赛选手从3号打卡点附近步行至4号打卡点，行进距离不足7公里，用时约3小时20分。

二是赛事救援力量布置严重不足，前期救援组织不力。赛事运营方在2号打卡点和4号打卡点配备了定点医疗救助和补给点，相距14公里，在3号打卡点仅配备了2名志愿者负责打卡。蓝天救援队共39名队员负责整个赛道的救援工作，受限于救援距离、救援人数等因素，前期救援力量不足。中泉镇几个村的群众、景泰县消防救援大队都是15点后接到报警才出动救援。赛前也没有制定相关预案，没有有效的响应机制，导致事件发生后，前期救援工作统筹不够、组织不力、影响了救援效率。

三是赛事区域通信条件较差，信息报送传达不畅通。该赛段4G覆盖率只有84%，事发赛段又是一个通信条件较差的赛段，赛事运营单位也未配备对讲机等其他通信保障设备。组织机构与前方救援人员、参赛选手联系不畅，搞不清楚失联人员的具体位置，因此增加了救援的难度。最后几名被搜救到的受伤人员是救援指挥部调动应急通信车及相关技术装备，对选手携带的手机实施定位，然后将坐标反馈给救援人员，才在较短时间内找到了最后几名受伤和死亡人员。

3. 前事不忘，后事之师

悲剧发生后，相关消息迅速在网络发酵，国内马拉松赛事的举办获得了大量关注，社会各方的舆论压力接踵而至。新华社热评白银马拉松事件："一场惨剧，声声警钟！"

赛事开幕的第2天，5月23日上午，白银市政府就此次事故举行新闻发布会。全体对事故遇难者进行默哀，白银市市长鞠躬并对遇难者表示沉痛哀悼，对遇难者家属和受伤人员表示深切慰问。

6月2日，国家体育总局办公厅发布关于暂停相关体育活动的通知，要求从即日起，暂停山地越野、戈壁穿越、翼装飞行、超长距离跑等管理责任不清、规则不完善、安全防护标准不明确的新兴高危体育赛事活动。关于本次危机，我们应当充分吸收借鉴其中经验，为后续活动举办积累经验。

1）天灾难避免，人祸应负责

白银市景泰县第四届"黄河石林山地马拉松百公里越野赛暨乡村振兴健康跑"是经中国田径协会批准的全民性赛事。极端天气只是造成高死亡率的一部分原因。

极端天气预测是大型体育赛事应对突发状况的前提之一。事实上，在赛事举办前一天，景泰县气象台已经向赛事组委会发布气象信息专报，对黄河石林景区天气进行了预报，但运营方没有对气象部门提供的预警做出正确预判。除了预警迟钝，晟景公司作为此次赛事的运营单位，其赛事相关标准和赛事组织管理也漏洞百出，直接体现在赛道保障和补给站设置方面，导致后期应急救援工作的进度缓慢，对事件负有直接责任。

作为赛事的主办方，按照流程，在赛前几天白银市委、市政府作为主办单位下发了《2021年（第四届）黄河石林山地马拉松百公里越野赛暨乡村振兴健康跑活动方案》，留给相关部门单位准备设置赛事措施的时间显然不够。《关于2021年（第四届）黄河石林山地马拉松百公里越野赛暨乡村振兴健康跑实施方案的报告》只上报未下发，这直接影响相关部门职责的界定，阻绝了后期出现体育赛事突发状况后各方的协调。

地方各级人民政府作为本行政区域突发公共事件应急管理工作的行政领导体系，在赛事举办上具有统筹规划与监督管理权。违规招投标，选择办赛能力严重不足的公司负责赛事运营服务是本次政府部门不落实监管责任的最大体现。早在2005年，国家体育总局就曾发文指出应急预案应成为大型体育赛事的"标配"，国家突发公共事件应急预案也强调并明确了重大活动应急机制。举办这样一项地方特色体育赛事，从政府到组织机构必定有计划、组织、指挥、控制、协调的过程，各方从专业性出发，协调完成自己职责内的任务。上级制定政策监管下级，下级依法依规执行。在白银市景泰县第四届"黄河石林山地马拉松百公里越野赛暨乡村振兴健康跑"中，主办方单位、承办单位、执行单位没有落实监管职责，赛事执行单位也未发挥组织的专业性，制定并落实应急保障机制。

2) 制定应急预案，树立赛事监管底线

突发公共事件具有公共性、不确定性和紧急性的特征，一旦发生可能产生严重的后果。赛事监管的缺乏、责任的缺位、管理的漏洞都可能随时变成引发危机的导火索。根据《国家突发公共事件总体应急预案》，做好体育赛事活动中可能出现的风险隐患排查，制定应急处置预案，发现问题及时处置，全程做好服务保障工作。

在白银市景泰县第四届黄河石林山地马拉松百公里越野赛暨乡村振兴健康跑活动中，组织体制、应急预案、运行机制三个环节出现了问题。

白银市委、市政府对赛事只进行了统筹规划，并未落实各项具体任务，当活动方案下发后，下级部门出现踢皮球的行为，应急指挥机构之间显示权责模糊的弊端。

从监测预警方面来说，这一阶段的工作主要包括监测预报、制定预案、预案演练以及危机教育。因为前三次成功的赛事举办经验，执行单位滋生了侥幸心理，忽略了自然环境因素带给不成熟的应急管理的致命性。比赛举办之前，应急预案是否存在评估和责任机制？主办方、承办方、执行方并未对防范风险预案做出演练。极端天气预报后，执行单位未更改开赛时间。极端天气出现后，执行单位仍未及时停止比赛。在这期间，上级地方部门也未下发活动暂停的命令。从下到上，预警意识薄弱。

从危机相关措施的落实方面来说，白银市、景泰县体育赛事管理部门未认真落实体育赛事行业安全监管责任，在此类赛事的事前审批取消后，忽视安全监管责任，未落实事中事后监管措施；未主动为赛事的竞赛组织、参赛保障、安全管理等方面提供业务指导、技术支持和咨询服务。市县两级相关职能部门未按照大型群众性活动要求，对赛事执行运营单位制定的安保方案、采取的安保措施等实施有效监管，导致源头隐患和安全风险未被及时发现和整改。赛事组委会及其办公室和运营单位在实施方案和相关预案中，没有作出应急救援力量部署，仅以口头协议的形式调动社会救援力量参与安保和救援工作，应急救援人员、物资准备不足，导致在紧急情况发生后，才增派力量、物资、车辆开展救援。

从相关基础设施建设方面来说，赛事主办方在已知部分区域（赛道）网络信号存在弱覆盖或无覆盖的情况下，未采取改善通信条件的具体措施，未在3号打卡点最高处架设对讲机中继信号站，造成求助信息、人员伤亡情况不能及时传递，事发初期救援指挥通信不畅，影响救援效率。医疗急救保障准备不充分，3号打卡点仅有2名工作人员，未安排医疗人员和救护设备，未能及时有效地实施救援。

3）多方联合，共同促进危机解决

突发事件过程中动员社会力量是应急处理的一个重要部分。白银市景泰县第四届黄河石林山地马拉松百公里越野赛暨乡村振兴健康跑活动后期施救过程中，以朱克铭为代表的常生村所有村民组成的民间救援队伍成为现场救援的重要力量，成为政府救援的重要补充。

社会力量不容小觑，所以政府部门要建立起一套更完善的政策扶持机制，提高民间救援队队员们的满意度。政府部门应权衡多方利益进行引导和扶持，通过补贴和集资的途径为民间救援队提供利益需求，避免他们在救援过程中出现硬件设备短缺等情况，为民间救援队伍提供有力的安全保障。

4. 结束语

一场越野马拉松比赛造成如此严重的人员伤亡，实属悲剧。本次马拉松悲剧反映出国内马拉松当前面临着赛事组织不当、体育赛事应急管理机制制定不到位、举办审查制度不严格等难题，也折射出在城市转型背景之下，不仅各方面政策措施需要跟进，公共管理组织的能力和管理方向也应该做出调整。怎样去解决这些问题，仍需各方严格遵守政策，制定完善预警机制，从长计议。

（三）思考题

1. 如何评价在本次突发公共事件中当地政府应对危机的表现？
2. 如何完善突发公共事件的应急管理体系与基层的工作机制？
3. 有什么经验和管理需求值得其他转型城市借鉴？

16-1 群体突发事件危机管理与社会建设　　16-2 白银市旅游邀请函　　16-3 新闻报道

二　教学手册

（一）课前准备

1. 教师准备

整理整个事件的媒体报道和文献资料，并以多媒体的形式呈现出来。对学生进行分组，并于案例介绍结束后分发访谈记录文件。

2. 学生准备

学生在课前应阅读与突发公共事件应急管理相关的资料，并对中央、地方以及相关职能部门的工作处理程序有初步的理解。

（二）适用对象

MPA专业学生、公共管理等专业本科生及对突发公共事件应急管理感兴趣的人士。

（三）教学目标

1. 知识目标

通过案例使学生学习突发公共事件应急管理的难点及其背后深层次的原因。

2. 技能目标

在学生理解当前突发公共事件应急管理难点及原因的基础上，进一步引导学生主动思考解决突发公共事件的方式和方法，锻炼学生对问题的剖析能力和解决能力。

3. 态度及价值观目标

让学生就案例进行小组讨论，在交流的过程中对应急预案的制定和运行形成自己的态度及看法，进一步激发学生的兴趣。

（四）要点分析

这次事件带给社会和国家惨痛的损失，也给所有公共管理部门和体育赛事运营单位敲响了警钟：活动组织中，应急管理体系的建立和应急预案的监督管理机制缺一不可。既然不能阻止突发事件，那就建立严谨有序的应急管理运行机制，在一定程度上减少突发事件带给公民、社会、国家的损害。

从公共危机管理的过程来看，借助公共危机管理机制的结构体系分析该事件要点。

（1）预警与预防机制。主要是指通过建立监测和信息收集管理制度，加强预警信息的管理、建立公共危机分级管理制度、制定应急预案等，把危机管理纳入常规管理中。不完善的应急预案很难维持运行机制的协调性。

在本次事件当中，比赛的主办方预警与预防机制没有充分满足要求。首先，在态度上漠视危机预警。在比赛之前的长期准备过程中，主办方由于已经成功举办了三届，借助经验主义准备比赛，抱着侥幸心理，没有做好赛前的预警安排。比赛过分强调更高更难的挑战性，但是并没有及时跟进相关管理措施和预警安排，装备要求也不够严格。其次，在实际操作中，主办方在明知有天气变化的情况下仍然选择继续比赛，忽略了重要的安全因素。

（2）控制与处理机制。决策作出后，需要高效地执行，这是控制与处理危机事件的关键。执行是危机管理中真正的实施阶段，执行机制主要包括：要设立一个小而精干的危机处理核心小组来负责决策、指挥控制和协调等工作；要建立危机处理的纵向层级指挥与分级执行相结合的机制，每一级指挥层听从上一级指挥层的指挥，向上一级指挥层负责，确保决策顺利执行，同时根据危机的紧急程度来确定管理属地；在决策执行过程中，各部门要相互信任、互助合作，通过协调克服不同部门、不同人员间互相扯皮、互相推诿的现象，提高执行效率，提高对危机的处理效率。

本次事故出现在2号打卡点至4号打卡点处，据其他参赛队员描述，由于突遇大风和降雨，一些队员失足掉落谷底。主办方在站点设置上也出现问题。3号打卡点位于山脊，车很难开上去，不具备救援和服务的功能。赛事组织者在已经发生参赛者求助的情况下未及时叫停比赛并告知其他参赛选手，组织者轻信自己的准备工作。赛事承办、执行和运营单位的组织、管理、运营水平低，未按规定制定专项应急预案和安保措施，应急救援力量准备严重不足；在收到请求救援、大范围退赛的信息后，前期救援统筹不够、组织不力。

（3）信息与沟通机制。信息与沟通机制主要包括：公共危机应急报告制度、举报制度、信息分析制度及信息发布制度等。公共危机应急报告制度主要是指危机发生时，任何单位和个人对危机事件不得隐瞒、缓报、谎报、漏报等，也不得授意他人有上述任何行为。接到下级的报告应立即组织力量进行核查、确认，采取必要的控制措施，并及时向上级部门汇报。举报制度是指包括公共危机管理部门在内的公共管理部门和社会大众有责任向上级机关报告危机，检举揭发当地危机管理部门的隐瞒不报行为。

（4）责任追究机制。这一机制主要是指根据公民的意见和反映对危机管理中政府的责任落实情况进行评价，对造成严重损失的，要追究主要责任人的责任，对违反决策程序给国家和人民群众利益造成重大损失的，要追究部门主要领导和当事人的责任。建立责任追究机制，实现政府责任制，通过建立包括政府内和政府外的、部门内和部门外的、自上而下的和自下而上的各种监督机制，强化政府相关机构和人员的责任意识，不断完善公共危机管理中的责任追究机制。

在该事件中，景泰县委、县政府、白银市体育局作为赛事承办单位，负有赛事承办和实施职责，其落实体育赛事活动安全责任不到位，公共安全风险防控意识不强，工作不深不细，对赛事组织统筹、运营实施研究谋划不够，未制定针对性的实施方案；相关部门职责任务不清，对赛事各项工作检查督导不够，致使各责任单位未能有序有效落实赛事各项职责任务，导致赛事管理不规范，出现突发情况时应对不足、救援不力，造成重大人员伤亡的严重后果。

根据《中华人民共和国突发事件应对法》第四条：国家建立统一领导、综合协调、分类管理、分级负责、属地管理为主的应急管理体制。剖析本次案例的纰漏，探索后续国家、政府、组织进一步完善应急管理机制并践行的方法。

应急预案是应急管理的重要基础，是我国应急管理体系建设的首要工作。国家建设综合性的现代应急管理体系，执行力、组织力、动员能力齐头并进。应急组织体系执行过程中：强化公共管理主体责任意识、主管责任的外部制度约束；完善领导机制，构建紧凑的执行结构，明确监督与问责机制；政府应从更高的社会利益出发，落实公共突发事件应急处置的步骤，做到"执法有保障、有权必有责、违法受追究、侵权须赔偿"的责任政府形象。

除以上四个方面外，公共危机管理机制的结构体系还包括以下内容，对其他公共组织和公共管理主体具有借鉴意义。

（1）领导与决策机制。这一机制主要包括两方面。一方面，要通过建立由行政一把手担任领导的公共危机决策指挥中心来解决公共危机管理中决策的制定、各部门工作的协调以及对各部门工作的执行情况的监督等，这些决策机构有些是常设的，有些则是平战结合式的，在危机发生时，由法律法规事先规定的若干人员从各部门抽调出来，组成临时机构，履行危机中的决策指挥职能；另一方面，决策指挥中心在对危机进行综合评估、判断危机的性质和类型之后，要提出是否启动应急预案，并报上级主管部门批准。

（2）动员与参与机制。公共危机管理需要广大民众的广泛参与。社会力量的参与，一方面可以缓解危机在社会中产生的副作用，使公众了解真相，消除危机伴生的流言、恐慌等副产品，起到稳定社会、恢复秩序的作用；另一方面，可以降低政府救治危机的成本。

（3）保障与配合机制。物质保障系统包括资金支持和物资支持两个方面，是公共危机管理中的重要支持系统。这里主要是指通过物质保障机制的建立，把危机管理中资金和物资的供应纳入常规公共管理中，通过立法和制定各项制度，做到手续完备、专账管理、专人负责，切实保障在危机发生时，各种必备的物资能迅速到位，灵活调配，真正起到保障作用。

（4）善后与评价机制。指在危机结束后，危机管理部门需要做两件事：一是善后工作，如受灾群众的心理干预、灾后重建等，这需要发挥心理干预机制和灾后重建机制的作用；二是及时分析危机产生的原因、后来的发展趋势、造成的危害以及在这场公共危机管理过程中，各管理主体的功能发挥情况、相互配合的情况、职责履行的情况，等等。

公共管理以实现社会公共利益为总体目标，而总体目标又包含以公共安全、公共秩序为主的具体目标。公共管理部门作为法律事实的具体执行部门，必须尽职尽责。杜绝执行单位忽视民众安全一味地追求经济效益的情况，不落实职责导致社会、国家损失的行为要受到法律制裁。

在投入公共管理的实践中，虽然政府部门是公共管理的主体，并在维护公共利益和公共秩序时处于主导地位，但是，政府部门以外的其他组织或个人必须参与具体的公共管理实践，并和政府部门共同发挥作用，共同促进社会的和谐发展。

（五）课堂安排

1. 介绍案例发生的背景

本案例中的黄河石林山地马拉松百公里越野赛暨乡村振兴健康跑活动由中国田径协会和白银市人民政府主办、白银市体育局和景泰县承办。活动目的是宣传当地特色文化交流项目，带动地区产业运转。

2. 介绍案例活动的赛事安排

通过 PPT 将活动的流程呈现在学生面前。首先介绍白银市举办本项活动的意义，对比前三届黄河石林山地马拉松百公里越野赛暨乡村振兴健康跑活动的举办，找出本届活动的疏漏。再从主办方制定赛制规则的角度出发,让学生找出活动方案中不合理的设置。

3. 小组讨论

在小组讨论前,教师应提出思考题:本次案例中,活动造成巨大损失的原因是什么?本案例地方政府和相关职能部门应该怎样应对突发公共事件?

通过思考题和学生手中的文献资料,促使学生与小组内其他成员交流和讨论。教师在适当的时机引导学生由浅入深地思考应急预案的制定,分别从突发公共事件的性质、职能及法律法规等角度来进行阐释。

4. 布置作业

小组讨论的结果以课堂抢答形式进行。学生讨论的内容可以包括:思考题的回答结果、相关政策的解读、目前我国应对突发公共事件的案例分享。帮助学生理解目前我国关于突发公共事件应急管理的政策、应急预案的制定完善。

(六)其他教学手段

计算机 PPT 展示、小组讨论、课堂互动。

本讲小结

2021 年甘肃省白银市景泰县举办了一场马拉松赛事,其本意是促进城市经济发展转型。但是,由于不健全的赛场管理制度,这场比赛造成严重伤亡,其死亡率在中国及至世界体育比赛中实属罕见。本案例具体分析了突发天气引起的危机事件处理过程,结果发现主办方公共管理缺位:事前麻痹大意,忽略了天气预警;事中应急管理措施不当,管理方案和实际脱节;事后未能妥善处理。城市管理转型对公共组织的管理能力提出新的要求,如果公共组织没有及时提升管理能力、转变管理思路,可能会造成严重后果。案例从危机管理的角度,提醒公共活动举办主体应该针对危机事件制定详细的预案,谨慎处理。

第十七讲　危机管理如何转"危"为"机"[①]
——以 Y 社区应对新冠疫情为例

 学习目标

- 理解社区治理和危机管理的理论内涵,分析社区治理的难点和危机管理在社区治理中的应用;
- 能够运用已学管理学知识思考社区治理过程中应对公共危机的对策;
- 总结 Y 社区危机管理经验,进一步提出自己关于社区应对突发危机的新建议。

一　案例主体

(一) 引例

社区作为基本的社会单元,是基础的群众自治组织,也是应对突发公共危机最基础、最关键的场所,是应对各类公共危机事件的首要战场。公共危机具有复杂性、突发性,对社会危害性较大、影响面较广,因此,社区危机管理对整个社会的和谐稳定起着至关重要的作用。

此次全球性的新冠疫情是极具代表性的公共危机事件,具有突发性、破坏性、紧急性等特点,对民众生命健康安全造成威胁,影响社会稳定,这给基层自治组织的危机管理带来新挑战。新冠疫情是一个危害人民健康、给经济带来损失和社会带来不稳定的公共危机事件,社区作为最直接抗击疫情的一条战线,发挥着组织民众、勠力同心对抗疫情的作用,危机管理能力是赢得这场"防疫战"的重要力量。

---

① 案例采集人:钞鹏、曹洛。

（二）案例描述

从 2019 年末到 2022 年上半年，H 县的疫情可以分为几个阶段，Y 社区在各个阶段的危机管理举措因所面对问题的严峻程度不同、病毒传播情况不同等而有一些差别。

1. 公共危机首现身

2020 年 1 月 11 日，武汉市卫生健康委首次将"不明原因的病毒性肺炎"更名为"新型冠状病毒感染的肺炎"。1 月 20 日，钟南山院士明确表示新冠病毒"人传人"。随后，H 县开始警惕起来，防范新冠病毒感染的肺炎传入，严格调查从武汉返乡的人员。1 月到 2 月之间，陆续排查出 5 例确诊病例。

2020 年 1 月 27 日，两位从武汉回 H 县的人员确认感染新冠病毒，其中一例家住 Y 社区所在的 M 镇，同时也成为 M 镇首例确诊感染新型冠状病毒的肺炎患者。M 镇党委书记高度重视，去往 M 镇云霄村领导排查密切接触者的工作，并参与病毒消杀、发放物资、安抚民众的心情。M 镇全力排查有武汉旅居史的回乡人员，当出现发热、咳嗽等疑似感染的情况，则将其送往市区指定医院隔离治疗。

2. 危机管理初见效

在 2019 年年末武汉发现不明原因肺炎时，谁也没想到这将是一场全球性的灾难，更不知何时才能结束。2020 年 1 月 27 日，H 县确诊 2 例，被送往市区的定点医院隔离治疗。截至 3 月 2 日，H 县累计确诊 5 例，治愈 5 例。Y 社区在此过程中的危机管理主要包括危机预警和准备、危机应对、恢复管理三个部分。

1）危机预警和准备

危机预警包括危机的预测和警觉。进行充分、准确的信息收集，有助于识别出隐藏的危机，让应对危机的准备尽早进行，减小甚至消除危机带来的损失，而且准确的信息有助于危机决策，以便对不同的危机采取不同的管理方式。危机的准备包括建立危机管理预案、危机管理组织机构、充足的物资储备等，只有做好充分的准备，危机发生时才不至于左支右绌、手忙脚乱。

Y 社区在接收到上级政府部门关于新冠疫情防控的通知后，迅速组织起以党支部书记带头的社区防疫工作队，为社区疫情防控提供人员保障。通过张贴告示、喇叭宣传向居民宣传防疫知识，唤起居民的危机意识，使其认识到疫情的风险，保护自己的健康安全；同时，通知居民去镇政府领取防疫物资，以备不时之需；对社区居委会的工作地点进行消毒，不因危机不在眼前而放松警惕。

2) 危机应对

当危机来临时，我们已经不能避免它的发生，此时应该立足当下，如何应对危机是关键。Y 社区从人员调度、物资调配、沟通协调等方面应对这场危机，尽社区全力筑牢辖区群众身体健康这一重要防线。

发现从武汉回乡的人员有确诊病例之后，社区党支部发挥坚强战斗堡垒作用和党员先锋模范作用，党员全员上岗，带头建起疫情防控志愿者队伍，投入疫情防控的工作中。党支部书记前往一线，激励大家，带头击退畏难情绪。社区加大排查力度，工作人员加班加点核查，依照排查出的人员信息逐一电话核实，登记重点人员行程信息，并每日上报，确保不漏一户，不漏一人，全力以赴保障社区群众的生命安全。工作人员取消休假，保证随时在线，社区医生随时准备，在居民需要帮助时及时提供帮助，在突发事情时能及时应对。党支部书记也一起加班，让社区工作人员们干劲更足。

口罩、消毒酒精等物资，主要依靠上级镇政府发放。社区及时对公共场所进行消毒，维护居民安全健康的生活环境。在居委会工作地点放置口罩，有急需的居民可以取用，在初期抗疫物资紧张的情况下，仍然尽可能地帮助居民。

社区工作人员与居民小组组长、居民小区物业密切合作，在组长的带领下，前往自建房、平房聚居区宣传防疫规定，用喇叭告知居民戴好口罩出行、不要聚众打牌。此外，Y 社区派出工作人员前往各小区，传达上级文件精神，向小区物业下发疫情防控相关文件，要求物业工作人员严格执行疫情防控相关规定，防止疫情蔓延。社区工作人员沿街道巡逻，劝路人戴好口罩，并且与门店协商，在每个门店入口处张贴疫情防控告知书与健康码，戴好口罩、确认三码之后才能入内。

3) 恢复管理

危机的恢复管理工作尤为重要，只有这一工作做好了，危机才算是真正过去。如果没有做好危机管理的恢复工作，甚至可能引起新的危机，继续损害组织利益，让危机管理事倍功半。

公共危机过后，社会往往遭受打击，人民生产生活受到影响，危机后的恢复与重建工作便要运行起来。疫情期间，M 镇始终坚持疫情防控和经济社会发展"两手都要抓、两手都要硬"的原则，制定了完整的复工、复产、复学实施方案，向各个村（社区）、中小学校（包括幼儿园）指派班子成员全程指导复工、复产、复学工作。Y 社区在镇政府的指导下，有序推进复工、复产、复学工作，推动社会秩序和广大群众生活恢复稳定。危机过后对社会民众进行安抚，公开恢复重建工作进展的相关信息，引导民众保持乐观应对的心态，同时保持警惕，预防危机卷土重来。Y 社区通过发放传单、张贴公告、微信转发等方式，传播疫情最新动态，宣传新冠病毒感染的防治措施，用公开透明的信息安抚居民恐慌的心态，并且召集抗疫志愿者，让民众主动参与进来，携手群众一同抗疫。

3. 公共危机再显露

2020年3月2日之后，H县无新增，一直到2022年3月30日从上海返乡人员中检测出1例之前，这段时间之内H县疫情威胁较小，主要需要严防外来输入。

2022年3月30日，H县在从上海返乡人员中检测出，1例新冠肺炎患者，这是2021年以来首例病例，全县上下高度警惕。此次疫情的病毒传播主要是奥密克戎变异毒株，其传染性更强、传播速度更快、隐匿性更强，对危机管理能力的要求更高，若不及时遏制病毒传播，在病毒隐匿快速传播之后，将对人民安全健康造成威胁。

H县分别在3月30日和4月3日发布《疫情防控3号调度令》《疫情防控4号调度令》，并且在3月30日迅速决策，在专家评估建议下，划定封控区、管控区、防范区，进行科学防控。得益于H县的迅速反应和果断决策，没有让疫情的影响扩大，保护了民众的健康安全。除了流调溯源、人员排查管控工作外，H县对划定的封控区、管控区实施核酸检测。Y社区配合政府工作，督促社区内居民进行疫苗接种，及时转发疫情调查及处置情况，安抚居民情绪，帮助居民尽快恢复正常生产生活。

4. 危机管理不松懈

在应对多次危机事件之后，Y社区仍保持警惕，持续搜集可能蕴含危机的信息，关注全国新增感染情况，排查有疫情风险区旅居史人员，及时通知相关人员做好核酸检测；严防输入，做好常态化疫情管理，督促居民出行佩戴好口罩，做好防护，要求进入大型场所时必须戴口罩、出示健康码。总体来说，Y社区在应对新冠疫情中的任务包括社区管理、宣传动员、服务保障等。

社区管理方面。疫情发生后，社区在党组织的带领下，开展"外防输入，内防扩散"的疫情防控工作。协助乡镇各部门的防疫工作，互相传递最新疫情信息。社区采取全勤值班制度，保证人员时刻在岗，在居民有需要的时候不缺席。开展环境卫生消毒和督查，走访周边商户，督查其尽到配合疫情防控的责任。

宣传动员方面。社区积极进行防疫宣传动员，及时通报疫情动态，安抚居民心情，避免引起恐慌。小区物业在疫情防控期间配合住建局、社区做好宣传工作，做到外来人员戴好口罩、量好体温，扫好"三码"：行程码、健康码、场所码。按要求把好疫情防控关，向居民宣传减少聚集性活动，避免疫情传播。主动公开社区疫情防控信息，及时回应居民的问题，对于有困惑、有困难的居民，积极提供解答和帮助。

服务保障方面。社区突出防控工作的人性化，强化基本生活保障，重点关注独居老人、空巢老人、孤寡老人等特殊群体，做好照料服务工作。落实患者救治与对接医疗资源，对从风险区域返乡的人员进行排查之后，将疑似病例及时转诊，送去定点医院隔离治疗。协调社区内街道和门店做好人员导流，禁止商家哄抬物价，强化风险管控。对小区楼栋进行消毒，分发消毒用品。为在家隔离的居民和集中隔离居民的家人提供上门服务，送上充足的生活物资保障其基本生活，加强心理干预和疏导，安抚居民情绪，做好人文关怀。通过全面、暖心的社区服务，尽可能地减少疫情防控对居民生产生活的影响。

危机管理转"危"为"机"。Y社区在此次疫情防控应对中，临危不乱，根据不同时期、不同工作进度而不断调整，找到更适合的危机应对方式，形成社区防疫战线。在处理此次危机事件之后，及时吸取经验教训，根据危机特征，不断充实、改进危机管理预案，让组织应对危机的手段不断增加，提高危机管理能力。在反思中习得危机管理经验，消除本可以避免的损失。

5. 结束语

现代社会形势更加复杂，危机潜伏身侧。各种类型的公共危机威胁着社会公众的生产生活，破坏社会稳定。公共危机管理以政府为主导，但基层自治组织的参与不可缺少。基层自治组织的公共危机管理行为密切关系到居民的日常活动，提升基层自治组织危机管理能力的重要性不言而喻。

（三）思考题

1. 城市社区有哪些功能？
2. 如何运用管理学知识应对突发公共危机？
3. Y社区在危机管理方面有何可借鉴之处？

17-1　H县简介

17-2　坚决打赢常态化疫情防控攻坚战

二　教学手册

（一）课前准备

1. 教师准备

整理实地调查报告和相关资料，并以多媒体形式呈现出来。对学生进行分组，案例介绍后分发资料。

2. 学生准备

学生在课前应阅读与基层治理和危机管理相关的资料，并对社区治理有初步的理解。

（二）适用对象

行政管理专业学生、政治学与行政学专业学生等。

（三）教学目标

1. 知识目标

通过案例使学生理解社区治理的难点和危机管理在社区治理中的应用。

2. 技能目标

在学生理解当前社区治理和危机管理难点的基础上，进一步引导学生思考社区治理过程中应对公共危机的对策，锻炼学生的概括总结能力和对问题的剖析解决能力。

3. 态度及价值观目标

让学生就案例进行小组讨论，在交流的过程中了解到危机管理是社区治理的重要组成部分，是价值导向之一。

（四）要点分析

Y社区在危机管理方面取得一定的成效，根据危机管理理论，针对危机管理的前提条件、社区的应急能力、危机管理参与主体的协作等方面进行经验总结。

1. 危机管理的前提条件

首先，社区本身自主性要加强。居民委员会是居民自我管理的组织，其成员通过居民直接选举产生，代表居民向政府反映意见和提出要求，社区在政府指导下开展工作。但是由于行政化程度过深，部分政府职员观念没有更新，往往以指令的形式下达社区。社区被上级政府指派的任务过多时，自我管理和服务的余力变少了，逐渐依赖政府指令行动，其自主意识被削弱。因此，政府应该减少对社区行政性命令式指派任务，减轻社区的行政化色彩，使其有充足的条件进行社区自治性工作，这样社区在危机管理时才能有效协助上级政府，发挥出自身的主动性，更加灵活地处理危机。

其次，法律保障和制度保障要完善。国内已经形成完整的危机管理体系建设，但是"一案三制"对基层自治组织规定的部分较少，没有专门针对社区的危机管理方案，社区参与危机管理往往是协助政府部门工作，没有对社区危机管理作出明确规定，社区工作人员难以把握工作力度，有时会管理过度，比如疫情期间有的村"一刀切"地进行交通封锁，禁止从外返乡；有时会管理缺位，某些需要社区主动承担的责任出现无人承担的局面。所以，基层自治组织要适时结合自身情况，分区、分类采取具体措施，形成符合自身特点的危机管理方案。

最后，危机意识培育要到位。一方面是社区组织领导者的危机意识培育，危机决策需要领导层快速识别信息，对危机预测做出大胆判断并果断实施，对领导者危机管理能力的要求较高；另一方面是对社区居民的危机意识教育，居民是危机发生时的直面者，更需要培育危机意识。目前，部分社区宣传危机意识的形式和内容单一，有时信息还不能覆盖全社区居民。正所谓"生于忧患，死于安乐"，树立危机意识，不被眼前的平和所麻痹，将危机遏止在萌芽阶段，做到防微杜渐。对于社区领导者而言，要加强专业的危机管理培训，由专家和有经验者传授危机管理知识，领导者具备更多危机管理知识，在关键时刻才能派上用场。对于社区居民而言，社区在进行危机意识宣传教育时，应该丰富宣传形式，以更为实在有效的方式进行，比如志愿者摆台宣讲防疫政策，进行疑难解答，帮助居民解决问题，这样才能将危机意识深入人心。

2. 社区的应急能力

其一，提升准确快速的危机识别能力。危机识别是危机管理的重要环节，及时识别危机能尽早准备，降低危机带来的损失。社区缺乏利用技术识别监测的能力，依赖政府传递信息，自身信息来源较慢。社区作为一个较小的区域，区域内可能缺乏危机管理或其他领域的专家，专家介入和帮助社区危机识别的可能性较低，没有专家的专业意见，更难以准确快速地应对危机。基层自治组织领导者的危机识别能力还有较大提升空间，对领导者的综合素养要求较高，其中对突发事件的处理能力也有要求，但是受限于经验，公共危机来临时，社区能做出的危机识别有限。此时，利用现代化信息技术显得尤为重要，社区要打破信息壁垒，提升信息获取和管理能力，不能过分依赖政府传递的信息，要审时度势，运用现代化的技术主动获取更多信息，提高社区工作者对危机的识别与监测能力。同时，可以通过现代化信息技术与相关专家进行"云交流"，掌握更专业的应急管理知识，提升准确快速的危机识别能力。

其二，建设稳定且专业的危机管理团队。大部分社区没有固定的危机管理团队，一般是危机事件发生后，才临时组建起突发事件应急工作小组，当危机结束之后，又解散小组，下次危机发生时再重新组建。这样组建的团队缺乏危机管理的专业性,当发生更大的公共危机时,专业能力不足以应对,需要求助外部更专业的团队。政府和企业一般都设置了危机管理团队,包括危机管理与决策部门和实施部门,并且邀请专家介入,提供专业意见。社区同样可以借鉴这种做法,建立固定的危机管理部门,组建一支常驻且具备专业性的危机管理团队,集合危机管理或其他领域的专家,吸纳更多对社区工作较为熟悉的社区工作者和志愿者,形成一支强大的队伍。

其三,形成正确的舆论引导。在疫情初期,出现了返乡人员信息被泄露的问题,原因是社区工作人员在信息公开时未做好舆论控制,将排查的文件转发到家庭群里,而后被家庭其他成员转发到其他微信群,知晓的范围不断扩大,文件中的人员隐私严重泄露,部分居民看到名单之后对返乡人员避之不及,是对返乡人员的心理伤害,甚至个别人用名单中的电话骚扰返乡人员,造成二次伤害。社区未能及时介入做好舆论的管理,没有引导居民向返乡人员表示关怀,以至于形成互相不信任的氛围,严重阻碍危机管理的有效运作。正确的舆论引导不仅能树立自身的公信力,还能营造积极乐观、同心协力的民众危机应对氛围。社区在公开危机信息时,不能简单通过喇叭播报、告示张贴等形式,这种方式与居民互动少,不具备舆论引导的条件。这就要求社区危机管理领导小组要具备舆论引导的意识,既要关注解决眼前的问题,也要预见缺乏舆论引导的后果。

3. 危机管理参与主体的协作

危机管理时社区独立运行的条件不充分,资金和人员不够,需要向外部求助,让多方主体参与进来,这样才能帮助基层自治组织更好地发挥危机管理作用。

多元主体团结协作形成合力才能更好地应对危机。多元主体参与治理可以大幅度提升社区的治理能力。一方面,可以通过引导更多居民参与到志愿服务活动中,通过培训和指导,提升志愿服务队伍的工作能力,解决社区工作者人手不足的问题,为应对危机提供更强大的基础力量;另一方面,大力倡导社会组织参与社区治理,非营利组织的介入可以为基层自治组织提供志愿帮助和专业服务,与居民交流贴近,有助于安抚居民情绪,企业的介入可以为基层自治组织捐助资金和物资,帮助组织更顺利地渡过危机。

(五)课堂安排

1. 介绍案例发生的背景

Y社区所在的M镇人口相对集中,县级行政部门、中小学校、工业及物流园区都选址在此,还有商业街、广场、电影院、网吧等众多人员密集场所,开展疫情防控工作任务的难度更大、困难更多。Y社区是M镇一个较老的社区,有着城乡结合的特色，新建的高楼小区和有历史沉淀感的老旧小区都有，还有居民自建楼房，和其他社区相比，管理起来会更加复杂。揭示课题：Y 社区应对新冠疫情的危机管理。

2. 介绍 Y 社区应对新冠疫情的危机管理过程

按照时间顺序，通过 PPT 将 Y 社区应对新冠疫情的危机管理过程呈现在学生面前。首先，介绍 Y 社区应对疫情的任务和应对疫情的危机管理举措。其次，介绍 Y 社区危机管理中存在的问题，并分析其原因，这一阶段是 Y 社区应对新冠疫情危机管理的具体过程，需要着重介绍。最后，介绍 Y 社区应对新冠疫情危机管理的对策。

3. 介绍危机管理体系

通过 PPT、文献资料、补充案例等方式向学生介绍危机管理体系；分析 Y 社区应对新冠疫情的危机管理举措和过程，分析其存在的逻辑和运行机制，总结规律和经验。

4. 小组讨论

在小组讨论之前，教师应提出思考题：社区在治理实践中有哪些创新？如何加强社区治理过程中的危机意识和危机管理？通过思考题和学生手中的案例及文献资料等促使学生与小组内其他成员交流和讨论。教师在适当的时机引导学生由浅入深思考当前社区治理的建设路径，分别从社区治理困境、危机管理等方面来进行阐释。

5. 布置作业

将小组讨论的结果以报告形式上交。报告中除学生讨论的成果，还需要学生搜集与社区治理和危机管理相关的文献资料以及国家出台的关于社区治理的相关政策。理解当前社区治理的困境，撰写以社区治理为主题的课程论文。

（六）其他教学手段

计算机 PPT 展示、小组讨论、报告模板。

本讲小结

本讲展示了 Y 社区应对新冠疫情的全过程。在防控过程中，社区管理者逐步认识到社区居民的危机意识、信息技术的使用能力、多元主体参与协作等对危机管理的关键作用，并通过具体实践，找到更合适的危机应对方式，形成社区防疫战线，让社区转危为机。

案例表明，社区是应对各类公共危机事件的首要战场，管理难度更大，但在公共危机管理理论的指导下，Y 社区的危机管理取得成效，并进一步提出关于危机意识、危机准备、协同机制、人文关怀等方面的经验总结，为社区应对其他公共危机提供思路，也为其他基层自治组织应对危机提供借鉴。

参 考 文 献

[1] 范逢春. 新发展阶段城乡基层治理的态势演变、逻辑转换与思路创新 [J]. 行政论坛, 2021 (5): 87-95.

[2] 冯献, 李瑾, 崔凯. 乡村治理数字化: 现状、需求与对策研究 [J]. 电子政务, 2020 (6): 73-85.

[3] 顾东辉. 从"区而不社"到共同体: 社区治理的多维审视 [J]. 西北师大学报（社会科学版）, 2021 (6): 89-97.

[4] 贺雪峰. 乡村社会关键词 [M]. 山东人民出版社, 2010.

[5] 黄倩. 少数民族语言文化保护及传承机制 [J]. 文化产业, 2023 (6): 59-61.

[6] 贾连庆. 信息化时代我国少数民族语言保护的困境与出路 [J]. 边疆经济与文化, 2023 (1): 65-68.

[7] 江小莉, 王凌宇, 许安心. 社区治理共同体的动力机制构建及路径——破解"奥尔森困境"的视角 [J]. 东南学术, 2021 (3): 105-114.

[8] 雷晓康. 突发公共事件应急管理的社会动员机制构建研究 [J]. 四川大学学报（哲学社会科学版）, 2020 (4): 37-42.

[9] 黎熙元, 陈福平, 童晓频. 社区的转型与重构 [M]. 商务印书馆, 2011.

[10] 李繁荣. 中国乡村振兴与乡村功能优化转型 [J]. 地理科学, 2021 (12): 2158-2167.

[11] 李丽莉, 曾亿武, 郭红东. 数字乡村建设: 底层逻辑、实践误区与优化路径 [J]. 中国农村经济, 2023 (1): 77-92.

[12] 李晓昀, 邓崧, 胡佳. 数字技术赋能乡镇政务服务: 逻辑、障碍与进路 [J]. 电子政务, 2021 (8): 29-39.

[13] 李长健. 中国农村矛盾化解机制研究 [M]. 人民出版社, 2013.

[14] 刘文婧, 左停. 公众参与和福利激励: 乡村治理积分制的运行逻辑与优化路径——基于和平村的个案调查 [J]. 地方治理研究, 2022 (2): 53-66, 80.

[15] 刘雪姣. 从制度安排到实际运行：积分制的两难困境及其生成逻辑——基于鄂中 T 村的调研分析 [J]. 甘肃行政学院学报，2020（6）：80-90，127.

[16] 罗伯特·B. 登哈特. 公共组织理论 [M]. 扶松茂，丁力，译. 中国人民大学出版社，2003.

[17] 马九杰，刘晓鸥，高原. 数字化积分制与乡村治理效能提升——理论基础与实践经验 [J]. 中国农业大学学报（社会科学版），2022（5）：53-68.

[18] 米红，冯广刚. 公共危机管理：理论、方法及案例分析 [M]. 北京大学出版社，2017.

[19] 时丽珍，黄菁，黄晓灵. 对"双减"政策背景下学校体育与课外培训机构协同发展新格局的思考 [J]. 沈阳体育学院学报，2022（5）：28-34.

[20] 孙九霞，张凌媛，罗意林. 共同富裕目标下中国乡村旅游资源开发：现状、问题与发展路径 [J]. 自然资源学报，2023（2）：318-334.

[21] 王钧，徐晓彬. 少数民族民俗文化景观与乡村认同的构建 [J/OL]. 海南大学学报（人文社会科学版）：1-9 [2023-04-05]. http：//www.cnki.com.cn/Article/CJFDTotal-HNDB20230113001.htm.

[22] 吴侗. 新中国成立 70 年来的"街道办"：变迁及其逻辑 [J]. 经济社会体制比较，2019（6）：15-23.

[23] 西奥多·W. 舒尔茨. 改造传统农业 [M]. 商务印书馆，2006.

[24] 夏锦文. 共建共治共享的社会治理格局：理论构建与实践探索 [J]. 江苏社会科学，2018（3）：53-62.

[25] 徐勇. 中国农村与农民问题前沿研究 [M]. 经济科学出版社，2009.

[26] 杨彬. 国外少数民族语言保护及其对我国的借鉴 [J]. 贵州民族研究，2018（11）：209-214.

[27] 杨茹苑. 义务教育阶段校外培训机构专项治理效果研究——基于 S 市学生视角的调查 [D]. 上海：华东师范大学，2020.

[28] 姚芳虹，钱俊伟，王东敏. 大型体育赛事危机源头治理——基于奥运公共卫生危机的经验与启示 [J]. 体育与科学，2023（1）：78-86.

[29] 易外庚，方芳，程秀敏. 重大疫情防控中社区治理有效性观察与思考 [J]. 江西社会科学，2020（3）：16-24.

[30] 郁建兴，徐越倩. 服务型政府 [M]. 中国人民大学出版社，2012.

[31] 张佳丽，温标，朱东剑，等. 社区居民参与老旧小区改造积极性的影响因素研究——基于衡水市桃城区老旧小区改造的实证观察 [J]. 城市发展研究，2021（10）：29-33.

[32] 赵旭东. 城乡中国 [M]. 清华大学出版社，2018.

[33] 中共浙江省委党校，浙江行政学院. "最多跑一次"改革 [M]. 浙江人民出版社，2018.

［34］中共中央国务院关于坚持农业农村优先发展做好"三农"工作的若干意见［M］. 人民出版社，2019.

［35］曾国军，王荷，徐雨晨. 他山之石，如何攻玉——小企业拼凑外部资源加快品牌建设机理研究［J］. 南开管理评论，2022（6）：29-40.

［36］朱德康，中央民族大学中国少数民族语言资源保护研究中心. 少数民族语言保护要守正创新［N］. 社会科学报，2022-12-22（004）.

后 记

2020年，我们中南民族大学行政管理专业获批"国家一流本科专业建设项目"立项，这是对我们既往本科教学工作的肯定，更是对未来工作的期望和鞭策。作为建设团队，我系教师力图以出版原创性案例的方式，对团队教学工作做些总结、归纳和创新。

选择出版教学案例，有以下几个原因。

近年来，我们不断对本科生、硕士生讲授公共管理学科相关课程；从教材到讲义，再到前沿专题，各种讲法经历了数十遍，每讲一遍教师们都能有新的发现、新的体会。然而，学生方面，我们有一个明显的感受：一方面，听课的时候学生普遍参与度很高、对待作业和考试也很认真，但考试完了就似乎把课本知识扔到一边去了，无法把理论知识同实践相结合；另一方面，在学习后续专业课或论文写作时，他们往往不能与专业基础课建立联系，对很多问题的分析无法回归到原理上，写论文、做研究也不能为自己寻找合适的理论基础，导致"根基不牢，地动山摇"。于是我们想，最大的原因可能还是理论学习之余，实践思考不够；特别是对于本科生来说，虽然有课堂上的信手举例讲解，但校园生活局限了学生的思维，学生对学科理论依然缺乏足够的认知、更不能将其投入运用。这本案例集正是我们力图改变这一现状的努力，即，从现实生活中采撷真实人物或事件作为案例素材，引导学生运用课堂上或书本上的理论知识对其进行解读，以促进学生读书与思考，提高其理解理论并运用理论的能力。

所幸我们中南民族大学公共管理学院有一个优良传统，即坚持鼓励引导学生寒暑假开展假期实践。因此，在实际的编著过程中，我们的案例搜集整理工作也并不困难，很多素材都有迹可循，甚至是对事实的真实还原，而我们编写组的工作只是将其归整出来而已。我们努力做到的就是尽量让案例有以下特征：一有代表性，能反映时代的声音；二有学术性，能体现理论的实践价值；三有可读性，能吸引青年学子的注意力。

感谢公共管理学院行政管理系全体同事的倾力支持和大力配合。这些老师有：吴开松、苏祖勤、彭庆军、胡新丽、方付建、方堃、王文友、刘利、钞鹏、王志华、李世颉、李伟、周华等。在打造国家一流本科专业建设的路上，我们一直在共同努力。

感谢文字编辑和资料整理工作中几位学生小友的协助，他们是余文洁、王晨燕、张燕，在此谢过。

最后，特别感谢武汉大学陈世香教授百忙之中为这本书作序，这必将激励我们系全体师生继续努力！

2023 年 3 月 30 日

与本书配套的二维码资源使用说明

　　本书部分课程及与纸质教材配套数字资源以二维码链接的形式呈现。利用手机微信扫码成功后提示微信登录，授权后进入注册页面，填写注册信息。按照提示输入手机号码，点击获取手机验证码，稍等片刻收到4位数的验证码短信，在提示位置输入验证码成功，再设置密码，选择相应专业，点击"立即注册"，注册成功。（若手机已经注册，则在"注册"页面底部选择"已有账号？立即注册"，进入"账号绑定"页面，直接输入手机号和密码登录。）接着提示输入学习码，需刮开教材封面防伪涂层，输入13位学习码（正版图书拥有的一次性使用学习码），输入正确后提示绑定成功，即可查看二维码数字资源。手机第一次登录查看资源成功以后，再次使用二维码资源时，只需在微信端扫码即可登录进入查看。